ФОКУСЫ ЯЗЫКА

ИЗМЕНЕНИЕ УБЕЖДЕНИЙ С ПОМОЩЬЮ НЛП

Robert B. Dilts

Sleight of Mouth
The Magic of Conversational Belief Change

РОБЕРТ ДИЛТС

ФОКУСЫ ЯЗЫКА

ИЗМЕНЕНИЕ УБЕЖДЕНИЙ С ПОМОЩЬЮ НЛП

Москва · Санкт-Петербург · Нижний Новгород · Воронеж
Ростов-на-Дону · Екатеринбург · Самара · Новосибирск
Киев · Харьков · Минск

2015

ББК 88.49
УДК 159.9.018

Р. Дилтс

ФОКУСЫ ЯЗЫКА.
Изменение убеждений с помощью НЛП

Серия «Сам себе психолог»

Перевод с английского А. Анистратенко
Под научной редакцией М. Гринфельда

Заведующий редакцией	*П. Алесов*
Выпускающий редактор	*Е. Маслова*
Редактор	*С. Комаров*
Художественный редактор	*К. Радзевич*
Корректор	*С. Беляева*
Верстка	*С. Сенива*

Дилтс Р.

Д46   Фокусы языка. Изменение убеждений с помощью НЛП / Пер. с англ. — СПб.: Питер, 2015. — 256 с.: ил. — (Серия «Сам себе психолог»).

ISBN 978-5-496-00625-5

Если вы живете и работаете среди людей, вам неминуемо придется столкнуться с необходимостью убедить окружающих в чем-то действительно важном. И в этом вам поможет популярнейшая книга Роберта Дилтса, гения нейро-лингвистического программирования. Вам просто не обойтись без «фокусов языка». Смысл в том, что определенные речевые шаблоны (паттерны) способны преобразовывать убеждения и восприятие какой-либо ситуации, кардинально изменяя наши реакции на нее. За три десятилетия, прошедшие с момента их открытия, «фокусы языка» заслужили право называться самым эффективным методом влияния и лучшим средством изменения убеждений в процессе общения.

Откройте для себя новые возможности. С помощью «фокусов языка» вы научитесь главному — говорить нужные слова в нужное время.

16+ (Для детей старше 16 лет. В соответствии с Федеральным законом от 29 декабря 2010 г. № 436-ФЗ.)

ISBN 978-5-496-00625-5
ISBN 0-916990-43-5 (англ.)

ООО «Питер Пресс», 192102, Санкт-Петербург, ул. Андреевская (д. Волкова), д. 3, литер А, пом. 7Н.
Налоговая льгота — общероссийский классификатор продукции ОК 034-2014,
58.11.19.000 — Книги, брошюры, листовки печатные прочие и подобные печатные материалы.
Подписано в печать 24.09.14. Формат 60х90/16. Усл. п. л. 16,000. Доп. тираж. Заказ А-2587.
Отпечатано в полном соответствии с качеством предоставленного электронного оригинал-макета
в типографии филиала ОАО «ТАТМЕДИА» «ПИК «Идел-Пресс». 420066, г. Казань, ул. Декабристов, 2.

Содержание

Предисловие 9

1. ЯЗЫК И ОПЫТ 13

Магия языка 13
Язык и нейро-лингвистическое программирование 16
Карта и территория 18
Опыт 21
Как язык создает фреймы для опыта 24
Переформирования при помощи фрейма «даже если» ... 26

2. ФРЕЙМЫ И РЕФРЕЙМИНГ 27

Фреймы 27
Изменение результатов 30
Рефрейминг 33
Изменение размеров фрейма 35
Рефрейминг контекста 38
Рефрейминг содержания 40
Рефрейминг критиков и критики 41
Паттерны намерения и переопределения 46
Упражнение по «однословному» рефреймингу 48
«Вторая позиция» как способ увидеть ситуацию с точки зрения
   другой модели мира 50

3. ГРУППИРОВАНИЕ 54

Формы группирования 54
«Разделение» 56
«Объединение» 58
«Боковое смещение» (проведение аналогий) 59

Упражнение: поиск изоморфных структур 62
Пунктуация и изменение пунктуации 63

4. ЦЕННОСТИ И КРИТЕРИИ 65

Структура значения 65
Ценности и мотивация 68
Критерии и суждения 69
«Сцепление» критериев и ценностей за счет их переопределения 71
«Разделение» с целью определения критериальных
   соответствий 73
Стратегии реальности 74
Упражнение на определение стратегии реальности 78
«Объединение» с целью определения и использования иерархии
   ценностей и критериев 82
Метод определения иерархии критериев 87

5. УБЕЖДЕНИЯ И ОЖИДАНИЯ 90

Убеждения и системы убеждений 90
Власть убеждений 92
Ограничивающие убеждения 94
Ожидания 97
Ожидания и паттерн последствий 102
«Нанесение на карту» ключевых убеждений и ожиданий ... 105
Оценивание мотивации к изменению 108
Укрепление убеждений и ожиданий
   с помощью фрейма «как если бы» 110

6. БАЗОВАЯ СТРУКТУРА УБЕЖДЕНИЙ 113

Лингвистическая структура убеждений 113
Комплексный эквивалент 114
Причинно-следственные отношения 115
«Фокусы языка» и структура убеждений 122
Проверка ценностей 125
Проверка убеждений 130
Использование противоположных примеров для переоценки
   ограничивающих убеждений 133

Вербальные фреймы для выявления
ограничивающих убеждений 136
Создание противоположных примеров 137

7. ВНУТРЕННИЕ СОСТОЯНИЯ И ЕСТЕСТВЕННЫЙ ПРОЦЕСС ИЗМЕНЕНИЯ УБЕЖДЕНИЙ 140

Изменение убеждений естественным путем 140
Цикл изменения убеждений 141
Изменение убеждений и внутренние состояния 146
Упражнение: получение доступа к состоянию и установка якоря .. 150
Менторство и внутренние менторы 151
Процедура цикла изменения убеждений 152
Сцепление убеждений 156
Влияние невербальной коммуникации 160

8. МЫСЛИ-ВИРУСЫ И МЕТАСТРУКТУРА УБЕЖДЕНИЙ 163

Метаструктура убеждений 163
Мысли-вирусы 166
Предположения 174
Внутренняя референция 179
Теория логических типов 183
Применение убеждения или обобщения
к нему самому 184
Метафреймы 188
Логические уровни 190
Изменение логических уровней 196

9. ПРИМЕНЕНИЕ СИСТЕМЫ ПАТТЕРНОВ 198

Определения и примеры паттернов «Фокусов языка» 198
Паттерны «Фокусов языка» как система вербальных
вмешательств 208
«Фокусы языка» как система паттернов и ее применение 208
Создание и поддержание мысли-вируса
с помощью паттернов «Фокусов языка» 223
«Фокусы языка» и закон необходимого разнообразия 232

Рефрейминг и «выведение из фрейма» мысли-вируса
с помощью паттернов «Фокусов языка» 234
Практикум по «Фокусам языка» 240

ЗАКЛЮЧЕНИЕ **248**

ПРИЛОЖЕНИЕ **251**
Модель ROLE 251
Физиологические ключи: превращение ROLE в BAGEL 254

Предисловие

Это книга, написать которую я готовился много лет. Она рассказывает о магии языка, основанной на принципах и определениях нейро-лингвистического программирования (НЛП). Впервые мне довелось столкнуться с НЛП около двадцати пяти лет назад, на занятиях по лингвистике в Калифорнийском университете (Санта-Крус). Эти занятия вел один из создателей НЛП Джон Гриндер. К тому времени они с Ричардом Бэндлером только что закончили первый том своей основополагающей работы «Структура магии». В этой книге им удалось смоделировать языковые паттерны и интуитивные способности трех наиболее успешных психотерапевтов в мире (Фрица Перлза, Вирджинии Сатир и Милтона Эриксона). Этот набор паттернов (известный как «метамодель») позволил мне — третьекурснику-политологу, не имевшему никакого практического опыта в области психотерапии, — задавать такие вопросы, которые мог бы задать опытный психотерапевт.

Масштаб возможностей метамодели и самого процесса моделирования произвел на меня огромное впечатление. Я почувствовал, что моделирование можно широко применять во всех сферах человеческой деятельности, будь то политика, искусство, менеджмент, наука или педагогика (*Modeling With NLP*, Dilts, 1998[1]). Использование этих приемов, на мой взгляд, могло привести к существенным переменам не только в психотерапии, но и во многих других областях, в которых задействован процесс коммуникации. Поскольку в то время я занимался политической философией, мой первый практический опыт моделирования заключался в попытке применить лингвистические фильтры, использовавшиеся Гриндером и Бэндлером при анализе работы психотерапевтов, в целях выделения определенных паттернов в «Диалогах» Платона.

Исследование оказалось одновременно увлекательным и информативным. Несмотря на это я чувствовал, что дар убеждения Сократа невозможно объяснить с помощью одной лишь метамодели. То же касалось и других явлений, описанных НЛП, таких как предикаты репре-

---

[1] *Дилтс Р.* Моделирование с помощью НЛП. — СПб.: Питер, 2000.

зентативной системы (описательные слова, указывающие на конкретную сенсорную модальность: «видеть», «смотреть», «слушать», «звучать», «чувствовать», «касаться» и т. п.). Эти языковые особенности позволяли проникнуть в суть сократовского дара, но не могли охватить полностью все его измерения.

Я продолжал изучать труды и высказывания тех, кому удалось повлиять на ход истории, — Иисуса из Назарета, Карла Маркса, Авраама Линкольна, Альберта Эйнштейна, Махатмы Ганди, Мартина Лютера Кинга и др. Со временем я пришел к выводу, что все они использовали один базовый набор паттернов, с помощью которых оказывали влияние на суждения окружающих. Более того, паттерны, закодированные в их словах, продолжали влиять на историю и определять ее даже спустя годы после смерти этих людей. Паттерны «Фокусов языка» — это попытка расшифровать часть важнейших лингвистических механизмов, которые помогали этим людям убеждать других и оказывать влияние на общественное мнение и системы убеждений.

В 1980 г. в ходе общения с одним из основателей НЛП Ричардом Бэндлером я научился распознавать эти паттерны и выделять их формальную структуру. Во время семинара Бэндлер, мастерски владеющий языком, представил нам нелепую, но паранойяльно твердую систему убеждений и предложил попытаться заставить его изменить эти убеждения (см. главу 9). Несмотря на все усилия, членам группы не удалось достичь никакого результата: система Бэндлера оказалась неприступной, поскольку была построена на том, что я позднее определил как «мысли-вирусы».

Я слушал всевозможные вербальные «фреймы», спонтанно создаваемые Бэндлером, и вдруг обнаружил, что некоторые из этих структур мне знакомы. Несмотря на то что Бэндлер для большей убедительности применял эти паттерны в «негативном» аспекте, я осознал, что именно такие структуры использовали Линкольн, Ганди, Иисус и др., чтобы способствовать позитивным и радикальным социальным изменениям.

По существу, данные паттерны складываются из вербальных категорий и особенностей, с помощью которых наш язык позволяет формировать, изменять или преобразовывать базовые убеждения человека. Паттерны «Фокусов языка» можно охарактеризовать как новые «вербальные фреймы», оказывающие влияние на убеждения и ментальные карты, на основе которых строятся эти убеждения. За два десятилетия, прошедшие со времени их открытия, эти паттерны заслужили право называться одним из наиболее продуктивных методов эффективного убеждения, созданных НЛП, и, вероятно, являются наилучшим средством изменения убеждений в процессе общения.

Впрочем, эти паттерны достаточно сложны для изучения, поскольку включают в себя слова, а слова по сути своей абстрактны. В НЛП принято считать, что слова являются *поверхностными структурами*, представляющими или выражающими *глубинные структуры*. Для того чтобы правильно понять и творчески применить какой-либо языковой паттерн, необходимо постичь его «глубинную структуру». В противном случае мы сможем лишь имитировать известные нам примеры. Таким образом, обучаясь «Фокусам языка» и используя их на практике, необходимо различать подлинную *магию* и банальные уловки. Магия изменения берет начало в том, что стоит за словами.

И по сей день обучение данным паттернам сводится к ознакомлению учеников с определениями и вербальными примерами различных лингвистических структур. Ученики вынуждены интуитивным путем постигать глубинные структуры, необходимые для самостоятельного создания паттернов. Несмотря на то что дети учатся родному языку точно так же, этот метод накладывает ряд ограничений.

Некоторым людям (в особенности если английский язык не является для них родным) паттерны «Фокусов языка» при всей своей эффективности могут показаться слишком сложными или непонятными. Даже практикующие специалисты по НЛП с многолетним опытом не всегда ясно представляют себе, как эти паттерны согласуются с другими понятиями НЛП.

Данные паттерны часто используются в полемике как метод ведения дискуссии или построения доказательства. Это принесло им репутацию потенциально могущественного средства.

Некоторые из этих трудностей просто отражают историческое развитие самих паттернов. Я идентифицировал и формализовал эти паттерны прежде, чем получил возможность полноценно исследовать глубинные структуры убеждений и изменения убеждений, а также их связь с другими уровнями обучения и изменения. С тех пор мне удалось разработать целый ряд техник изменения убеждений, таких как реимпринтинг, паттерн превращения ошибки в обратную связь, прием инсталляции убеждения, «метазеркало» и интеграция конфликтных убеждений (*Changing Belief Systems with NLP*, Dilts, 1990[1] и *Beliefs: Pathways to Health and Well-being*, Dilts, Hallbom & Smith, 1990). И лишь

---

[1] *Дилтс Р.* Изменение убеждений с помощью НЛП. — М.: Независимая фирма «Класс», 1997.

в последние годы я достаточно отчетливо стал представлять себе то, как формируются и закрепляются убеждения на когнитивном и нервном уровнях, чтобы исчерпывающе и вместе с тем сжато описать глубинные структуры, лежащие в основе «Фокусов языка».

Цель первого тома книги — представить читателю некоторые из моих находок и открытий, чтобы на их основе можно было использовать паттерны «Фокусов языка». Моей задачей было раскрыть те принципы и глубинные структуры, на которых основаны эти паттерны. В дополнение к определениям и примерам я хочу предложить вам простые структуры, которые позволят использовать на практике каждый из этих паттернов и проиллюстрируют, как они согласуются с другими допущениями, принципами, техниками и понятиями НЛП.

Я также планирую написать второй том под названием «Язык лидерства и социальных изменений». В нем будут рассматриваться случаи практического применения этих паттернов такими людьми, как Сократ, Иисус, Маркс, Линкольн, Ганди и др., которые стремились создать, изменить и преобразовать ключевые убеждения, лежащие в основе современного мира.

«Фокусы языка» — увлекательнейший предмет. Их сила и ценность заключаются в том, что с их помощью можно научиться говорить нужные слова в нужное время — без помощи формальных техник или специальных контекстов (традиционно связываемых с терапией или дискуссиями). Я надеюсь, что вы получите удовольствие от путешествия в мир магии языка и вербальных способов изменения убеждений.

Эта книга с признательностью и уважением посвящается Ричарду Бэндлеру, Джону Гриндеру, Милтону Эриксону и Грегори Бейтсону, которые научили меня магии языка и языку «магии».

Роберт Дилтс,
Санта-Крус, Калифорния

1. ЯЗЫК И ОПЫТ

Магия языка

В основе «Фокусов языка» лежит магическая сила слова. Язык является одним из ключевых компонентов, из которых мы строим наши внутренние модели мира. Он способен оказывать огромное влияние на то, как мы воспринимаем реальность и реагируем на нее. Дар речи — уникальное достояние человека. Принято считать, что это один из основных факторов, способствовавших выделению людей из других живых существ. Выдающийся психиатр Зигмунд Фрейд, например, полагал, что слова являются базовым инструментом человеческого сознания и, будучи таковыми, наделены особой силой. Он писал:

Слова и магия изначально были едины, и даже в наши дни бо́льшая часть магической силы слов не утрачена. С помощью слов человек может подарить другому величайшее счастье или ввергнуть его в отчаяние; с помощью слов учитель передает ученику свои знания; с помощью слов оратор увлекает за собой аудиторию и предопределяет ее суждения и решения. Слова вызывают эмоции и в целом являются средством, с помощью которого мы оказываем влияние на наших ближних.

Паттерны «Фокусов языка» были созданы в результате исследования того, каким образом умелое использование языка позволяет нам оказывать влияние на других людей. Приведем несколько примеров.

- Женщина-полицейский получает срочный вызов в один из домов своего участка по поводу семейной ссоры с элементами насилия. Она встревожена, поскольку знает, что именно в таких ситуациях ее здоровье подвергается наибольшей опасности — никому, тем более людям, склонным к насилию и вспышкам гнева, не нравится, когда полиция вмешивается в их семейные дела. Подъезжая к дому, офицер полиции слышит громкий крик мужчины, характерные звуки ломающихся предметов, испуганные вопли женщины. Неожиданно из окна вылетает телевизор и разбивается вдребезги прямо у ног полицейского. Та подбегает к двери и со всей силы колотит в нее. Изнутри доносится голос разъяренного мужчины: «Кого там еще черт принес?» Взгляд женщины падает на останки разбитого телевизора, и она выпаливает: «Мастер из телеателье». На мгновение в доме наступает мертвая тишина, а затем мужчина начинает смеяться. Он открывает дверь, и теперь уже полицейский может смело войти в дом, не опасаясь никакого насилия. Впоследствии она говорит, что эти несколько слов помогли ей не меньше, чем месяцы тренировок по рукопашному бою.

- В психиатрическую клинику попадает молодой человек, пребывающий в уверенности, что он — Иисус Христос. Целыми днями он слоняется по палате без дела и читает проповеди другим пациентам, не обращающим на него никакого внимания. Врачи и обслуживающий персонал не способны убедить юношу отказаться от своей иллюзии. Однажды в клинику приходит новый психиатр. Понаблюдав за пациентом, он решает заговорить с ним. «Насколько я понимаю, у вас есть опыт в плотницком деле?» — говорит врач. «Ну... в общем-то, да...» — отвечает пациент. Психиатр объясняет ему, что в клинике строится новая комната отдыха и для этого нужен человек, имеющий навыки плотника. «Мы были бы очень признательны вам за помощь, — говорит врач, — разумеется, если вы принадлежите к тому типу людей, которым нравится помогать другим». Не сумев отказаться, пациент принимает предложение. Участие в проекте помогает ему подружиться с другими пациентами и рабочими и научиться строить нормальные отношения с людьми. Со временем юноша покидает клинику и устраивается на постоянную работу.

- Женщина приходит в сознание в послеоперационной палате больницы. Ее навещает хирург. Все еще слабая после наркоза, женщина с тревогой спрашивает о том, как прошла операция. Хирург отвечает: «Боюсь, что у меня для вас плохие новости. Опухоль, которую мы удалили, была злокачественной». Женщина, худшие опасения которой подтвердились, спрашивает: «И что теперь?», на что врач отвечает: «Ну, есть и хорошие новости: мы удалили опухоль настолько тщательно, насколько это возможно... А остальное зависит от вас». Вдохновленная словами «остальное зависит от вас», женщина всерьез задумывается над своим образом жизни и возможными альтернативами, меняет диету, начинает регулярно заниматься спортом. Осознав, насколько неблагополучной и напряженной была ее жизнь в годы перед операцией, она встает на путь личностного развития, определяя для себя убеждения, ценности и смысл жизни. Дела идут на поправку, и спустя несколько лет женщина чувствует себя счастливой, свободной от рака и здоровой как никогда.

- Молодой человек ведет машину по скользкой зимней трассе. Он возвращается с вечеринки, на которой выпил несколько бокалов вина. За одним из поворотов перед ним неожиданно возникает человек, переходящий дорогу. Водитель жмет на тормоза, однако машину заносит и пешеход попадает под колеса. Долгое время после происшествия молодой человек не может прийти в себя, парализованный собственными переживаниями. Он знает, что лишил жизни человека и нанес непоправимый ущерб его семье. Он понимает, что несчастный случай произошел по его вине: если бы он столько не выпил, то увидел бы пешехода раньше и мог отреагировать быстрее и адекватнее. Все глубже и глубже погружаясь в депрессию, молодой человек решает покончить жизнь самоубийством. В это время к нему в гости приходит его дядя. Видя отчаяние племянника, дядя некоторое время сидит рядом с ним молча, а затем, положив ему руки на плечи, говорит простые и правдивые слова: «Где бы мы ни были, мы все ходим по краешку пропасти». И молодой человек чувствует, что в его жизни появился какой-то просвет. Он полностью меняет свой образ жизни, начинает изучать психологию и становится терапевтом-консультантом, чтобы работать с несчастными жертвами пьяных водителей, алкоголиками и людьми, арестованными за вождение в нетрезвом состоянии. Многим клиентам он дарит возможность излечиться и наладить свою жизнь.

- Девушка собирается поступать в колледж. Из всех возможных вариантов она предпочла бы подать документы в бизнес-школу одного из самых престижных университетов в округе. Однако конкурс ей кажется настолько большим, что у нее нет никаких шансов быть принятой. Стремясь «реально смотреть на вещи» и избежать разочарования, она собирается подать документы в одну из школ «попроще». Заполняя анкету для поступления, девушка объясняет свой выбор матери: «Я уверена, что университет будет просто завален заявлениями». На это мать отвечает: «Для хорошего человека всегда найдется место». Незамысловатая истина этих слов вдохновляет девушку на то, чтобы подать заявление в престижный университет. К своему изумлению и восторгу, она оказывается принятой и со временем становится чрезвычайно успешным бизнес-консультантом.

- Мальчик пытается научиться играть в бейсбол. Он мечтает оказаться в одной команде со своими друзьями, однако не умеет ни бросать, ни ловить и вообще боится мяча. Чем больше он тренируется, тем сильнее падает духом. Он сообщает тренеру о том, что намеревается бросить спорт, потому что оказался «плохим игроком». Тренер отвечает: «Плохих игроков не бывает, просто есть те, кто не уверен в своих способностях». Он становится напротив мальчика и вручает ему мяч с тем, чтобы тот передал его обратно. Затем тренер отходит на один шаг и легонько бросает мяч в перчатку игрока, заставляя вернуть пас. Шаг за шагом тренер отходит все дальше, пока мальчик не обнаруживает, что с легкостью бросает и принимает мяч на большом расстоянии. С чувством уверенности в себе мальчик возвращается к тренировкам и со временем становится игроком, ценным для своей команды.

Все эти примеры объединяет одно: всего несколько слов меняют жизнь человека к лучшему за счет того, что в его ограниченных убеждениях происходит сдвиг в сторону перспективы с большим количеством альтернатив. На этих примерах мы видим, как нужные слова, сказанные в нужный момент, могут дать значительные позитивные результаты.

К сожалению, слова не только наделяют нас могуществом, но также вводят в заблуждение и ограничивают наши возможности. Неверные слова, сказанные не вовремя, могут принести немалый вред и причинить боль.

Эта книга рассказывает о пользе и вреде слов, о том, как определить эффект, который вызовут ваши слова, а также о языковых паттернах, позволяющих превращать вредные утверждения в полезные. Термин «фокусы языка» (*sleight of mouth*) отражает сходство этих паттернов с карточными фокусами. Само слово *sleight* происходит от древнескандинавского слова, означающего «умелый», «хитрый», «искусный» или «проворный». Выражение *sleight of hand* в английском языке обозначает разновидность карточных фокусов, которую можно охарактеризовать фразой: «Вот ваша карта, а вот ее уже нет». Например, вы покрываете колоду тузом пик, но когда фокусник берет эту карту, туз пик «превращается» в королеву червей. Вербальные паттерны «Фокусов языка» обладают сходными «магическими» свойствами, поскольку нередко влекут за собой существенные изменения восприятия и тех допущений, на которых это восприятие основано.

Язык и нейро-лингвистическое программирование

Это исследование основано на паттернах и понятиях, рассматриваемых в нейро-лингвистическом программировании (НЛП). НЛП занимается проблемой влияния, которое оказывает язык на программирование психических процессов и других функций нервной системы, а также изучает, каким образом психические процессы и нервная система формируют наш язык и языковые шаблоны и находят в них отражение.

Сутью нейро-лингвистического программирования является то, что функционирование нервной системы («нейро-») тесно связано с языковыми способностями («лингвистическое»). Стратегии («программы»), с помощью которых мы организуем и направляем наше поведение, складываются из нервных и языковых паттернов. В своей первой книге «Структура магии» (1975) основатели НЛП Ричард Бэндлер и Джон Гриндер попытались дать определение некоторым принципам, на которых основывается упомянутая Фрейдом «магия» языка:

> *Все достоинства людей, как позитивные, так и негативные, подразумевают использование языка. Будучи людьми, мы используем язык двумя способами. Во-первых, с его помощью мы отражаем свой опыт, — этот вид деятельности мы называем рассуждением, мышлением, фантазированием, пересказом. Когда мы используем язык в качестве репрезентативной системы, мы создаем модель нашего опыта. Эта модель мира, созданная с помощью репрезентативной функции языка, основана на нашем восприятии мира. Наши впечатления также частично определяются нашей моделью репрезентации... Во-вторых, мы используем язык для того, чтобы передавать нашу модель, или репрезентацию, мира друг другу. Мы называем это беседой, обсуждением, написанием чего-либо, чтением лекции, пением.*

По Бэндлеру и Гриндеру, язык служит средством репрезентации, или создания моделей, нашего опыта, равно как и средством их передачи. Как известно, древние греки пользовались разными словами для обозначения этих двух функций языка. Термин «рема» обозначал слова, используемые как средство общения, а термин «логос» — слова, связанные с мышлением и пониманием. Понятие «рема» (ρημα) относилось к высказыванию, или «словам как предметам», а понятие «логос» (λογοσ) — к словам, связанным с «проявлением разума». Древнегреческий философ Аристотель так описывал соотношение между словами и психическим опытом:

> *Сказанные слова обозначают умственный опыт, слова же написанные обозначают сказанные слова. Как различается почерк разных людей, так различаются и звуки их речи. Однако умственный опыт, который обозначают слова, является одним и тем же для всех, равно как и те предметы, из образов которых он состоит.*

Утверждение Аристотеля о том, что слова «обозначают» наш «умственный опыт», созвучно положению НЛП о том, что написанные и сказанные слова являются «поверхностными структурами», которые, в свою очередь, представляют собой преобразованные психические и лингвистические «глубинные структуры». Как следствие слова могут одновременно отражать и формировать психический опыт. Это свойство делает их мощным орудием мысли и других сознательных или бессознательных психических процессов. Проникая до уровня глубинных структур с помощью специфических слов, используемых индивидом, мы можем определять те скрытые психические процессы, которые находят свое отражение в языковых паттернах этого человека, и влиять на них.

С этой точки зрения язык является не просто «эпифеноменом», или набором произвольных знаков, посредством которых мы сообщаем другим свой психический опыт; это важнейшая составляющая нашего психического опыта. Как указывают Бэндлер и Гриндер:

Нервная система, ответственная за создание репрезентативной системы языка, есть та же самая нервная система, посредством которой люди создают и все другие модели мира — зрительные, кинестетические и т. д. ... В этих системах действуют те же структурные принципы.

Таким образом, язык может дублировать и даже заменять собой наш опыт и нашу деятельность в других внутренних репрезентативных системах. Важно понять, что «беседа» не просто отражает наши представления о чем-либо, но действительно способна создавать новые убеждения или изменять прежние. А значит, язык играет потенциально глубокую и специфическую роль в процессах изменения жизни и исцеления.

Например, в философии древних греков понятие «логос» заключало в себе управляющий и объединяющий принцип вселенной. Гераклит (540–480 гг. до н. э.) определял «логос» как «универсальный принцип, с помощью которого все вещи связаны друг с другом и происходят все события в природе». Стоики называли «логосом» управляющий или созидающий космический принцип, присущий любой реальности и пронизывающий ее. По мнению иудейско-эллинистического философа Филона (современника Иисуса Христа), «логос» есть посредник между абсолютной реальностью и чувственным миром.

Карта и территория

Краеугольным камнем «Фокусов языка» и подхода к языку, принятого в НЛП, является положение о том, что «карта не тождественна территории». Этот принцип был впервые сформулирован основателем общей семантики Альфредом Кожибски (1879–1950). Он отражает фундаментальные различия между нашими «картами мира» и самим миром. Философия языка Кожибски оказала сильнейшее влияние на развитие НЛП. Труды Кожибски в области семантики вместе с синтаксической теорией трансформационной грамматики Наума Хомского образуют ядро «лингвистического» аспекта нейро-лингвистического программирования.

В своем главном труде *Science and Sanity* (1933) Кожибски высказывает мнение о том, что прогресс нашего общества в немалой степени предопределен наличием у человека гибкой нервной системы, способной создавать и использовать символические репрезентации, или карты. Язык, к примеру, тоже является разновидностью карты или модели мира, которая позволяет суммировать или обобщать наш опыт и передавать его другим, тем самым спасая их от необходимости совершать те же ошибки или заново придумывать то, что уже изобретено. По утверждению Кожибски, именно эта способность к языковым обобщениям объясняет прогресс человека по сравнению с животными, однако ошибки в понимании и употреблении подобных механизмов являются причиной множества проблем. Ученый предполагал, что человека необходимо учить правильно пользоваться языком, и за счет этого можно предотвратить ненужные конфликты и недоразумения, порождаемые путаницей между картой и территорией.

В частности, «закон индивидуальности» Кожибски гласит, что «не существует двух полностью идентичных людей, или ситуаций, или этапов какого-либо процесса». Кожибски отметил, что сумма нашего уникального опыта намного превосходит запас слов и понятий и это приводит к попыткам отождествить или «перепутать» две и более ситуации (то, что в НЛП получило название «обобщения» или «двусмысленности»). Слово «кот», к примеру, употребляется по отношению к миллионам различных особей этого вида, к одному и тому же животному в разные периоды его жизни, к нашим мысленным образам, иллюстрациям и фотографиям, метафорически — по отношению к человеку («еще тот кот») и даже к сочетанию букв к-о-т. Таким образом, когда кто-либо произносит слово «кот», далеко не всегда очевидно, имеет ли в виду говорящий четвероногое животное, трехбуквенное слово или двуногого человекообразного.

По мнению Кожибски, чрезвычайно важно учить людей тому, как осознавать и расширять свои языковые возможности, чтобы достигать большего успеха в общении и по достоинству оценивать уникальность повседневных переживаний. Он стремился к созданию инструментов, которые помогали бы людям оценивать свой опыт, ориентируясь не на традиционные значения слов, но скорее на уникальные факты, присущие каждой конкретной ситуации. Кожибски был сторонником того, чтобы люди не торопились с непосредственными реакциями и обращали внимание на уникальные свойства каждой ситуации и ее альтернативные интерпретации.

Идеи и методы Кожибски являются одним из «китов», на которых основывается НЛП. В 1941 г. Кожибски впервые назвал «нейролингвистику» важной областью научного поиска, связанной с общей семантикой.

В НЛП принято считать, что у каждого из нас есть собственная картина мира, основанная на внутренних «картах мира», которые формируются с помощью языка и сенсорных репрезентативных систем как результат нашего повседневного опыта. Именно эти «нейролингвистические» карты в большей степени, чем сама действительность, определяют то, как мы интерпретируем и реагируем на окружающий мир, какой смысл придаем нашему поведению и опыту. Как говорил шекспировский Гамлет, «Нет ничего ни хорошего, ни плохого; это размышление делает все таковым»[1].

В книге «Структура магии» (том I) Бэндлер и Гриндер указывают на то, что различия между людьми, эффективно и неэффективно реагирующими на окружающий мир, являются в значительной степени функцией их внутренней модели мира:

> *Люди, которые реагируют творчески и эффективно справляются со своими трудностями... — это те, кто обладает полной репрезентацией, или моделью собственной ситуации, в рамках которой в момент принятия решения они видят широкий спектр возможностей. Другие же воспринимают самих себя как обладающих лишь немногими возможностями, ни одна из которых не является для них привлекательной... Мы обнаружили, что окружающий их мир не является ограниченным или лишенным альтернатив. Но эти люди закрывают глаза на существующие возможности, которые кажутся недоступными в их моделях мира.*

Обнаруженное Кожибски различие между картой и территорией подразумевает, что наши поступки определяются скорее внутренними моделями реальности, чем самой реальностью. Следовательно, необходимо постоянно расширять наши «карты мира». По словам великого ученого Альберта Эйнштейна, «наше мышление создает такие проблемы, которые невозможно решить с помощью мышления того же типа».

В НЛП утверждается, что, если ты способен обогатить или расширить свою карту, в той же самой реальности ты увидишь больше альтернатив. В конечном итоге ты станешь более мудрым и удачливым во

---

[1] Перевод М. Л. Лозинского. — М.: «Детская литература», 1965.

всем, что бы ты ни делал. Первичной целью НЛП является создание инструментов (таких, как паттерны «Фокусов языка»), которые помогали бы людям расширять, обогащать и дополнять свои внутренние карты действительности. В НЛП считается, что чем богаче твоя «карта мира», тем больше возможностей тебе откроется при решении любой задачи, возникающей в реальности.

С точки зрения НЛП не существует единственной «верной», или «правильной», «карты мира». Каждый из нас обладает собственной уникальной картой, или моделью, мира, и ни одна карта не отражает реальность «вернее», или «правильнее», другой. Скорее дело в том, что те из нас, кто успешнее справляются со своими проблемами, обладают такой «картой мира», которая позволяет им видеть величайшее множество перспектив и возможностей выбора. Такие люди богаче и шире воспринимают мир, организуют его и реагируют на него.

Опыт

Наши «карты мира» могут быть противопоставлены сенсорному опыту, т. е. процессу ощущения, переживания и восприятия мира вокруг нас, а также нашим внутренним реакциям на этот мир. Наш «опыт» созерцания заката солнца, спора с кем-либо или проведенного отпуска относится к личному восприятию и участию в этом событии. В НЛП принято полагать, что опыт складывается из информации, поступающей из внешнего окружения и воспринимаемой с помощью органов чувств, а также ассоциативных воспоминаний, фантазий, ощущений и эмоций, которые возникают внутри нас.

Термин «опыт» также используется в отношении аккумулированного знания в нашей жизни. Информация, прошедшая через органы чувств, постоянно кодируется, или «пакуется», с помощью уже имеющегося знания. Таким образом, наш опыт является сырьем, из которого мы создаем собственные карты, или модели, мира.

Сенсорный опыт — это информация, воспринятая через органы чувств (глаза, уши, кожу, нос и язык), а также знание о внешнем мире, которое порождается этой информацией. Органы чувств представляют собой устройства, с помощью которых люди и животные воспринимают окружающий мир. Каждый сенсорный канал функционирует как своего рода фильтр, который реагирует на широкий спектр раздражителей (световые и звуковые волны, физический контакт и т. д.) и обладает своими особенностями в зависимости от вида этих раздражителей.

Обеспечивая первичный контакт с окружающим миром, органы чувств являются своеобразными окнами в мир. Через них проходит вся информация о нашем физическом существовании. Поэтому в НЛП придается большое значение сенсорному опыту и считается, что он является для человека первичным источником знания о внешнем окружении и основным строительным материалом для создания моделей мира. На сенсорном опыте основаны успешное обучение, общение и моделирование.

Сенсорный опыт можно противопоставить другим формам опыта, таким как фантазии и галлюцинации, которые скорее продуцируются человеческим мозгом, чем воспринимаются органами чувств. В дополнение к опыту, полученному посредством органов чувств, человек обладает информационной системой, состоящей из опыта, порожденного внутренним миром, — такого, как «мысли», «убеждения», «ценности», «самоощущение». Эта внутренняя система знаний создает набор «внутренних» фильтров, которые сосредоточивают и направляют наши чувства (а также опускают, искажают и обобщают сведения, поступающие через органы чувств).

Сенсорный опыт является первичным способом получения новой информации об окружающей действительности для расширения наших «карт мира». Нередко фильтры уже сформированного знания отметают новую и потенциально значимую сенсорную информацию. Одна из задач НЛП — помочь людям научиться воспринимать больший объем сенсорного опыта за счет расширения того, что Олдос Хаксли называл «понижающим клапаном» сознания. Основатели НЛП Джон Гриндер и Ричард Бэндлер постоянно напоминали своим ученикам о необходимости «использования сенсорного опыта» взамен умозрительного планирования, или «галлюцинаций».

В основе большинства техник НЛП на самом деле лежат навыки наблюдения, позволяющие максимально увеличить объем непосредственного сенсорного опыта в той или иной ситуации. В НЛП считается, что для успешного изменения необходима способность «прийти в чувство». Для этого мы должны научиться снимать внутренние фильтры и получать непосредственный сенсорный опыт из окружающего мира. В действительности одним из наиболее важных навыков в НЛП считается способность войти в состояние «аптайм» (*uptime*). Так называется состояние, в котором все наше сенсорное восприятие сфокусировано на внешнем окружении «здесь и сейчас». Состояние «аптайм» и как следствие возросший объем сенсорного опыта позволяют нам более полно воспринимать жизнь и получать от нее удовольствие, равно как и от окружающего нас множества возможностей познания.

Таким образом, наш «опыт» может быть противопоставлен «картам», «теориям» или «описаниям», созданным *по поводу* этого опыта. В НЛП подчеркивается различие между *первичным* и *вторичным* опытом. Первичный опыт относится к той информации, которую мы действительно воспринимаем посредством наших органов чувств. Вторичный опыт связан с вербальными и символическими картами, создаваемыми нами с целью отражения и упорядочения первичного опыта. Первичный опыт является функцией нашего непосредственного восприятия окружающей территории. Вторичный опыт получен из наших внутренних карт, описаний и интерпретаций восприятия и существенно урезан, искажен и обобщен (рис. 1). При непосредственном восприятии мы не испытываем неловкости или противоречивых мыслей по поводу того, что ощущаем и чувствуем.

Именно первичный опыт придает нашему существованию красочность, осмысленность и уникальность. Первичный опыт неизбежно оказывается богаче и совершеннее, чем любая карта или описание, которые мы способны сделать на его основе. Люди, удачливые в делах и получающие удовольствие от жизни, обладают способностью воспринимать большую часть информации непосредственно, не пропуская ее через фильтры того, что они «должны» испытывать или ожидают испытать.

С точки зрения НЛП наш субъективный опыт является для нас «реальностью» и обладает правом приоритета перед любыми теориями или интерпретациями, с которыми мы его соотносим. В НЛП не ставится под сомнение субъективная валидность любого опыта, даже если он выходит за рамки обыденных представлений (например, «спиритиче-

Рис. 1. Сенсорный опыт является сырьем, из которого мы создаем наши модели мира

ский» или «опыт прошлых жизней»). Можно оспаривать теории и интерпретации, связанные с причинно-следственными связями или социальным контекстом, но опыт сам по себе является существенной информацией о нашей жизни.

В приемах и упражнениях НЛП опыту придается большое значение. Деятельность, основанная на НЛП (в особенности научный поиск), имеет тенденцию «руководствоваться опытом». Если воспринимать что-либо непосредственно, не засоряя переживание оценками или умозаключениями, наши впечатления окажутся намного богаче и ярче.

Подобно другим моделям и понятиям НЛП, «Фокусы языка» помогают нам осознать те фильтры и карты, которые блокируют и искажают восприятие мира и его потенциальных возможностей. Осознав существование этих фильтров, мы можем освободиться от них. Цель паттернов «Фокусов языка» — помочь людям обогатить свои перспективы, расширить «карты мира» и воссоединиться со своим опытом.

В общих чертах паттерны «Фокусов языка» можно охарактеризовать как изменение языковых фреймов (от англ. *frame* — рамка), влияющее на убеждения и ментальные карты, на основании которых эти убеждения построены. Эти паттерны позволяют людям «помещать в рамки» свое восприятие тех или иных ситуаций или переживаний, по-новому «расставлять в них знаки препинания» и оценивать их с других точек зрения.

Как язык создает фреймы для опыта

Слова служат не только для воспроизведения нашего опыта. Часто они помещают его в своеобразную рамку, в которой одни аспекты выдвигаются на передний план, а другие служат им фоном. Рассмотрим, например, соединительные слова «но», «и/а» и «даже если». Когда мы связываем свои идеи или переживания с их помощью, слова заставляют нас фокусировать внимание на различных аспектах одних и тех же переживаний. Фраза «Сегодня светит солнце, но завтра будет дождь» вызывает в нас озабоченность завтрашним дождем, при этом мы практически не учитываем тот факт, что сегодня солнечно. Если связать эти же утверждения словом «а»: «Сегодня светит солнце, а завтра будет дождь», то смысловое ударение падает в равной степени на оба события. Если же сказать «Сегодня светит солнце, даже если завтра будет дождь», то наше внимание будет сфокусировано на первом утверждении, а второе останется на заднем плане (рис. 2).

Установление языковых фреймов и рефрейминг такого типа не зависят от содержания самих выражений. К примеру, в утверждениях «Я счастлив сегодня, *но* знаю, что это ненадолго», «Я счастлив сегодня *и* знаю, что это ненадолго», «Я счастлив сегодня, *даже если* знаю, что это ненадолго» смысловое ударение сдвигается таким же образом, что и в замечаниях о погоде. Справедливо это и в случае утверждений: «Я хочу достичь результата, *но* у меня есть проблемы»; «Я хочу достичь результата, *и* у меня есть проблемы»; «Я хочу достичь результата, *даже если* у меня есть проблемы».

Структуру, которая встречается в речи человека вне зависимости от контекста, мы называем *паттерном*. К примеру, есть люди, привычным для которых стал паттерн постоянного пренебрежения позитивной стороной своего опыта. В этом им помогает слово «но».

Подобный тип языкового фрейма может сильнейшим образом повлиять на то, как мы интерпретируем конкретные утверждения и ситуации и реагируем на них. Задумайтесь над следующим утверждением: «Ты сможешь делать все, что захочешь, если готов хорошенько потрудиться для этого»[1]. Эта фраза способна внушить человеку уверенность в себе и своих силах. В ней соединены в причинно-следственную цепочку два значимых элемента нашего опыта: «делать все, что хочешь» и «хорошенько потрудиться». «Делать все, что хочешь» — вещь, безусловно, привлекательная. Не настолько желанной кажется вторая часть — «хорошенько потрудиться». Тем не менее, связывая их так, чтобы «делать все, что хочешь» оказалось на переднем плане, мы создаем предпосылки для сильнейшей мотивации, ведь мечта или желание соединяются с ресурсами, необходимыми для своего осуществления.

Обратите внимание на то, что произойдет, если изменить порядок слов: «Если ты готов хорошенько потрудиться, ты сможешь делать все,

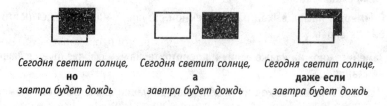

Сегодня светит солнце,
но
завтра будет дождь

Сегодня светит солнце,
а
завтра будет дождь

Сегодня светит солнце,
даже если
завтра будет дождь

Рис. 2. Определенные слова устанавливают фреймы для наших переживаний, выдвигая различные их аспекты на передний план

---

[1] Мы благодарим за этот пример Терезу Эпштейн.

что захочешь». Несмотря на то что утверждение состоит из тех же самых слов, его воздействие стало слабее, так как готовность «хорошенько потрудиться» закономерно выдвинулась на передний план. Теперь фраза напоминает скорее попытку уговорить кого-то не лениться, чем позитивное утверждение «ты можешь делать все, что захочешь». Во втором варианте возможность делать все, что хочется, кажется наградой за усердный труд. В первом утверждении готовность потрудиться помещена во фрейм внутреннего ресурса, необходимого для того, чтобы «делать все, что захочешь». Эта незначительная разница может оказать существенное влияние на то, как будет воспринято и понято сообщение.

Переформирование при помощи фрейма «даже если»

Умение распознавать вербальные паттерны позволяет нам создавать языковые средства, которые могут помочь нам повлиять на смысл наших переживаний. Примером такого инструмента является переформирование при помощи фрейма «даже если». Этот паттерн заключается в простой замене слова «но» на фразу «даже если» в любом предложении, где слово «но» уменьшает или «обесценивает» позитивное переживание.

Задание
Попробуйте использовать его по следующей схеме:

1. Найдите утверждение, в котором позитивное переживание «обесценивается» словом «но».

   Пример: Я нашел выход из проблемной ситуации, но она может повториться вновь.

2. Замените «но» на «даже если» и посмотрите, на чем сфокусируется ваше внимание.

   Пример: Я нашел выход из проблемной ситуации, даже если она может повториться вновь.

Эта структура позволяет нам удерживать внимание на позитивных моментах, сохраняя при этом взвешенную точку зрения. Данный прием оказался очень эффективным в работе с теми, кто склонен к использованию паттерна «да, но...».

2. ФРЕЙМЫ И РЕФРЕЙМИНГ

Фреймы

Фрейм, или психологическая «рамка», связан с общей направленностью, определяющей наши мысли и действия. В этом смысле фреймы относятся к когнитивному *контексту* того или иного события или переживания. Как видно из самого названия, фрейм устанавливает рамки и ограничения при взаимодействии человека с окружающим миром. Фреймы оказывают огромное влияние на то, как мы интерпретируем отдельные переживания и события, как реагируем на них, поскольку выполняют функцию «расстановки акцентов» в этих переживаниях и направляют наше внимание. Неприятное переживание, к примеру, может охватить нас целиком, если воспринимать его во фрейме пяти минут непосредственно после события. Однако на фоне всей прожитой жизни это же переживание может показаться вполне банальным. Фреймы придают бо́льшую продуктивность взаимодействию, поскольку определяют то, какая информация и какие темы соответствуют или не соответствуют его цели.

Повседневным примером использования фреймов является «временной фрейм». Поместив встречу или выполнение упражнения во фрейм десяти минут, мы в значительной мере предопределяем объем того, что нам удастся сделать в этом временном промежутке. Временны́е ограничения определяют объекты внимания, темы и предметы, уместные для обсуждения, а также тип и меру приложенных усилий. Совсем иную динамику задаст для той же встречи или выполнения упражнения временной фрейм размером, скажем, в час или в три часа. Краткосрочные фреймы заставляют нас концентрироваться на актуальных задачах, тогда как более долгосрочные фреймы открывают возможность параллельно развивать отношения. Если для деловой встречи установить лимит 15 минут, разговор будет почти наверняка ориентирован на конкретные задачи и едва ли превратится в исследовательский мозговой штурм без определенного итога.

В НЛП наиболее часто употребляются такие фреймы, как фрейм «результат», фрейм «как если бы» и фрейм «обратная связь в противовес ошибке». Основной задачей фрейма результата, к примеру, является концентрация и удержание внимания на цели или желаемом состоянии. Устанавливая фрейм результата, мы неизбежно определяем ценность любой деятельности или информации для достижения конкретной цели или состояния (рис. 3).

Рис. 3. Фреймы направляют внимание и влияют на интерпретацию событий

Фрейм результата целесообразно противопоставить фрейму проблемы (табл. 1). Фрейм проблемы основное значение придает тому, что «неправильно» или «нежелательно», а не тому, что «желательно» или «необходимо». В этом случае внимание человека фокусируется на нежелательных симптомах и поиске их причин. Фрейм результата, напротив, заставляет сосредоточиваться на желаемых результатах и последствиях, а также на ресурсах, необходимых для их достижения. Таким образом, фрейм результата подразумевает, что человек ориентируется на решение проблемы и позитивное будущее.

Таблица 1

Фрейм результата в сравнении с фреймом проблемы

Фрейм результата	Фрейм проблемы
Чего ты хочешь?	В чем проблема?
Как этого достичь?	Почему это является проблемой?
Что для этого необходимо?	Что ее вызвало?
	Чья в том вина?

Применение фрейма результата подразумевает такие действия, как замена формулировки проблемы на формулировку цели, а описаний с использованием «негативных» слов — на «позитивные» описания. С точки зрения НЛП любую проблему можно воспринять как вызов или возможность измениться, «вырасти» или научиться чему-нибудь. При таком подходе все «проблемы» предполагают благоприятный исход. Если человек говорит: «Моя проблема заключается в том, что я боюсь неудачи», — можно предположить, что скрытая цель говорящего — получить уверенность в том, что он достигнет успеха. Точно так же, если проблема в том, что «прибыль падает», вероятным желаемым результатом является рост прибыли.

Часто люди непреднамеренно формулируют результат в негативной форме: «Я хочу перестать стесняться», «Я хочу бросить курить» и т. д. Подобным образом мы концентрируем внимание на проблеме и, как это ни парадоксально, в скрытой форме высказываемся «в ее пользу». Неотъемлемой частью мысли «Хочу перестать быть трусом» является утверждение «быть трусом». Устанавливая фрейм результата, мы спрашиваем себя: «Чего ты хочешь?» или «Что бы ты чувствовал, если бы не был таким трусом?»

Безусловно, в ходе поиска решения проблемы важно исследовать симптомы и их причины. Однако не менее важно делать это в контексте достижения желаемого состояния. В противном случае исследование симптомов и причин не приведет ни к какому решению. Если же информация собирается в связи с результатом или желаемым состоянием, решения могут найтись, даже если сама проблема останется не до конца изученной.

Другие фреймы НЛП используют тот же принцип. Фрейм «как если бы» заставляет нас действовать так, будто желаемое состояние или результат уже достигнуты. Фрейм «обратная связь в противовес ошибке» дает возможность интерпретировать видимые проблемы, симптомы или ошибки как обратную связь, которая помогает вносить коррективы, ведущие к желаемому состоянию, а не как неудачу.

Вероятно, основная функция вербальных паттернов «Фокусов языка» — помочь людям научиться переключать внимание: 1) с фрейма проблемы на фрейм результата, 2) с фрейма ошибки на фрейм обратной связи и 3) с фрейма невозможности на фрейм «как если бы». Описанные выше ситуации с женщиной-полицейским, психиатром, доктором, тренером и т. д. являются иллюстрациями изменения фрейма, в котором происходит восприятие некоторых обстоятельств или событий. Психиатр, доктор, заботливый дядя, мать и тренер — каждый из них помог своему партнеру изменить восприятие «проблемной» или «ошибочной» ситуации так, чтобы она находилась во фрейме результата или обратной связи. Переключение внимания с проблемы на результат позволило героям открыть для себя новые возможности. (Даже то, что женщина-полицейский выдала себя за мастера из телеателье, является метафорическим способом переключения на фреймы результата и обратной связи: в этом случае акцент был сделан на «ремонт», а не на «избавление» от ненужных вещей.)

Изменение результатов

Мы уже говорили о том, что цель направляет деятельность. Это значит, что результат сам по себе создает фрейм, определяющий, что именно будет восприниматься как подходящее, удачное и попадающее «внутрь фрейма», а что будет отметаться как не имеющее отношения к делу, бесполезное и находящееся «вне фрейма». Для участников мозгового штурма, к примеру, желаемым результатом являются «новые, оригинальные идеи». По отношению к этому результату уместными и ценными могут оказаться неожиданные аналогии, грубые шутки, «глупые» вопросы и прочие странности в поведении. Напротив, попытки использовать уже имеющиеся решения и стратегии, стремление «реально смотреть на вещи» окажутся неуместными и бесполезными.

В то же время, если бы деловая встреча представляла собой не мозговой штурм, а последний этап переговоров с важным клиентом, желаемым результатом было бы «достижение согласия по основным вопросам производства и доставки определенного продукта». Маловероятно, чтобы в этом случае неожиданные аналогии, грубые шутки, «глупые» вопросы и «ненормальное» поведение оказались уместными и полезными делу (разумеется, кроме тех ситуаций, когда переговоры заходят в тупик, для выхода из которого требуется небольшой мозговой штурм).

Точно так же действия, которые мы считаем соответствующими цели «лучше узнать друг друга», будут отличаться от действий, ведущих к результату «уложиться в жесткие сроки». Таким образом, изменение результата, являющегося центром внимания в той или иной ситуации, способно изменить наши суждения и наше восприятие того, что уместно и значимо в данной ситуации.

Паттерн «другого результата» представляет собой высказывание, которое переключает внимание человека на задачу, отличную от подразумеваемой в том или ином суждении или обобщении. Цель данного паттерна — подвергнуть сомнению (или подтвердить) уместность данного суждения или обобщения.

К примеру, представим себе участника семинара, который выполнил какое-то упражнение и огорчился, не добившись «ожидаемых результатов». Нередко это происходит потому, что желаемый результат — «выполнить задание в совершенстве». Этой формулировке соответствует умозаключение: «Если ты не достиг ожидаемого результата, значит, ты в чем-то ошибся или недостаточно компетентен». Сдвиг результата выполнения упражнения на цель «исследования», «познания», «открытия для себя чего-то нового» способен существенно повлиять на то, как мы расценим и истолкуем опыт, полученный в ходе выполнения упражнения. То, что является ошибкой в случае с «выполнением задания в совершенстве», может оказаться успехом, если сформулировать результат как «открыть для себя что-то новое».

Следовательно, используя паттерн «другого результата», ведущий семинара должен сказать этому участнику: «Вашей задачей при выполнении этого упражнения было научиться чему-нибудь новому, а не продемонстрировать уже достигнутые успехи. Как вы думаете, что нового вы узнали в ходе взаимодействия с партнером?»

Схожий принцип распространяется на весь наш жизненный опыт. Если оценивать наши реакции на проблемные ситуации по отношению к результату «жить комфортно и в безопасности», то может показаться, что мы терпим сплошные неудачи. А если воспринимать ту же ситуацию с точки зрения результата «закалиться в бою», то желаемая цель окажется достигнутой.

Известный психиатр и гипнотерапевт, доктор медицины Милтон Эриксон (именно он фигурировал в качестве психотерапевта в истории с молодым человеком, считавшим себя Иисусом Христом) однажды сказал своему клиенту:

Важно сохранять ощущение безопасности и ощущение готовности, а также твердую уверенность в том, что ты сможешь справиться со всем, что бы ни случилось, и получишь от этого удовольствие. Однако может оказаться полезной и ситуация, с которой ты не можешь справиться, — позднее ты вспомнишь о ней и поймешь, что этот опыт не раз пригодился тебе. Такие ситуации дают возможность оценить свою силу, а кроме того — определить те области, в которых тебе нужно обезопасить себя «изнутри»... Адекватно реагировать на удачу и неудачу — вот истинная радость жизни.

Это высказывание Эриксона является примером использования паттерна «другого результата». Здесь то, что можно счесть «поражением» (по отношению к результату «справиться с ситуацией»), с изменением результата («адекватно реагировать на удачу и неудачу») приобретает форму обратной связи (рис. 4).

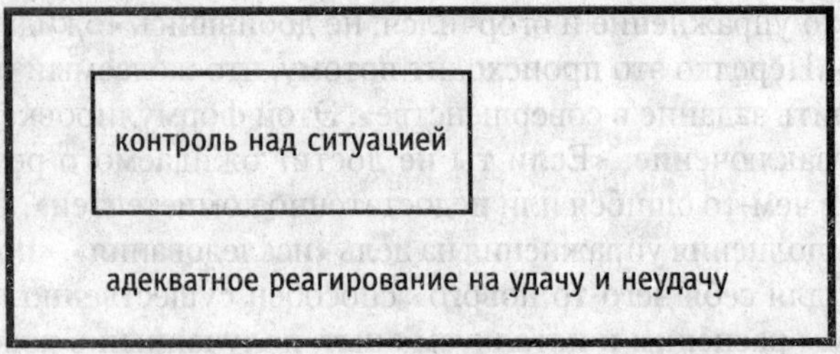

контроль над ситуацией

адекватное реагирование на удачу и неудачу

Рис. 4. Изменение результата приводит к изменениям во фрейме «уместного и успешного»

Задание

Проверьте действие этого паттерна на себе:

1. Вспомните ситуацию, с которой у вас связано ощущение тупика, огорчения или поражения.

   Ситуация: _____

   _____

   (Например: Я чувствую, что один человек использует меня в своих целях, а я не в состоянии открыто противостоять этому.)

2. Какое негативное обобщение или суждение (о себе или других) вы используете для описания этой ситуации и какой результат или результаты оно подразумевает?

   Суждение: _____

   _____

   (Например: То, что я не говорю ничего в свою защиту, означает, что я трус.)

   Результат (результаты): _____

   _____

   (Например: Научиться отстаивать в споре свои права, стать сильным и смелым.)

3. Как изменится ваше восприятие ситуации, если вы подумаете о ней с точки зрения других возможных результатов, например безопасности, познания, исследования, самораскрытия, уважения к себе и окружающим, цельности натуры, излечения, личностного роста и т. д.?

(Например, если принять за результат желание «относиться к себе и другим с уважением» или «относиться к другим так, как я хотел бы, чтобы они относились ко мне», то не слишком уместным будет называть себя «трусом» за неумение отстаивать в споре свои права.)

4. Каким результатом вы могли бы заменить или дополнить текущий результат, чтобы ваше негативное обобщение или суждение утратило силу, а последствия этой ситуации было бы проще воспринимать как обратную связь, а не как неудачу?

Альтернативные результаты: _____
_____

(Например: Научиться относиться к себе и окружающим с пониманием, мудростью и сочувствием.)

С точки зрения НЛП переключение на другой результат позволяет поместить наше восприятие ситуации в новый фрейм. «Рефрейминг» считается основной техникой изменения в НЛП, а также важнейшим механизмом «Фокусов языка».

Рефрейминг _____

Рефрейминг позволяет нам иначе интерпретировать те или иные проблемы и находить новые решения. Это происходит за счет изменения фреймов, в рамках которых эти проблемы воспринимаются. Буквально *рефрейминг* обозначает помещение какого-либо образа или переживания в новый фрейм. С психологической точки зрения произвести рефрейминг — значит преобразовать смысл чего-либо, поместив это в новую рамку или контекст, отличный от исходного.

Рамка вокруг рисунка является хорошей метафорой, позволяющей понять суть и механизм рефрейминга. В зависимости от того, что именно попадает в рамку, изменяется информация о содержании картины, а следовательно, и восприятие того, что на ней изображено. Фотограф или художник, заинтересовавшись каким-либо пейзажем, может поместить в рамку одно-единственное дерево или, наоборот, целый луг со всеми деревьями, животными, ручейком или прудом. От этого зависит, какую часть исходного пейзажа сможет увидеть на картине зритель. Кроме того, человек, купивший картину, может заменить раму на новую, лучше вписывающуюся в интерьер его жилища.

Так и психологические фреймы влияют на наши переживания и интерпретацию конкретной ситуации, определяя, что именно мы «видим» и воспринимаем. Взгляните, например, на рис. 5.

Рис. 5. Маленькая рамка

Теперь представьте, что будет, если расширить рамку. Обратите внимание на то, как за счет новой перспективы расширяется ваш опыт и понимание представленной ситуации (рис. 6).

Рис. 6. Более широкая рамка

У первого рисунка нет собственного «смысла». Это всего лишь изображение рыбы. Но когда рамка расширилась, мы неожиданно увидели совсем другую ситуацию. Первая рыба оказалась не просто «рыбой», а «маленькой рыбкой, которую вот-вот проглотит большая рыба». Судя по всему, маленькая рыбка не в курсе событий; мы же можем легко следить за ними благодаря нашему ракурсу и «расширенной рамке». Мы можем выбирать, как реагировать: тревожиться ли нам о маленькой рыбке или признать, что большой рыбе для выживания необходима пища.

А теперь посмотрим, что будет, если снова произвести рефрейминг, еще немного расширив перспективу (рис. 7).

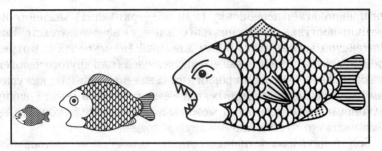

Рис. 7. Еще более широкая рамка

Новая перспектива наделяет ситуацию новым смыслом. *Изменив размер рамки*, мы видим, что опасность грозит не только маленькой рыбке. Рыбу побольше намерена съесть еще более крупная рыба. В своем стремлении выжить средняя рыба настолько поглощена охотой на маленькую рыбку, что ее собственная безопасность оказалась под угрозой.

Ситуация на рисунках и новый уровень осознания, основанный на рефрейминге нашей точки зрения на эту ситуацию, хорошо иллюстрируют как механизм, так и цель психологического рефрейминга. Нередко люди попадают в ситуацию маленькой или средней рыбы. Они либо не осознают, подобно первой из них, грозящей извне опасности, либо, подобно второй, настолько поглощены стремлением к результату, что не замечают приближающегося кризиса. Парадокс средней рыбы заключается в том, что ее внимание настолько захвачено одним-единственным видом направленной на выживание деятельности, что само это выживание оказывается под угрозой. Рефрейминг позволяет увидеть «самую большую» картинку, в результате чего может быть сделан более правильный выбор и предприняты соответствующие действия.

В НЛП рефрейминг заключается в установлении новой психологической рамки вокруг содержания какого-либо переживания или ситуации и расширении нашего восприятия этой ситуации, с тем чтобы мы могли проявить больше мудрости и находчивости при поиске выхода из нее.

Изменение размеров фрейма

Паттерн «изменения размеров фрейма» позволяет напрямую применить этот принцип к восприятию многих ситуаций или переживаний.

Он предполагает переоценку (или подчеркивание) значения конкретного поступка, обобщения или суждения в новом контексте. Таким контекстом может стать более длинный (или короткий) отрезок времени, точка зрения большего числа людей (или другого человека), а также более или менее широкий взгляд на вещи. Событие, кажущееся нам невыносимо болезненным, если думать о нем в связи с нашими желаниями или ожиданиями, может выглядеть почти банальным, если сравнивать его со страданиями других людей.

Болельщики на спортивных состязаниях могут неистовствовать при виде того, как их команда выигрывает или проигрывает матч или как хорошо (или плохо) играет их любимый спортсмен. Позднее, в масштабе всей жизни, те же самые события кажутся им совершенно незначительными.

Поступок, допустимый для одного человека, может стать разрушительным и вредоносным, если то же самое сделает группа людей.

Первые роды могут стать тяжелым и пугающим переживанием для женщины. Напоминание о том, что через это проходили миллионы женщин на протяжении миллионов лет, поможет ей поверить в свои силы и уменьшит страх.

Отметим, что изменение размеров фрейма по своей сути отличается от процесса сдвига к другому результату. Можно держать в уме тот же результат, например «излечение» или «безопасность», однако изменять размер фрейма, в котором человек оценивает свои успехи на пути к этому результату. Например, специфические симптомы болезни можно рассматривать как «нездоровье» с точки зрения прямых последствий, но также и как необходимый процесс «очищения» или «прививки» в контексте долговременных последствий. Гомеопатия, в частности, основана на том принципе, что небольшие количества токсичных веществ создают долговременный иммунитет к этим токсинам.

Точно так же то, что выглядит «безопасным» сегодня, может оказаться рискованным с точки зрения более отдаленной перспективы.

Изменение размеров фрейма связано с широтой или глубиной нашего взгляда на ситуацию, а не с конкретным результатом, который мы рассматриваем в рамках данного фрейма. Хорошую иллюстрацию изменения размеров фрейма можно увидеть в фильме «Кабаре». В начале одной из сцен картины крупным планом показывается ангельское личико поющего мальчика. Образ кажется очень добрым и цельным. Камера отъезжает, и мы видим, что на мальчике надета военная форма. Далее мы видим на его рукаве повязку со свастикой. По мере увеличения фрейма мы постепенно понимаем, что мальчик поет на огромном митинге нацистов. И значение и эмоции, которые несет этот образ, радикально меняются вместе с новой информацией и изменением размеров фрейма.

Похожие изменения можно осуществить с помощью языка. Такие фразы, как «посмотреть на ситуацию со стороны», «учитывая долговременные последствия», «для будущих поколений», способны напрямую воздействовать на размер фрейма, в котором мы воспринимаем ситуацию, событие или результат. Размер фрейма может меняться при использовании слов, предполагающих фрейм большего размера. К примеру, если сказать «девяносто лет назад» или «на ближайшее столетие», то слушатели будут оперировать терминами конкретного временно́го фрейма.

Посмотрите, как используется изменение размеров фрейма в приведенных ниже загадках из старинной шотландской колыбельной:

Я принес своей любимой вишенку без ядрышка,
Я принес своей любимой курочку без косточек,
Я принес своей любимой детку, что не плачет.

Где ты видел вишенки без ядрышек?
Где ты видел курочек без косточек?
Где ты видел деток, что не плачут?

У цветущей вишенки нет ядрышка,
У яйца куриного нет косточек,
А не плачут детки, когда спят.

Разгадка первых двух загадок требует, чтобы мы расширили фрейм восприятия, включив в него весь жизненный цикл вишневого дерева или цыпленка. Чтобы справиться с третьей загадкой, нужно пойти в противоположном направлении и сузить восприятие до отдельных временны́х отрезков дневного цикла ребенка. Изменить восприятие позволяют слова «цветущая», «яйцо» и «спать».

Размер фрейма в немалой степени определяет доступные нашему восприятию смысл и значимость; он чрезвычайно важен с точки зрения эффективного решения проблем.

Задание

Испытайте действие этого паттерна на себе по следующей схеме.

1. Представьте ситуацию, которую вы оцениваете как сложную, связанную с разочарованием или неприятными переживаниями.

   Ситуация: _____

   _____

2. Определите фрейм, в котором вы ее воспринимаете (например, непосредственный результат, долговременные последствия, отдельный человек, группа, сообщество, прошлое, будущее, конкретное событие, целостная система, как взрослый, как ребенок и т. д.).

   Текущий фрейм: _____

   _____

3. Измените размер фрейма, расширяя или сужая его так, чтобы включить больший промежуток времени, большее число людей, более крупную систему и т. д. Затем сузьте его так, чтобы сконцентрировать на одном конкретном человеке, ограниченном временном промежутке, отдельном событии и т. д. Обратите внимание на то, как изменяются ваши оценки и восприятие этой ситуации. То, что в коротком временном промежутке кажется нам неудачей, впоследствии нередко видится как необходимая ступенька к успеху. (В частности, если осознать, что все рано или поздно проходят через те же затруднения, что и ты, то проблемы могут показаться уже не такими неразрешимыми.)

4. Какой из новых фреймов, долговременных или краткосрочных, включающих большее или меньшее число людей, более или менее широкий взгляд на вещи, позволяет вам сменить свою оценку ситуации на более позитивную?

   Новый фрейм: _____

   _____

Паттерны «Фокусов языка», связанные с изменением размера фрейма и переключением на другой результат, являются примерами того, что в НЛП называют рефреймингом *контекста* и *содержания*.

Рефрейминг контекста

Рефрейминг контекста связан с тем фактом, что конкретное переживание, поведение или событие наделяются различным смыслом и влекут за собой различные последствия в зависимости от исходного контекста. К примеру, люди, страдающие от жестокой засухи, воспримут дождь как чрезвычайно позитивное событие, в отличие от тех, кто борется с наводнением или готовился сыграть свадьбу на открытом воздухе. Дождь сам по себе не «плох» и не «хорош». Придаваемое ему значение зависит от последствий, которые он вызовет в конкретном контексте.

По мнению Лесли Камерон-Бэндлер (*Leslie Cameron-Bandler*, 1978, с. 131), в НЛП при *контекстуальном рефрейминге* «любое поведение считается полезным в определенном контексте». Задача контекстуального рефрейминга — изменить негативное восприятие человеком какого-либо поведения, дав ему возможность осознать целесообразность этих же действий в каких-то других контекстах. Это позволяет нам увидеть поступок «как таковой» (как и в случае с дождем) и переключить внимание на вопросы, связанные с более широким контекстом (вместо того чтобы ругать дождь во время наводнения, мы сосредоточиваемся на создании эффективной системы стока воды).

К примеру, представим себе мать, которую беспокоит то, что ее сын-подросток постоянно дерется в школе. Чтобы произвести рефрейминг контекста, мы можем сказать ей: «Разве это плохо, что ваш сын способен защитить свою маленькую сестренку от любого, кому вздумается пристать к ней по дороге домой?» Эти слова помогут женщине изменить восприятие поведения своего сына, признать полезность его действий в определенном контексте и найти более конструктивную реакцию, чем ярость и стыд.

Часто негативные реакции лишь укрепляют и даже усугубляют проблемное поведение, вместо того чтобы искоренять его. Обвинение влечет за собой своего рода полярную реакцию, в действительности лишь стимулирующую нежелательное поведение. Если матери из предыдущего примера удастся увидеть позитивные стороны поведения сына, это поможет ей занять более удачную «метапозицию» и с большим успехом обсудить с ним его поведение в определенном контексте.

В свою очередь, если сын обнаружит, что его поведение в конкретном контексте является полезным и не влечет за собой критики и нападок, он сможет увидеть собственные действия в другом ракурсе, не требующем оборонительной позиции. На следующем этапе мать и сын могут попытаться закрепить позитивные намерения и связанные с этим поведением преимущества, а затем и подыскать ему подходящую замену.

Очевидно, что изменение размеров фрейма, в котором воспринимается некое событие, является одним из способов воспринять его в другом контексте.

Рефрейминг содержания

В отличие от изменения контекста, *рефрейминг содержания* подразумевает изменение нашей точки зрения или уровня восприятия определенного поведения или ситуации. Возьмем, к примеру, пустое поле, поросшее травой. Для фермера это поле представляет собой участок, где можно посадить новые растения; для архитектора — пустое пространство, на котором можно построить прекрасный дом; влюбленная пара увидит в нем замечательный уголок для пикника; пилот небольшого аэроплана, у которого кончается топливо, — место для безопасной посадки и т. д. Одно и то же содержание («поле») воспринимается по-разному в соответствии с планами и намерениями наблюдателя. Фактически это тот механизм, на котором основан паттерн переключения на *другой результат*.

Вспомним аналогию с картиной как предметом искусства: одним из способов увидеть рисунок или фотографию в другом свете является «рефрейминг» с учетом намерений автора — художника или фотографа. Какую ответную реакцию хотел автор вызвать у зрителя? Какую эмоцию стремился передать? Помещение предмета в рамки намерений автора меняет наше восприятие.

Подобным образом рефрейминг содержания в НЛП подразумевает исследование намерений, стоящих за внешним поведением человека. Чаще всего этот процесс позволяет найти «позитивное намерение», «позитивную цель» или «метарезультат» какого-либо явления или проблемного поведения. Один из основных принципов НЛП гласит: следует разделять поведение и личность. Это значит, что необходимо отличать позитивное намерение, действие, убеждение и т. д., порождающее поведение, от поведения как такового. Согласно этому принципу, более достойной, «экологически грамотной» и продуктивной является реакция на «глубинную структуру», а не на поверхностное проявление проблемного поведения. Воспринимая симптом или нежелательное поведение в более широких рамках позитивной цели, на достижение которой направлено поведение, мы создаем возможность для более гибкой внутренней реакции.

Приведем пример. Практик НЛП консультировал семью подростка, который жаловался на то, что отец всегда высказывается против любых его планов на будущее. Консультант спросил у мальчика: «Разве плохо иметь отца, который старается защитить тебя от любых разочарований и ударов судьбы? Ручаюсь, что ты знаешь не много отцов, которые бы так заботились о своих детях». Это замечание чрезвычайно удивило мальчика, поскольку ему и в голову не приходило, что у отцовской критики могут быть какие-то позитивные цели. До этого момента он видел лишь воинственные выпады в свой адрес. Далее консультант объяснил мальчику разницу между «мечтателем», «реалистом» и «критиком», а также значимость каждой из этих ролей для эффективного планирования. Он подчеркнул, что задача эффективного «критика» — отыскать слабое звено той или иной идеи или плана, чтобы избежать проблем, и что отец мальчика, очевидно, занимает позицию «критика» по отношению к мечтам сына. Также консультант объяснил, какие проблемы могут возникнуть у «мечтателя» и «критика» в отсутствие реалиста.

Этих комментариев оказалось достаточно для того, чтобы превратить внутреннюю реакцию подростка из гнева в признательность. Новый фрейм отцовского поведения позволил мальчику также воспринимать родителя уже не как помеху или камень преткновения, но как потенциальный источник информации о правильном планировании будущего. Признание отцовских намерений привело к тому, что отец стал иначе воспринимать собственную роль (и соответственно свой способ участия) в жизни сына. Он осознал, что может с тем же успехом взять на себя роль реалиста или тренера.

Таким образом, рефрейминг содержания включает в себя определение вероятного позитивного намерения, которое могло стоять за проблемным поведением. Намерение обладает двумя аспектами. Первый — позитивная внутренняя мотивация поведения (например, потребность в безопасности, любви, заботе, уважении и т. д.). Второй — позитивный результат, к которому может привести поведение в рамках более широкого контекста или системы (например, защита, привлечение внимания, достижение признания и т. д.).

Одной из основных форм рефрейминга содержания в НЛП является *шестишаговый рефрейминг*. В ходе этого процесса проблемное поведение отделяется от *позитивного намерения* внутренней программы, или «части», ответственной за поведение. Затем эту «часть» наделяют ответственностью за внедрение альтернативных видов поведения, которые соответствовали бы тому же позитивному намерению, но не давали проблемных побочных продуктов. Так создаются новые варианты поведения.

Рефрейминг критиков и критики

Как показывает пример отца и сына-подростка, рефрейминг может успешно применяться в работе с критиками и критическими замечаниями.

Критиков нередко считают людьми, самыми неудобными в общении, из-за их кажущейся сосредоточенности на негативном и склонности находить недостатки в чужих идеях и предложениях. Часто критики воспринимаются как «вредители», поскольку оперируют фреймами проблемы или ошибки. (Мечтатели же, напротив, пользуются фреймом «как если бы», а реалисты — фреймами результата или обратной связи.)

Основной проблемой критиков на лингвистическом уровне является их характерная манера высказываться в форме обобщающих утверждений, например: «Этот проект обойдется слишком дорого», «Из этой идеи ничего не выйдет», «Это нереально», «Этот проект потребует слишком больших усилий» и т. д. Дело в том, что, исходя из самой формулировки этих заключений, собеседник может только согласиться или не согласиться с ними. Если вам говорят: «Из этой идеи ничего не выйдет» или «Это слишком дорого», можно ответить или «Думаю, что ты прав», или «Нет, совсем не так дорого». Таким образом, критические замечания обычно приводят к поляризации мнений, разногласиям и в конечном итоге к конфликту (если собеседник не согласится с критикой).

Самые сложные проблемы возникают в тех случаях, когда критики не просто высказываются против мечты или плана, а начинают критиковать самих «мечтателей» или «реалистов» на личностном уровне. Между фразами «Это дурацкая *идея*» и «Ты дурак, если так думаешь» есть существенная разница. Начиная нападать на партнера на уровне идентификации, критик из «вредителя» превращается в «киллера».

Важно помнить о том, что критика, подобно любому другому поведению, вызвана благими намерениями. Цель критика — оценить результаты «мечтателя» или «реалиста». Успешный критик анализирует предложенный план или сценарий, с тем чтобы определить возможные сбои и предотвратить их. Критики находят недостающие звенья цепочек за счет логических умозаключений: что будет, если проблема возникнет. Хорошие критики часто смотрят на ситуацию не с точки зрения людей, непосредственно вовлеченных в деятельность или план, а глазами тех, на ком может отразиться эта деятельность, или тех, кто может повлиять на реализацию задуманного как в положительную, так и в отрицательную сторону.

Позитивное формулирование позитивных намерений

Одной из проблем, связанных с критическими замечаниями, является то, что они не только негативны по сути, но и состоят из негативных слов — иначе говоря, сформулированы в виде отрицания. К примеру, «избежать стресса» или «расслабиться и успокоиться» — два способа описания одного и того же внутреннего состояния, однако в них использованы совершенно разные слова. Одно утверждение («избежать стресса») описывает нечто нежелательное. Второе («расслабиться и успокоиться») описывает желаемое состояние.

Подобным образом многие виды критики заключены во фреймы слов, описывающих скорее нежелательные, чем желаемые результаты. Например, позитивное намерение (или критерий оценки), скрытое за критическим замечанием «это пустая трата времени», вероятнее всего, является желанием «мудро и эффективно использовать имеющиеся ресурсы». Однако определить это намерение по «поверхностной структуре» высказывания оказывается непросто, поскольку оно указывает на то, чего необходимо избежать. Таким образом, ключевым лингвистическим навыком в работе с критическими высказываниями и в преобразовании фреймов проблем во фреймы результата является способность распознавать позитивные утверждения и выводить их из позитивных намерений.

Временами это сделать сложно, поскольку критики очень любят пользоваться фреймом проблемы. К примеру, если спросить критика о позитивном намерении, скрытом за высказыванием: «Это предложение нерентабельно», в ответ мы, скорее всего, услышим: «Я хочу избежать излишних расходов». Заметьте, что несмотря на «позитивность» этого намерения, лингвистически оно оформлено негативно, т. е. сообщает о том, чего следует «избежать», а не о том, чего следует достичь. Позитивной формулировкой этого намерения было бы что-нибудь вроде: «Убедиться в том, что мы можем себе это позволить» или «Убедиться в том, что мы остаемся в рамках бюджета».

Для того чтобы позитивно сформулировать намерения и критерии, необходимо задавать следующие вопросы: «Если вы не хотите стресса (расходов, ошибок, затрат), то чего же вы *хотите*?» или «Что бы вы получили в результате (в чем бы вы выиграли), если бы вам удалось избежать того, что для вас нежелательно?».

В табл. 2 приведены некоторые примеры позитивных формулировок негативных высказываний.

Превращение критических замечаний в вопросы

Если нам удалось обнаружить и позитивно сформулировать позитивное намерение, само критическое замечание легко превратить в вопрос. В таком виде оно предполагает совсем иные варианты ответа, чем

Таблица 2

Позитивные формулировки негативных высказываний

Негативное высказывание	Позитивное утверждение
Слишком дорого	По средствам
Потеря времени	Разумное использование имеющихся ресурсов
Страх поражения	Желание достичь успеха
Нереально	Конкретно и осуществимо
Слишком много усилий	Легко и быстро
Глупо	Мудро и со знанием дела

обобщение или суждение. Предположим, вместо того чтобы сказать: «Это слишком дорого», критик спросил: «Как мы можем себе это позволить?» В этом случае собеседник получает возможность обрисовать в общих чертах свой план, избегая необходимости не соглашаться или спорить с критиком. Это справедливо практически для любого критического замечания. Высказывание «Из этой идеи ничего не выйдет» можно преобразовать в вопрос: «Как ты намерен воплотить эту идею?» Утверждение «Это нереально» превращается в вопрос: «Как придать твоему плану бо́льшую конкретность?» Жалоба на то, что «это потребует слишком больших усилий», может звучать иначе: «Как реализовать эту же идею, но более легким и простым путем?» Обычно такие вопросы преследуют ту же цель, что и критика, однако являются более эффективными.

Отметим, что все перечисленные вопросы начинаются со слова «как». Этот тип вопросов считается наиболее продуктивным. К примеру, вопросы, начинающиеся со слова «почему», часто предполагают в ответе новые утверждения, которые могут привести к конфликту или разногласиям. Спрашивая «Почему это кажется тебе слишком дорогим?» или «Почему ты не хочешь посмотреть в глаза реальности?», мы все-таки рассматриваем ситуацию во фрейме проблемы. То же самое относится к вопросам: «Из-за чего твое предложение обойдется нам так дорого?» или «Кто за это заплатит?» В целом, вопросы, начинающиеся с «как», являются наиболее эффективными, если мы хотим переключить внимание на фрейм результата или фрейм обратной связи.

(П р и м е ч а н и е. На уровне глубинных структур критические замечания носят онтологический характер, утверждая тот факт, что нечто *существует* или *не существует*. Вопросы, начинающиеся с «как», ведут к гносеологическим исследованиям — поиску того, *как вы узнали*, что нечто существует или не существует.)

Превращение критиков в советчиков

В общих чертах, для того чтобы помочь кому-либо стать «конструктивным» критиком, или советчиком, нужно сделать следующее: 1) найти позитивную цель критического замечания; 2) сформулировать позитивное намерение в позитивных понятиях; 3) преобразовать замечание в вопрос — в частности, начинающийся со слова «как».

В этом вам помогут следующие вопросы:

1. В чем суть твоего замечания или возражения?

   Например: Твое предложение слишком поверхностно.

2. Какое позитивное намерение скрыто за этим замечанием? Чего ты хочешь достичь с помощью критики?

   Например: Радикальных и основательных изменений.

3. Какой следует задать вопрос со словом «как», учитывая это намерение?

   Например: Как гарантировать, что принятие этого предложения создаст предпосылки, необходимые для радикальных и основательных изменений?

Задание

Попробуйте отработать этот механизм на себе. Представьте, что вы пытаетесь утвердить новые ценности или убеждения в какой-то сфере своей жизни, и займите позицию критика самого себя. С какими затруднениями или проблемами вам предстоит столкнуться?

Определив проблемы или затруднения, проделайте описанные выше действия, чтобы превратить критические замечания в вопросы. Найдите позитивные намерения и вопросы со словом «как», имеющие отношение к вашей самокритике (иногда это лучше делать с партнером). Преобразовав утверждения в вопросы, задайте их «мечтателю» или «реалисту» в себе самом, чтобы сформулировать соответствующие ответы.

В конечном итоге критическая стадия проекта направлена на то, чтобы убедиться в разумности идеи или плана, а также на то, чтобы сохранить все плюсы уже имеющихся путей достижения той же цели. Когда критик задает вопросы со словом «как», из «вредителя» или «киллера» он превращается в «советчика».

(П р и м е ч а н и е. Полезно также сначала подвести критика к пониманию того, что некоторые аспекты плана удовлетворяют его критериям, после чего он может указывать на недостатки.)

Паттерны намерения и переопределения

Определение и признание позитивных намерений критика с последующим преобразованием критического замечания в вопрос со словом «как» является примером «вербального фокуса». Здесь «Фокусы языка» применяются для переключения внимания с фрейма проблемы или ошибки на фрейм результата или обратной связи. В результате вредитель-критик превращается в советчика. Этот процесс построен на двух фундаментальных формах рефрейминга, лежащих в основе паттернов намерения и переопределения.

Намерение предполагает направление внимания человека к цели или намерению (например, защита, привлечение внимания, установление границ и т. д.), скрытым за обобщением или утверждением, с тем чтобы усилить это обобщение или поместить его в другой фрейм.

Переопределением называется замена одного из элементов обобщения или утверждения новым словом или словосочетанием, означающим примерно то же самое, но влекущим за собой иные последствия. Примером переопределения является замена негативного утверждения позитивной формулировкой того же содержания.

Паттерн намерения основан на следующем базовом предположении НЛП:

> **Любые поведенческие проявления на каком-то уровне вызваны (в настоящем или прошлом) позитивными намерениями. Поведение воспринимается (или воспринималось вначале) самим человеком как уместное в определенном контексте. Легче и продуктивнее реагировать на эти намерения, а не на проявления проблемного поведения.**

Применение паттерна намерения предполагает, что мы реагируем на позитивное намерение, скрытое за тем или иным обобщением или суждением, а не непосредственно на это высказывание. В качестве примера представим себе, что покупатель приходит в магазин и проявляет интерес к какому-то товару, однако говорит: «Мне нравится эта вещь, но я боюсь, что она слишком дорого стоит». Применяя паттерн намерения, продавец должен сказать что-нибудь вроде: «Я полагаю, что для вас очень важно потратить деньги на качественный продукт». Эта фраза направит внимание покупателя на намерение, скрытое за фразой «слишком дорого стоит» (в данном случае это намерение «получить качественный продукт»), и поможет дать ответ во фрейме результата, а не во фрейме проблемы (рис. 8).

Переопределение предполагает, что в данной ситуации можно сказать: «Вы полагаете, что цена на этот товар завышена, или обеспокоены тем, что не можете позволить себе эту покупку?» Здесь утверждение «Боюсь, это слишком дорого» переформулировано двумя разными способами, с тем чтобы продавец мог получить больше информации о затруднениях покупателя. В первом определении слово «бояться» мы заменили на «полагать», а «слишком дорого» — на «завышена цена». Во втором случае «бояться» превратилось в «беспокоиться», а «слишком дорого» — в «не могу себе позволить». Обе новые формулировки близки по смыслу к первоначальному возражению, но подразумевают разные причины, позволяющие поместить высказывание покупателя во фрейм обратной связи.

«Полагать» и «беспокоиться» по многим критериям существенно отличаются от «бояться». Они подразумевают скорее когнитивные процессы, чем эмоциональные реакции (тем более вероятным становится восприятие их в рамках обратной связи). «Завышена цена» — новое определение для «слишком дорого», которое подразумевает, что слова покупателя отражают его ожидания относительно цены, назначенной магазином за товар. Переформулируя «слишком дорого» как «невозможность позволить себе покупку», мы определяем причину возражения как беспокойство покупателя о собственных финансовых ресурсах и способности заплатить за товар (рис. 9).

Рис. 8. Сосредоточение внимания на намерении, стоящем за ограничивающим суждением или утверждением, позволяет переключиться с фрейма проблемы на фрейм результата

Рис. 9. Слова могут пересекаться по значениям, но различаться
по подтексту

Определение, которое выберет покупатель, несет в себе важную информацию для продавца. В зависимости от ответа клиента продавец может предложить либо скидку на товар (если цена кажется завышенной), либо гибкую схему оплаты (если проблема заключается в платежеспособности).

Таким образом, переопределение является простым, но действенным способом открывать новые каналы мышления и взаимодействия. Еще один хороший пример работы этого паттерна — переименование «боли» в «дискомфорт». Вопросы «Насколько сильную боль ты испытываешь?» и «Насколько сильный дискомфорт ты ощущаешь?» оказывают совершенно разное воздействие. Нередко этот тип вербального рефрейминга автоматически меняет восприятие человеком своей боли. Термин «дискомфорт» содержит в себе идею «комфорта», тогда как слово «боль» не имеет никакого позитивного подтекста.

Упражнение по «однословному» рефреймингу

Одним из способов исследовать возможности паттерна переопределения является «однословный» рефрейминг других слов. Для этого мы берем слово, выражающее определенную идею или понятие, и находим к нему слово-синоним, придающее позитивный или негативный оттенок исходному термину. Как в шутку заметил философ Бертран Рассел: «Я тверд в своих решениях; ты упрям; он — твердолобый дурак».

Позаимствовав у Рассела формулу, потренируйтесь в создании других примеров:

Я испытываю праведный гнев; ты раздражен; он делает много шума из ничего.

Я еще раз обдумал свое решение; ты передумал; он изменил данному слову.

Я нечаянно ошибся; ты исказил факты; он — отъявленный лжец.

Я способен войти в положение другого человека; ты мягок; он — «тряпка».

Каждое из этих утверждений преподносит одно и то же понятие или переживание в новом ракурсе благодаря «обрамлению» его другими словами. Возьмем, к примеру, слово «деньги». «Благополучие», «успех», «средство», «ответственность», «коррупция» и т. д. — все эти слова или словосочетания создают различные фреймы для понятия «деньги», намечая тем самым различные потенциальные точки зрения.

Задание

Составьте список слов и потренируйтесь в однословном рефрейминге. Например:

ответственный (стабильный, ригидный)

стабильный (удобный, скучный)

игривый (гибкий, неискренний)

бережливый (мудрый, скупой)

дружелюбный (приятный, наивный)

настойчивый (уверенный, настырный)

уважительный (деликатный, конформный)

глобальный (обширный, громоздкий)

Освоившись с созданием однословных фреймов, вы сможете применять их ко всем ограничивающим утверждениям, исходящим от вас или от окружающих. Например, время от времени каждый из нас ругает себя за «глупость» или «безответственность». Попробуйте поискать другие определения, которые придадут более позитивный оттенок этим обвинениям. В частности, «глупый» может превратиться в «наивного», «невинного» или «рассеянного»; «безответственный» — в «свободомыслящего», «гибкого» или «неосведомленного» и т. д.

Вы можете использовать однословный рефрейминг и для изменения формы замечаний, которые вы делаете другим людям. Иногда полезно смягчить критичность высказываний, адресованных вашему супругу (супруге), детям, сослуживцам или друзьям. Вместо того чтобы ругать ребенка за «ложь», можно сказать, что у него «живое воображение» или что он «сочиняет сказки». Переопределение нередко позволяет достичь цели, в то же время исключив необязательные (часто совершенно бесполезные) негативные подтексты или обвинения.

Рассматриваемый тип переопределения представляет собой основной механизм, лежащий в основе понятия «политическая корректность формулировок». Его задачей является уменьшение негативизма оценок и ярлыков, с помощью которых люди нередко описывают тех, кто отличается от них самих. Ребенка с избытком физической энергии, плохо подчиняющегося указаниям старших, лучше называть «энергичным», чем «неуемным». Плохо слышащего человека называют не «глухим», а «человеком с ухудшением слуха»; инвалида — не «калекой», а «физически ограниченным». «Уборщиц» и «дворников» можно объединить под названием «служба технической поддержки». «Сбор мусора» превращается в «заведование отходами».

Цель смены ярлыков — помочь людям увидеть окружающих в рамках более широкой и менее оценочной перспективы (несмотря на то, что некоторые считают подобное переименование снисходительным и неискренним). В случае успеха этот прием позволяет человеку переключиться при восприятии и определении ролей с фрейма проблемы на фрейм результата.

Вторая позиция как способ увидеть ситуацию с точки зрения другой модели мира

Еще одной простой, но действенной формой рефрейминга является переосмысление ситуации, переживания или суждения в рамках другой модели мира. С точки зрения НЛП легче и естественнее всего сделать это, поставив себя на место другого человека или заняв так называемую вторую позицию.

Занятие второй позиции подразумевает переключение на точку зрения партнера, или на его «позицию восприятия», в рамках конкретной ситуации или взаимодействия. Вторая позиция является одной из трех основных позиций восприятия, описанных в НЛП. Она предполагает изменение точки зрения и взгляд на ситуацию глазами другого человека. Из второй позиции можно видеть, слышать, чувствовать взаимодействие, ощущать его вкус и запах в ракурсе, доступном другому человеку.

Таким образом, вторая позиция означает установление связей с взглядами, убеждениями и допущениями другого человека, а также восприятие идей и событий на основе его модели мира. Способность увидеть ситуацию с точки зрения чужой модели мира нередко дарит возможность новых прозрений и осознания.

Паттерн «модель мира» основан именно на этом процессе. Он предполагает наличие способности помещать некую ситуацию или обобщение в новый фрейм через восприятие и выражение иной ментальной карты этой ситуации. Хороший пример принятия второй позиции и иной модели мира с целью расширения перспективы сформулировал судебный адвокат Тони Серра. В интервью, данном в 1998 г. журналу *Speak*, Серра заметил:

Когда ты представляешь интересы преступника... ты становишься им, чувствуешь так же, как он, влезаешь в его шкуру, видишь его глазами и слышишь его ушами. Ты узнаешь его в совершенстве, чтобы понять природу его поведения. И у тебя есть «слово». Это значит, что ты можешь перевести его чувства, его идеи, его интеллект — значимые компоненты поведения — на язык юристов, в слова закона или в убедительные метафоры. Ты берешь глину человеческого поведения и превращаешь ее в произведение искусства. Это называется творчеством адвоката.

Паттерн «модель мира» основан на следующем предположении НЛП:

> **Карта не есть территория. Каждый человек обладает собственной «картой мира». Правильных карт не существует. В каждый момент люди совершают наилучший выбор с учетом тех возможностей и способностей, которые воспринимаются доступными в их модели мира. Наиболее «мудрыми» и «чуткими» считаются те карты, в которых доступно большее количество альтернатив, а вовсе не наиболее «точные» или «близкие к реальности».**

Задание

Вспомните какую-нибудь ситуацию, в которой вы оказались не на высоте при взаимодействии с другим человеком, хотя знаете, что могли бы вести себя иначе. Какое обобщение или заключение вы сделали о себе или о другом человеке? Обогатите свое восприятие ситуации и это заключение, осознав их по крайней мере с трех точек зрения, или из трех «моделей мира».

Войдите в положение другого человека. Как бы вы воспринимали ситуацию, если бы оказались на его месте?

Представьте себе, что вы независимый наблюдатель, не вовлеченный в ситуацию. Что бы вы сказали об этом взаимодействии со своей точки зрения? Как бы воспринял эту ситуацию, например, антрополог, художник, министр, журналист?

Неплохо также вспомнить о ком-нибудь, кто в свое время сыграл для вас роль хорошего учителя или ментора, и посмотреть на ситуацию с точки зрения этого человека.

Пример нужных слов, сказанных в нужное время

Приведу пример того, как мне довелось применить на практике некоторые принципы, описываемые в этой книге. Однажды мы с Ричардом Бэндлером договорились встретиться в одном из баров. Это был так называемый байкерский бар, битком набитый довольно неотесанными и неприятными типами. Я вообще-то не любитель подобных заведений, но Ричарду там нравилось.

Вскоре после того, как мы начали говорить, в бар вошли два здоровенных парня. Они были пьяны, явно не в духе и горели желанием затеять драку. Наверное, по мне было видно, что я здесь случайный гость, потому что очень скоро парни начали выкрикивать оскорбления в наш адрес, называя нас «гомиками» и требуя, чтобы мы покинули бар.

Моей первой реакцией была попытка вежливо игнорировать их. Разумеется, это не сработало. Вскоре один из парней толкнул меня в плечо и разлил мое пиво. Я решил быть дружелюбным, посмотрел на них и улыбнулся. Один из них спросил: «Чего смотришь?» Когда я отвернулся, другой сказал: «Смотри на меня, когда я говорю с тобой».

Дела принимали дурной оборот и, к собственному удивлению, я начал злиться. К счастью, я осознавал, что развитие событий по стандартному сценарию только ухудшит ситуацию. И вдруг мне в голову пришла замечательная идея: почему бы не попробовать использовать НЛП? Я постарался отыскать в их действиях позитивное намерение, глубоко вздохнул и на какое-то мгновение посмотрел на мир глазами этих парней. Затем ровным и спокойным голосом я сказал ближайшему ко мне: «Знаешь, я не верю, что вы на самом деле считаете нас гомосексуалистами. Вы же видите, что у меня на пальце обручальное кольцо. Я думаю, у вас какие-то иные намерения». В ответ на это парень рявкнул: «Ага, мы хотим драться!»

Я понимаю, что сейчас некоторые из моих читателей саркастически улыбаются: «Надо же, Роберт, невероятный прогресс! Какая полезная штука эти "Фокусы языка"». Но прогресс действительно был, потому что мне удалось втянуть их в разговор. Ухватившись за эту возможность, я ответил: «Могу вас понять, но хорошей драки из этого не выйдет. Во-первых, я не хочу драться, значит, многого вы от меня не добьетесь. Во-вторых, каждый из вас вдвое больше меня. Ну и что это будет за драка?»

На этом месте второй парень (представлявший собой «мозги» этой парочки) сказал: «Нет. Это драка будет честной, потому что мы пьяны». Обернувшись так, чтобы смотреть ему прямо в глаза, я сказал: «Тебе не кажется, что это будет все равно что отец, вернувшись домой, бьет своего четырнадцатилетнего сына и утверждает, что все честно, потому что он сам пьян?» Я был уверен, что парню не раз доводилось переживать подобное в четырнадцатилетнем возрасте.

Не зная, что ответить, эти двое перестали приставать к нам с Бэндлером. В конце концов они стали приставать к кому-то другому; этим другим оказался знаток карате, который вывел их на улицу и хорошенько отлупил.

По версии Бэндлера, я определил субмодальности этих типов и стратегию, согласно которой они выбрали нас в качестве объектов, и по сути дела провел с ними терапию. (Он утверждал, что собирался предложить ребятам выйти на улицу и подраться друг с другом, раз уж у них так чесались кулаки.) Однако мне эта история запомнилась иначе. Как бы то ни было, этот инцидент укрепил мою веру в силу языка и НЛП.

3 ● ГРУППИРОВАНИЕ

Формы группирования

При рефрейминге для изменения значения какого-либо переживания или суждения часто применяется группирование. В НЛП термином «группирование» (*chunking*) обозначают реорганизацию некоторого переживания путем отнесения его к более или менее общей категории. «*Объединение*» (*chunking up*) подразумевает движение к более высокому, более общему или абстрактному уровню информации, например группирование автомобилей, поездов, судов и самолетов по видам транспорта (рис. 10). «*Разделением*» (*chunking down*) называется движение к более специфическим и конкретным уровням информации,

Рис. 10. Группирование основано на способности переключать внимание на более общие понятия или детали

например автомобиль можно «разделить» на шины, двигатель, тормозную систему, трансмиссию и т. д. При *«боковом смещении»* (*chunking laterally*) сходные примеры обнаруживаются на том же уровне информации, например понятие «вождение автомобиля» можно связать с понятиями «верховая езда», «езда на велосипеде» или «управление лодкой».

Таким образом, группирование связано с тем, как человек использует свое внимание. Вид группирования зависит от уровня конкретности или обобщения, на котором человек или группа людей анализируют или оценивают проблему или опыт, а также от того, относится ли суждение или обобщение к целому классу или лишь к некоторым представителям класса. Ситуации можно воспринимать в терминах различных степеней детализации («микрогруппы») и обобщения («макрогруппы»). Можно сфокусировать внимание на мелких деталях, например на написании отдельных слов параграфа, или на более крупных частях материала, таких как основная тема книги. Существует также проблема взаимоотношений «макрогрупп» и «микрогрупп». (Если написание какого-то слова неверно, следует ли из этого, что идея, выраженная таким образом, также неверна?)

В зависимости от конкретной ситуации группирование опыта может либо помочь человеку, либо создать дополнительные проблемы. Когда мы стараемся «реально смотреть на вещи», есть смысл оперировать более конкретными понятиями. В процессе мозгового штурма, напротив, концентрация на мелких деталях может привести к тому, что человек «не увидит леса за деревьями».

Бесполезные критические замечания нередко сформулированы слишком обобщенно, например: «Из этого ничего не выйдет», «Ты никогда не доведешь это дело до конца» или «Вечно ты придумываешь какие-то рискованные идеи». Такие слова, как «всегда», «никогда», «когда-либо», «только», в НЛП получили название «кванторы общности». Они появляются в том случае, если «объединение» дошло до уровня неточности или бесполезности. «Разделить» избыточные обобщения нередко помогает описанное выше преобразование подобных замечаний в вопросы со словом «как».

«Разделение» является базовым приемом НЛП, в ходе которого конкретная ситуация или переживание разбиваются на составные части. Очевидно неразрешимая проблема, к примеру, может быть разделена на ряд мелких, более осуществимых задач. Есть такая старая загадка: «Как съесть целый арбуз?» Ответ является примером «разделения»: «По кусочку». Эту метафору можно применить к любой ситуации или переживанию. Общая задача, например «открыть новый бизнес», может быть разделена на частные цели: «создать продукт», «определить потенциальных клиентов», «выработать бизнес-план», «найти инвесторов» и т. д.

Для того чтобы достичь совершенства в использовании «Фокусов языка», важно развить в себе гибкость, позволяющую легко переключать внимание с мелких деталей на более крупные и обратно (как сказали бы коренные жители Америки, «видеть глазами мыши и орла»).

Например, в НЛП считается, что способность к «объединению» дает возможность определить *намерение*, скрытое за определенным поведением или убеждением. Иными словами, для этого требуется умение находить общие понятия, которыми описывается исходное суждение или поведение (например, «защита», «признание», «уважение» и т. д.). Способность «разделять» и осуществлять «боковое смещение» необходима и для переопределения. Это позволяет находить понятия, сходные или взаимосвязанные с использованными в исходном утверждении, но предполагающие иные ассоциации и подтексты.

«Разделение»

Приемы «разделения» и «объединения» можно непосредственно применять к высказываниям, суждениям или убеждениям с целью изменить то, как мы их воспринимаем, и поместить их в новый фрейм. Паттерн разделения, к примеру, подразумевает дробление элементов высказывания или суждения на более мелкие детали, благодаря чему изменяется или расширяется восприятие выраженного этим высказыванием или суждением обобщения. К примеру, возьмем человека, которому поставили диагноз «неспособен к обучению» (ярлык, сигнализирующий о наличии фрейма проблемы). «Разделим» слово «обучение» на другие слова, отражающие различные стадии учебного процесса: «восприятие», «запечатление», «хранение» и «воспроизведение» информации (рис. 11). Теперь можно задать вопрос: означает ли «неспособность к обучению» неспособность восприятия информации? Иными словами, действительно ли этот человек не способен воспринимать информацию? Кроме того, означает ли наличие проблем с обучением также наличие проблем с «запечатлением», «хранением» и «воспроизведением» информации?

«Неспособен к обучению»

Восприятие Запечатление Хранение Воспроизведение Неспособность?

Рис. 11. «Разделение» обобщения может изменить связанные
с ним предположения и его восприятие

Подобные вопросы и рассуждения подталкивают нас к тому, чтобы переосмыслить свои предположения относительно значения всевозможных ярлыков и поместить ситуацию во фрейм обратной связи. Таким образом мы переключаем свое внимание с категорий на людей и процессы.

Глаголы и другие слова, обозначающие процессы, можно «разделить» до последовательности составляющих их «субпроцессов». Например, понятие «неудача» можно «разделить» на последовательность шагов, которые привели к неудаче: определение (или отсутствие) цели; выработка плана (или пренебрежение им); конкретные действия (или стремление избежать их); внимание к обратной связи (или игнорирование ее); гибкая (или ригидная) реакция и т. д.

Существительные и слова, обозначающие объекты, также можно разбить на мелкие компоненты. Если вам говорят «Это слишком дорогая машина», можно «разделить» это высказывание ответом: «На самом деле шины, лобовое стекло, выхлопная труба, бензин и масло так же дешевы, как и в любой другой машине. Немного дороже стоят лишь тормоза и двигатель, обеспечивающие большую безопасность и лучшие эксплуатационные качества». В утверждении «Я выгляжу непривлекательно» даже слово «я» можно «разделить» вопросом: «Одинаково ли непривлекательны ваши ноздри, предплечья, мизинцы ног, тембр голоса, цвет волос, локти, мечты и т. д.?»

Кроме того, этот прием нередко позволяет поместить высказывание или оценочное суждение в совершенно другие рамки.

Задание

Опробуйте этот прием на себе. Найдите какой-нибудь негативный ярлык, суждение или обобщение, отметив ключевые слова. «Разделите» одно из ключевых слов, находя *меньшие* элементы, подразумеваемые этим суждением или утверждением (рис. 12). Попробуйте найти другие формулировки, обладающие более широким или позитивным подтекстом, чем

Рис. 12. «Разделение» ключевого слова

исходные, или позволяющие совершенно иначе взглянуть на предмет самого ярлыка, суждения или обобщения.

Можно взять, скажем, понятие «невнимательность» и исследовать различные виды внимания (при зрительном, слуховом, кинестетическом восприятии; либо внимание к целям, к самому себе, к контексту, к прошлому, к внутреннему состоянию и т. д.).

«Объединение»

С помощью паттерна объединения мы обобщаем один из элементов высказывания или суждения до более высокого уровня классификации и изменяем или обогащаем восприятие этого высказывания. Обучение, например, относится к более широкому классу явлений, которые можно назвать формами адаптации (рис. 13). К таким явлениям также относятся выработка условных рефлексов, инстинкты, эволюция и т. д. Если человеку приписывают наличие неспособности к обучению, непременно ли это означает наличие у него неспособности к адаптации? И почему в таком случае он не является

Рис. 13. «Объединение» позволяет переосмыслить подтекст умозаключения или суждения

«неспособным к выработке условных рефлексов», «неспособным к инстинктам», «неспособным к эволюции»? Эти фразы могут вызвать смех, но они логически следуют из такого ярлыка.

С другой стороны, переосмыслив суждение, мы получаем возможность увидеть его значение и подтекст в новом свете и вывести его из фрейма проблемы.

Задание

Потренируйтесь на себе в применении этого приема. Возьмите тот же негативный ярлык, суждение или обобщение, что и в предыдущем примере. «Объедините» одно из ключевых слов до более высокого уровня классификации, который подразумевает более позитивный или обширный подтекст или позволяет взглянуть на проблему с принципиально иной точки зрения (рис. 14).

Неудачу, к примеру, можно «объединить» в разряд поведенческих последствий или форм обратной связи, непривлекательность — в разряд отличий от нормы, денежные расходы — в разряд операций с наличностью и т. д.

Рис. 14. «Объединение» ключевого слова до более высокого уровня классификации

«Боковое смещение» (проведение аналогий)

Боковое смещение обычно принимает форму использования метафор, или аналогий. В «Фокусах языка» паттерном аналогии называется попытка установить взаимосвязь, аналогичную определяемой в некотором обобщении. Такая взаимосвязь открывает новые подтексты этого обобщения. К примеру, мы можем сказать, что неспособность к обучению *подобна* сбоящей компьютерной программе (рис. 15). Естественным в такой ситуации будет спросить: «Где происходят сбои?», «Какова их причина и как их можно исправить?», «Виновата ли в этом конкретная строчка программы? Или дело в программе как таковой? Или в компьютере-посреднике? А может быть, проблема заключается в самом программисте?»

С помощью подобных аналогий мы можем расширить взгляд на конкретное обобщение или суждение, а также выявить и оценить наши предположения. Они также позволяют переключиться с фрейма проблемы на фрейм результата или обратной связи.

По мнению антрополога и теоретика коммуникации Грегори Бейтсона, «боковое смещение» ради поиска аналогий является функцией *абдуктивного мышления*. Абдуктивное мышление можно противопоставить «индуктивному» и «дедуктивному».

Индуктивное мышление предполагает классификацию каких-либо объектов или явлений по их общим признакам, к примеру «у всех птиц есть перья». По своей сути индуктивное мышление представляет собой «объединение».

Дедуктивное мышление позволяет делать предположения относительно того или иного объекта или явления на основе их классификации, т. е. задействует логическую цепочку «если — то». Дедукция связана с «разделением».

Абдуктивное мышление предполагает поиск сходства между объектами и явлениями, т. е. «боковое смещение».

Грегори Бейтсон проиллюстрировал разницу между дедуктивной логикой и абдуктивным мышлением, противопоставив ряд утверждений (табл. 3).

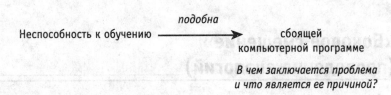

Рис. 15. «Боковое смещение» предполагает проведение аналогий, которые могут дать толчок к возникновению новых идей и перспектив

Таблица 3

**Абдуктивное и дедуктивное мышление
в сравнении**

Дедуктивное	Абдуктивное
Люди умирают	Люди умирают
Сократ — человек	Трава умирает
Сократ умрет	Люди — трава

По Бейтсону, дедуктивное и индуктивное мышление в большей степени сконцентрировано на объектах и категориях, чем на структуре и взаимоотношениях. Бейтсон утверждал, что мышлению, ограниченному лишь индукцией и дедукцией, во многих случаях свойственна ригидность. Абдуктивное, или метафорическое, мышление предполагает творческий подход и в конечном итоге дает возможность открывать гораздо более глубокие истины.

Задание

Опробуйте этот прием на себе. Снова возьмите негативный ярлык, суждение или обобщение, которым вы пользовались в предыдущем примере. Осуществите его «боковое смещение», отыскав процесс или явление, которые были бы аналогичны сути данного ярлыка, суждения или оценки (т. е. являлись бы его метафорой), однако обладали новым или более широким подтекстом либо стимулировали формирование совершенно иной точки зрения на ярлык, суждение или обобщение (рис. 16).

Аналогией к «неудаче» может послужить неудачная попытка Колумба установить торговый путь на Восток, закончившаяся открытием Северной Америки. Птенец лебедя (или «гадкий утенок») является классическим примером аналогии для «непривлекательного» человека. Можно провести аналогию между «денежными расходами» и «энергией», необходимой для физических упражнений и роста, и т. д.

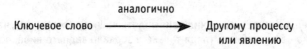

Рис. 16. «Боковое смещение» негативного ярлыка, суждения или обобщения

Упражнение: поиск изоморфных структур

Способность осуществлять «боковое смещение» и находить аналогии является базовым навыком при создании терапевтических метафор. Последние подразумевают установление между персонажами и событиями придуманной истории и ситуацией слушателя изоморфных отношений, или параллелей, позволяющих отыскать новые перспективы и задействовать новые ресурсы.

Задание

Следующее упражнение направлено на развитие и применение способностей к осуществлению «бокового смещения». Оно выполняется в группе из трех человек: *A*, *B* и *C*.

1. *A* рассказывает *B* и *C* о текущей проблеме или ситуации, в которой *A* необходим совет со стороны. Например, *A* хотел бы завязать новое знакомство, но не решается, поскольку помнит проблемы, с которыми ему (или ей) довелось столкнуться в предыдущих отношениях.

2. *B* и *C* слушают рассказ *A*, чтобы определить значимые элементы его/ее ситуации или проблемы. Например, «Концентрация на прошлом мешает *A* двигаться дальше в его/ее жизни».

3. *B* и *C* вырабатывают общее мнение относительно важных контекстуальных элементов, персонажей, отношений и процессов в ситуации *A*. *B* пересказывает их *A*, чтобы проверить правильность понимания.

4. *B* и *C* вместе придумывают метафору для *A*. Для этого *B* и *C* могут обратиться к следующим источникам вдохновения:

   Фантазия

   «Вечные» темы

   Жизненный опыт вообще

   Собственный опыт участников

   Природа: времена года, растения, животные, геология, география и т. д.

   Народные сказки

   Научная фантастика

   Спорт

   Например: «Мой дедушка учил меня водить машину. Он говорил, что я могу спокойно вести машину, глядя только в зеркало заднего вида, поскольку дорога впереди точно такая же, как и дорога сзади».

5. Меняйтесь ролями, чтобы каждому удалось побывать на месте *A*.

Пунктуация и изменение пунктуации _____

Различные формы группирования («объединение», «разделение» и «боковое смещение») представляют собой набор эффективных лингвистических средств, позволяющих нам расширять, обогащать и «менять пунктуацию» на наших «картах мира». Изменение «пунктуации» восприятия придает новые смыслы прежнему опыту. К примеру, на письме мы можем по-разному расставить знаки препинания между одними и теми же словами, превращая их в вопрос, утверждение или требование. Какой именно смысл заключен в этих словах, позволяют понять запятые, вопросительные и восклицательные знаки. Нечто подобное имеет место и в организации нашего опыта.

Словарное определение пунктуации гласит: «действие или правило расстановки стандартных знаков или пометок для прояснения значения и разграничения структурных единиц». В НЛП термин «пунктуация» используется для обозначения процесса группирования человеком своего опыта в значимые единицы восприятия. Этот тип когнитивной пунктуации по своим функциям подобен лингвистической пунктуации в письменном и устном языке.

Задумайтесь на секунду над следующими словами:

* то что это есть есть того что этого нет нет не есть ли так так и есть

На первый взгляд, полная абракадабра. Набор слов, лишенный смысла. Однако смотрите, как изменится ваше восприятие, если расставить знаки препинания следующим образом:

* То, что это есть, — есть. Того, что этого нет, — нет. Не есть ли так? Так и есть!

Слова неожиданно обретают смысл. Пунктуация, представляющая другой уровень, чем сами слова, организует их и создает из них фреймы, меняя наше восприятие.

Можно расставить другие знаки. Сравните предыдущий вариант и эти примеры:

* То! Что это есть? Есть того! Что? Этого нет, нет. Не есть ли? Так, так и есть.
* То. Что?
  Это есть?
  Есть.
  Того — что этого: нет.

Нет. Не.
Есть ли так?
Так и есть.

Содержание нашего опыта подобно первой строчке слов. Оно относительно нейтрально и, по сути, лишено какого-либо смысла. Такие когнитивные процессы, как группирование и восприятие времени, а также их модальность (зрительная, слуховая, кинестетическая) определяют то, как мы расставляем наши мысленные и эмоциональные вопросительные знаки, многоточия и восклицательные знаки. Психологическая пунктуация влияет на то, какие переживания соединяются в один блок, на чем сосредоточено наше внимание, какие типы взаимоотношений доступны нашему восприятию и т. д. К примеру, размышляя о событии с точки зрения «далекого будущего», мы наделяем это событие иной значимостью, чем сравнивая его с «недавним прошлым». Оценка конкретной детали в сравнении с «целой картиной» отличается от оценки ее же в соотношении с другими деталями.

Как правило, люди спорят, впадают в депрессию или убивают друг друга не из-за содержания своего опыта или собственных «карт мира». Скорее они сражаются друг с другом из-за расстановки восклицательных и вопросительных знаков, которые придают этому содержанию различные значения.

- В качестве примера возьмем такую фразу: «Прибыль в последнем квартале была низкой». «Мечтатель», «реалист» и «критик» совершенно по-разному воспримут эту информацию, опираясь на разные убеждения, ценности и ожидания.

- *Критик:* Прибыль в последнем квартале была низкой. Это ужасно! Мы разорены (восклицательный знак)!

- *Реалист:* Прибыль в последнем квартале была низкой. Нам пришлось пережить нелегкий период (запятая), что же можно сделать для снижения расходов (вопросительный знак)?

- *Мечтатель:* Прибыль в последнем квартале была низкой. Это всего лишь ухаб на дороге (двоеточие): самое трудное уже позади. Теперь все наверняка пойдет на лад.

Книга «Фокусы языка» в значительной степени посвящена тому, как язык руководит нами в расстановке знаков препинания на наших «картах мира», а также как эти знаки препинания придают смысл нашему опыту.

4. ЦЕННОСТИ И КРИТЕРИИ

Структура значения

Значение связано с намерением или значимостью сообщения или переживания. Английское слово *meaning* происходит от среднеанглийского *menen* (в древнеанглийском — *maenan*); родственным для него является древневерхненемецкий глагол *meinen,* который означает «иметь в виду». Таким образом, значение относится к внутренним представлениям и переживаниям, которые ассоциированы с внешними стимулами и событиями.

Приемы и модели НЛП, в том числе и описываемые в «Фокусах языка», были созданы для исследования того, *как* мы описываем в символах, обозначаем или воспроизводим эмпирические данные, как интерпретируем их или придаем этим данным внутреннюю значимость для наших «карт мира», иными словами, как происходит создание «значения». С точки зрения НЛП значение является функцией взаимоотношений «карты» и «территории». Разные «карты мира» порождают различные внутренние значения для одной и той же воспринимаемой «территории». Один и тот же случай или опыт, связанный с внешним миром, имеет разное значение или значимость для различных людей или в различных культурах в зависимости от их внутренних карт. К примеру, наличие большой суммы денег одними людьми может расцениваться как «успех», а другими — как «риск» или «обуза». Другой пример: в арабской культуре отрыжка после еды обозначает «благодарность за сытное угощение». В других же культурах она является признаком того, что человек страдает несварением желудка, дурно воспитан или просто груб.

Все животные наделены способностью создавать коды и «карты мира» и придавать значение своему опыту, связанному с этими картами. Значение является естественным следствием интерпретации нашего опыта. Какое именно значение и как мы создаем, определяется богатством и гибкостью наших внутренних репрезентаций мира. Ограниченная карта восприятия, скорее всего, позволит создать ограниченное значение. В НЛП подчеркивается значимость исследования различных перспектив и уровней восприятия с целью раскрыть различные потенциальные значения какой-либо ситуации или переживания.

Поскольку значение является функцией *внутренних репрезентаций* нашего опыта, изменение этих репрезентаций может привести к изменению определяемого опытом значения. Сенсорные репрезентации составляют «глубинные структуры» нашего языка. Чувство успеха отлично от его зрительного представления или разговора о нем. Изменение цвета, тона, интенсивности, подвижности и других субмодальных свойств внутренних репрезентаций может также изменить значение и воздействие конкретного переживания.

Большое влияние на значение оказывает *контекст*. Одно и то же взаимодействие или поведение в разных контекстах приобретает различные значения. Если мы увидим, как человека застрелили или зарезали на сцене театра, то отреагируем иначе, чем увидев то же самое на аллее за зданием театра. Таким образом, восприятие контекста и помещенных в него стимулов является важным аспектом способности придавать значение какому-либо событию.

Фреймы, устанавливаемые нами вокруг нашего восприятия ситуации, сообщения или события, служат своего рода внутренним контекстом наших переживаний. Восприятие ситуации из фрейма проблемы фокусирует наше внимание на определенных аспектах этой ситуации и наделяет события другими значениями, по сравнению с восприятием той же ситуации из фрейма результата или фрейма «обратной связи в противовес ошибке». Наши предположения относительно скрытого за поведением *намерения* также создают своеобразный фрейм, который оказывает влияние на способ интерпретации этого поведения. Именно это делает установку фреймов и рефрейминг столь эффективными средствами, позволяющими преобразовывать значение ситуации или переживания.

Иное влияние на значение оказывает *средство передачи*, или *канал*, по которому получено сообщение или воспринято переживание. Сказанное слово порождает иные типы значений, чем зрительный образ, прикосновение или запах. Специалист по СМИ Маршалл Маклухан утверждал, что средство передачи сообщения оказывает большее воздействие на то, как оно будет воспринято и истолковано, чем само сообщение.

Таким образом, значение, которым мы наделяем сообщение, в немалой степени определяется «парасообщениями» и *«метасообщениями»*, сопровождающими это сообщение. Невербальные «метапослания» подобны путеводителям или «пометкам на полях» передаваемых сообщений, которые подсказывают нам верную интерпретацию и соответствующее значение. Те же слова, сказанные с другой интонацией, создадут иное значение (т. е. существует разница между «Нет?», «Нет» и «Нет!»).

Один из фундаментальных принципов НЛП гласит:

> **Значением информации для адресата является реакция, вызываемая этой информацией у адресата, независимо от намерения, которое было у сообщающего эту информацию.**

Классическим примером этого принципа служит история о за́мке, который оказался в осаде у иноземных войск. Со временем у жителей за́мка начали подходить к концу припасы съестного. Решив не сдаваться любой ценой, люди придумали способ продемонстрировать свое мужество: они собрали в корзины остатки продуктов и катапультировали их на головы осаждающих. Когда пришельцы, запасы которых тоже иссякали, увидели пищу, они решили, что изобилие продуктов позволяет жителям за́мка выбрасывать их наружу, чтобы подразнить солдат. На удивление защитников за́мка, войска, обескураженные собственной интерпретацией этого сообщения, поспешно прекратили осаду и отступили.

По своей сути значение является продуктом наших *ценностей* и *убеждений*. Оно отвечает на вопрос: «Почему?» Наиболее значимыми нам представляются сообщения, события и переживания, которые в наибольшей степени связаны с нашими центральными ценностями (безопасностью, выживанием, развитием и т. д.). Убеждения, связанные с причинно-следственными связями, и соотношение между воспринимаемыми событиями и нашими ценностями в немалой степени определяют значение, которое мы придаем этим событиям. Изменение убеждений и ценностей способно изменить значения наших повседневных переживаний. Паттерны «Фокусов языка» позволяют изменять значения событий и переживаний путем обновления или изменения связанных с ними ценностей и убеждений.

Ценности и мотивация

В словаре Уэбстера *ценности* определяются как «принципы, качества или объекты, которые обладают внутренней ценностью или привлекательностью». Термин «ценность» изначально обозначал «стоимость чего-либо» и употреблялся преимущественно в экономическом значении. В XIX в. под влиянием мыслителей и философов (например, Фридриха Ницше) сфера использования этого термина расширилась. Эти философы ввели в обращение термин «аксиология» (от греч. *axios* — ценный), обозначающий науку о ценностях.

Будучи связанными с полезностью, значением и желанием, ценности являются первичным источником мотивации в жизни человека. Когда наши ценности совпадают или удачно сочетаются с ценностями другого человека, мы испытываем чувство удовлетворения и гармонии. Когда же ценности не совпадают, мы ощущаем разочарование, несоответствие или принужденность.

Задание

В порядке исследования собственных ценностей задумайтесь над тем, как бы вы ответили на следующие вопросы: «В общем и целом, что вас мотивирует?», «Что для вас наиболее значимо?», «Что заставляет вас действовать или вытаскивает из постели по утрам?»

Среди ответов могут быть такие:

Успех

Похвала

Признание

Ответственность

Удовольствие

Любовь и Принятие

Достижение

Творчество

Подобные ценности в значительной степени определяют цели, которые мы себе задаем, и выборы, которые совершаем. По сути дела, сформулированные цели являются материальным выражением наших ценностей. Человек, целью которого является «создать крепкую команду», скорее всего, высоко ценит совместную работу. Цель «увеличить доход» предполагает наличие такой ценности, как финансовый успех. Точно так же человек, ценящий «стабильность», будет ставить цели, связанные с достижением стабильности в личной или общественной жизни. Желаемые результаты для него будут отличаться от тех, к которым стремится ценитель «гибкости». Служащий, в ценности которого входит стабильность, предпочтет работать с девяти до семнадцать, получать постоянный оклад и выполнять хорошо сформулированные задания. Напротив, человек, высоко ценящий гибкость, постарается найти работу, предполагающую множество различных задач и «скользящий» график.

Наши ценности определяют и то, какие «знаки препинания» мы ставим или какое значение придаем своему восприятию той или иной ситуации. От этого зависит, какие мысленные стратегии мы выберем в конкретной ситуации и в конечном итоге каковы будут наши действия. Например, человек, ценящий безопасность, будет постоянно рассматривать ситуацию или вид деятельности с точки зрения потенциальной опасности. Ценитель развлечений в той же ситуации или деятельности будет искать возможности для игры и юмора.

Таким образом, ценности являются основой мотивации и убеждения и выступают в роли мощного фильтра восприятия. Если нам удается связать будущие планы и цели с основными ценностями и критериями оценки, эти цели приобретают еще большую привлекательность. Все паттерны «Фокусов языка» связаны с использованием языка для установления связей между глубинными ценностями человека и различными аспектами его опыта и его «карт мира».

Критерии и суждения

В НЛП ценности нередко отождествляются с так называемыми критериями, однако эти понятия не вполне синонимичны. Ценности связаны с тем, чего мы хотим и о чем мечтаем. Критерии (от греч. *krites* — судья) относятся к тем стандартам и признакам, на которые мы опираемся при вынесении суждений и принятии решений. Наши критерии определяют и формируют типы желаемых состояний, к которым мы стремимся, а также признаки, по которым мы оцениваем свой успех и прогресс в достижении этих состояний. В частности, применение критерия «стабильность» к продукту, организации или семье дает основания для определенных суждений и выводов. Применение критерия «способность к адаптации» ведет к иным суждениям и выводам относительно того же продукта, организации или семьи.

Критерии часто ассоциируются с ценностями, но не являются ими. Критерии применимы к любому количеству уровней переживания. Критерии могут быть «экологическими», поведенческими и интеллектуальными, равно как и основанными на эмоциях. С этой точки зрения ценности схожи с тем, что в НЛП получило название «глубинные критерии».

Ценности и глубинные критерии являются классическими примерами «субъективного опыта» в противоположность «фактам» и наблюдаемым действиям, которые представляют «объективную реальность». Два человека могут полагать, что обладают одними и теми же ценностями, и тем не менее в сходных ситуациях вести себя по-разному. Это происходит потому, что, несмотря на наличие общих ценностей («успех», «гармония», «уважение»), эти люди могут совершенно по-разному оценивать степени соответствия конкретной ситуации их критериям, что может повлечь за собой либо конфликт, либо творческое разнообразие.

Одной из проблем определения, обучения, полемики или даже разговора о ценностях и критериях является то, что выражающий их язык часто имеет слишком обобщающий характер и не основан на сенсорном опыте. Ценности и глубинные критерии выражаются такими словами, как «успех», «безопасность», «любовь», «единство» и т. д. Эти слова, известные в НЛП как *номинализации,* имеют дурную славу «скользких». Являясь ярлыками, они намного дальше отстоят от непосредственного сенсорного опыта, чем такие слова, как «стул», «бежать», «сидеть», «дом» и т. д. Ввиду этого номинализации более подвержены обобщению, опущению и искажению. Нередко два человека утверждают, что обладают общими ценностями, но действуют в сходных ситуациях по-разному, поскольку их субъективные определения этих ценностей существенно различаются.

Разумеется, не менее часто люди действуют на основе различных ценностей. Один человек или группа может стремиться к «стабильности» и «безопасности», тогда как другой — к «росту» и «самосовершенствованию». Для успешного разрешения конфликтов и разногласий необходимо признать тот факт, что люди обладают различными ценностями и критериями. При межкультурных контактах, объединении организаций и в переходные периоды жизни отдельного человека часто встают вопросы, связанные с различиями в ценностях и критериях.

Существует несколько способов использования идей и паттернов «Фокусов языка» для успешного решения этих проблем:

1. «Сцепление» (*chaining*) критериев и ценностей за счет их *переопределения.*

2. «Разделение» с целью определения *критериальных соответствий.*

3. «Объединение» с целью выявления и использования *иерархии ценностей и критериев.*

«Сцепление» критериев и ценностей за счет их переопределения

Нередко приходится сталкиваться с ситуациями, в которых становятся очевидны различия между глубинными ценностями или критериями отдельных людей или групп. Крупная компания, например, может считать своей глубинной ценностью «расширение производства». Однако некоторые служащие этой компании могут руководствоваться критерием «безопасность». Если не уделить подобным различиям должного внимания, они способны привести к серьезным конфликтам и разногласиям.

Одним из способов работы с ценностными конфликтами является применение паттерна *переопределения,* позволяющего включить «конфликтующие» критерии в одну цепочку. Например, «расширение производства» можно легко преобразовать в «совместную работу с разными людьми». Потребность в «безопасности» с помощью рефрейминга превращается в потребность «ощущать безопасность, будучи частью группы». Между «работой с разными людьми» и «ощущением себя частью группы» достаточно много общего. Таким образом, простейший рефрейминг позволяет закрыть брешь между двумя, казалось бы, несовместимыми критериями.

В качестве другого примера возьмем компанию, в которой высоко ценится критерий «качество», однако один из служащих или целая команда внутри компании являются приверженцами «творческого подхода». Сначала эти ценности могут показаться взаимоисключающими. Однако «качество» можно преобразовать в «постоянное совершенствование», а «творческий подход» — в «поиск удачных альтернативных решений». И вновь простая замена фреймов позволяет увязать друг с другом два независимых критерия.

Задание

Попробуйте проделать это сами, используя оставленные ниже пробелы. Впишите очевидно противоположные критерии в пробелы, обозначенные как Критерий № 1 и Критерий № 2. Затем проведите рефрейминг каждого критерия, чтобы получить слово или словосочетание, пересекающееся по смыслу с исходным критерием, но позволяющее взглянуть на него в новом ракурсе. Попробуйте найти фреймы, которые «сцепят» два исходных критерия и сделают их более совместимыми.

Образец:

Профессионализм ⇒ *Личностная*   *Самовыражение* ⇐ Свобода
                    целостность

Критерий № 1 ⇒ *Новый фрейм № 1*   *Новый фрейм № 2* ⇒ Критерий № 2

Попробуйте найти фреймы, которые «сцепят» следующие критерии:

Работа с клиентами ⇒ _____ _____ ⇐ Рост прибыли

Критерий № 1 ⇒ *Новый фрейм № 1*   *Новый фрейм № 2* ⇐ Критерий № 2

Приведите собственные примеры Критериев № 1 и № 2 и найдите несложные фреймы, которые помогут соединить их в одну цепочку.

_____ _____   _____ _____

Критерий № 1 ⇒ *Новый фрейм № 1*   *Новый фрейм № 2* ⇐ Критерий № 2

_____ _____   _____ _____

Критерий № 1 ⇒ *Новый фрейм № 1*   *Новый фрейм № 2* ⇐ Критерий № 2

«Сцепление» критериев является разновидностью «бокового смещения», позволяющего увязывать, казалось бы, взаимоисключающие критерии. Другим способом успешного решения конфликтов между вербально выраженными ценностями является «разделение» ценностных утверждений на более конкретные выражения, или критериальные соответствия.

«Разделение» с целью определения критериальных соответствий

«Критериальные соответствия» — термин, принятый в НЛП для обозначения специфических и очевидных признаков, с помощью которых люди определяют для себя, соответствует ли ситуация некоторому критерию. «Критерии» связаны с целями и ценностями. Критериальные соответствия связаны с теми переживаниями и правилами, которые люди используют при оценке собственного успеха относительно некоторого критерия. Критерии и ценности, как правило, достаточно абстрактны и неоднозначны. Они способны принимать различные формы. Критериальные соответствия представляют собой специфические сенсорные или поведенческие признаки или наблюдения, которые свидетельствуют о степени соответствия критерию. Они являются следствием *процесса обоснования,* который соединяет «почему» (критерии и ценности) и «как» (наблюдения и стратегии, используемые при попытке достичь соответствия необходимым критериям).

Тот тип сенсорного обоснования, или критериального соответствия, который человек использует при оценке идеи, продукта или ситуации, в значительной мере определяет, будет ли объект воспринят как интересный, желаемый или удачный или нет. При оценке успешности реализации того или иного критерия люди часто отличаются друг от друга по используемым сенсорным каналам, уровню детализации и подходам. К примеру, для эффективного убеждения приводимые аргументы должны удовлетворять базовым критериям человека. Это возможно лишь при соотнесении этих аргументов с критериальными соответствиями. Установка критериев и критериальных соответствий является немаловажным этапом в формировании команды, в создании и поддержании корпоративной культуры и стратегическом планировании.

Для того чтобы определить критериальные соответствия, необходимо задать вопрос: «Как вы определяете, что то или иное поведение соответствует тому или иному критерию или ценности?» На личностном уровне мы воспринимаем «глубинную структуру» наших ценностей не лингвистически, а в виде образов, звуков, слов и ощущений. Чтобы определить ваши собственные критериальные соответствия, попробуйте сделать следующее.

1. Вспомните какой-либо критерий (или ценность), соответствие которому для вас достаточно значимо (качество, творчество, уникальность, здоровье и т. д.).

2. Как именно вы определяете, насколько вы соответствуете этому критерию? Вы можете это увидеть? Услышать? Ощутить? Это состояние целиком основано на вашей внутренней оценке или вам требуется подтверждение со стороны (т. е. мнение другого человека или соответствие объективному показателю)?

Сенсорное восприятие, формирующее наши критериальные соответствия, оказывает большое влияние на то, как мы думаем и что чувствуем относительно чего-либо. Задумайтесь над тем, как восприятие влияет на ваш уровень мотивации. Вспомните какую-нибудь телевизионную рекламу, которая вызвала у вас желание приобрести рекламируемый товар. Что именно вдохновило вас на покупку — цвет, яркость, музыка, слова, тон голоса, движение и т. д.? Эти частные свойства, получившие в НЛП название «субмодальности», нередко играют важную роль в формировании наших мотивационных стратегий.

Задание

Попробуйте выполнить следующее упражнение:

1. Представьте, что вы уже достигли той цели или того результата, которые соответствуют выбранному вами выше критерию, и получаете от этого настоящее удовольствие. Сосредоточьтесь на том, что вы видите, слышите, делаете и чувствуете, наслаждаясь преимуществами нового положения.

2. Настройте сенсорные характеристики вашего переживания так, чтобы оно стало еще более привлекательным и мотивирующим. Увеличится ли привлекательность переживания, если вы добавите цвет? Яркость? Звук? Слова? Движение? Что будет, если приблизить образ или увеличить расстояние до него? Что произойдет, если вы увеличите или уменьшите звук? Что вы чувствуете, замедляя или ускоряя движение? Определите, какие именно качества делают ваше переживание наиболее привлекательным.

Стратегии реальности

Критериальные соответствия тесно связаны с личными *стратегиями реальности*. Стратегии реальности включают в себя последовательность мысленных тестов и внутренних критериев, которые человек применяет для оценки «реальности» того или иного переживания или события. По сути дела, это те стратегии, с помощью которых мы отличаем «фантазии» от «действительности».

В детстве многим доводилось испытывать ощущение, что нечто воображаемое произошло на самом деле. Даже взрослые не всегда могут сказать наверняка, реальным или выдуманным было какое-нибудь яркое впечатление их детства. Иногда мы бываем абсолютно уверены, что сказали нечто другому человеку, а тот утверждает, что ничего подобного не было, и лишь позже мы осознаем, что только проговаривали эти слова в собственном сознании, но так и не произнесли вслух.

С точки зрения НЛП нам не дано узнать наверняка, что такое реальность, поскольку наш мозг *на самом деле* не знает разницы между воображаемым переживанием и воспоминанием. Фактически за воспроизведение того и другого отвечают одни и те же клетки мозга. Не существует такой части мозга, которая была бы предназначена только для «фантазий» или «реальности». Поэтому нам необходима стратегия, которая подскажет, что информация, воспринятая через органы чувств, прошла определенные тесты, которые не смогла бы пройти воображаемая информация.

Проведите маленький эксперимент. Подумайте о чем-нибудь, что вы могли бы сделать вчера, но не сделали. К примеру, вы могли бы отправиться за покупками, но не пошли. Затем подумайте о чем-нибудь, что вы наверняка сделали, например сходили на работу или поболтали с приятелем. Сравните мысленно эти два образа. Как вы определяете, что вы делали и чего не делали? Различия могут быть тончайшими, но качество представляемых образов, звуков и кинестетических ощущений, вероятно, будет различным. Сравнивая воображаемое переживание с реальным, проверьте внутренние репрезентации: расположены ли они на одних и тех же местах в вашем поле зрения? Является ли один образ четче другого? Может быть, одно из них похоже на видеозапись, а второе — на застывший кадр? Есть ли какая-то разница между представляемыми голосами? Различаются ли ощущения, связанные с этими двумя переживаниями?

Характеристики сенсорной информации для реального переживания кодируются более тщательно, чем для воображаемого, и именно в этом заключается основное различие, которое позволяет обнаружить *стратегия реальности*.

Многие из нас предпринимают попытки изменить или «перепрограммировать» самих себя, представляя себя в образе преуспевающих людей. Этот прием сработает для всех, кто естественным образом использует его в качестве своей стратегии. Но тем, кто пользуется внутренней речью, говоря себе: «Ты сможешь это сделать», зрительное программирование не поможет. Если бы я хотел обратить что-либо в реальность для вас или убедить вас в чем-нибудь, мне пришлось бы привести это нечто в соответствие с критериями вашей стратегии реальности. Такими критериями являются качества ваших внутренних зрительных образов, звуков и ощущений (т. е. субмодальности). Следовательно, если я помогаю вам откорректировать поведение, я должен убедиться в том, что новый вариант соответствует вашей личности. Определив собственную стратегию реальности, вы можете в точности установить, *как вам* нужно представить себе изменение поведения, чтобы обрести уверенность в том, что оно возможно.

НЛП, в частности, занимается изучением того, как мы создаем ментальные карты реальности, что придает стабильность этой реальности или этим картам, что дестабилизирует их, а также что делает карту эффективной или неэффективной. В НЛП предполагается, что в различных «картах мира» отражены разные реальности.

В центре внимания НЛП с момента его основания остаются система или стратегии реальности, создаваемые нами, а также особенности функционирования этой системы при формировании наших карт реальности. Стратегии реальности являются клеем, который скрепляет наши «карты» и дает возможность «узнать» истинность чего-либо.

В следующем примере при установлении стратегии реальности используется имя человека.

Вопрос: Как вас зовут?

Люси: Меня зовут Люси.

В.: Откуда вы знаете, что вас зовут Люси?

Л.: Ну, меня так всю жизнь называют.

В.: Сейчас вы сидите передо мной. Откуда вы знаете, что вас так называли «всю жизнь»? Вы что-то слышите?

Л.: Да. Я слышу голос, который говорит: «Меня зовут Люси».

В.: Если бы этого голоса не было, откуда бы вы знали, что вас зовут Люси?

Л.: Я вижу в уме плакат, на котором написано: «Люси».

В.: А если бы вы не видели этого плаката или не могли разобрать, что на нем написано, откуда бы вы знали, что вас зовут Люси?

Л.: Я бы просто знала это.

В.: Если бы вы видели множество плакатов с разными именами, как бы вы узнали тот, на котором написано, что «Люси» — ваше имя?

Л.: Я это чувствую.

Этот пример показывает некоторые общие черты стратегии реальности. Девушка «знает», что ее зовут Люси, потому что это имя включено в систему «перекрестных ссылок» различных репрезентативных систем. В конечном итоге выяснилось, что с именем «Люси» было связано определенное ощущение. Если бы Люси настроилась так, чтобы не почувствовать или не заметить это ощущение, любопытно было бы посмотреть, знала ли бы она все еще, как ее зовут. Подобное упражнение может зайти настолько далеко, что человек может начать сомневаться даже в собственном имени.

Приближаясь к сути своей стратегии реальности, человек может слегка растеряться или даже испугаться. Однако это переживание открывает возможности для нового знания и новых открытий. В качестве примера можно привести одного изучавшего НЛП психоаналитика, который был очень заинтересован в определении своей стратегии реальности. Он обнаружил, что постоянно ведет с собой внутренний диалог и оформляет вербально весь свой опыт. Так, он мог войти в комнату и мысленно сказать себе: «картина», «диван», «камин». Когда психоаналитика попросили «выключить» внутренний голос, он отказался, испугавшись, что потеряет контакт с реальностью, какой он ее знает. На вопрос: «Что может помочь вам безболезненно избавиться от внутренних голосов?» психоаналитик ответил: «Мне нужна точка опоры». Его научили осуществлять кинестетический контакт с реальностью с помощью обыкновенной ложки. Таким образом этот человек смог расширить свою стратегию реальности и буквально открыл для себя новый, невербальный способ познания действительности.

Для того чтобы исследовать собственную стратегию реальности, попробуйте выполнить следующее упражнение.

Упражнение на определение стратегии реальности

Задание. Часть 1

1. Вспомните какое-нибудь тривиальное действие, которое вы вчера совершили, и какое-нибудь другое, которое могли бы совершить, но не совершили (рис. 17). То, чего вы не сделали, должно быть для вас совершенно обыденным. Если у вас была возможность добавить арахисовое масло к мороженому, но вы не любите мороженое с арахисовым маслом, вы бы не сделали этого и в любой другой ситуации. Вспомните привычные для вас действия (например, вы всегда чистите зубы или выпиваете с утра чашку чая). Единственной разницей должно быть то, что вы совершили вчера только одно из этих действий (например, почистили зубы, но чаю при этом не выпили, хотя могли).

2. Обратите внимание на то, как вы определяете разницу между тем, что делали и что могли бы делать, но не делали. Самый первый мысленный «шаг» обычно оказывается наиболее очевидным тестом на реальность события: у вас мог сохраниться зрительный образ только одного из этих двух поступков. Когда вы воссоздадите вторую картинку, в глаза могут броситься другие детали. Например, проверьте субмодальности. Вероятно, один из образов похож на видеозапись, а второй статичен. В одном из них может

Рис. 17. Исследуйте собственную стратегию реальности, сравнивая воспоминание о том, что имело место, с тем, что могло бы произойти, но не произошло

быть больше цвета или яркости. Для успешного исследования глубинных уровней вашей стратегии реальности попробуйте «приложить» каждое найденное отличие реального события к ложному воспоминанию. Таким образом, вы постепенно приблизите сенсорные характеристики репрезентации выдуманного события к характеристикам реального. Как вы теперь определяете, что одно из них произошло на самом деле, а другое — нет? Продолжайте придавать образу выдуманного события все большее сходство с образом реального до тех пор, пока вы не сможете отличить один от другого.

Вот лишь некоторые из способов, с помощью которых люди убеждаются в реальности произошедшего.

1. *Хронология.* Что вспоминается первым? Часто переживание кажется нам реальным потому, что оказывается первой ассоциацией, возникающей в ответ на просьбу подумать о чем-либо.

2. *Задействовано множество репрезентативных систем.* То есть с переживанием связаны определенные образы, звуки, чувства, вкусовые качества и запахи. Обычно чем больше органов чувств задействовано в воспоминании, тем более «реальным» оно кажется.

3. *Субмодальности.* Сенсорное качество внутреннего опыта является одной из наиболее распространенных стратегий реальности. Если мысленный образ наделен ассоциативными связями, насыщен, четок, его элементы соответствуют реальному масштабу и т. д., он кажется более «реальным».

4. *Непрерывность.* Согласованность конкретного воспоминания с воспоминаниями о событиях, непосредственно предшествовавших и следующих за ним (его «логическая плавность»). Если что-либо не вписывается в ряд других воспоминаний, оно кажется менее «реальным».

5. *Правдоподобие.* Правдоподобие является оценкой вероятности того или иного события на основе имеющейся у нас информации о предыдущем поведении. Иногда какое-то событие кажется нам «нереальным», поскольку оно неправдоподобно или невероятно с точки зрения имеющейся информации. (Это уже затрагивает область наших представлений или стратегий убеждения.)

6. *Контекст.* Степень детализации обстановки или фона какого-либо воспоминания также является параметром «реальности» произошедшего. Нередко в искусственно созданных переживаниях за кажущейся ненадобностью отсутствуют детали окружающей обстановки.

7. *Конгруэнтность.* На «реальность» какого-либо переживания в нашем восприятии влияет также то, в какой мере оно вписывается в наши представления относительно наших привычек и ценностей. Вероятность того, что мы сочтем «реальным» воспоминание о том или ином действии, снижается, если это действие не конгруэнтно нашим представлениям о себе.

8. *Метавоспоминание.* Нередко у человека остается воспоминание о процессе создания и манипуляции воображаемым переживанием. Это метавоспоминание может оказаться главным элементом стратегии реальности. Подобные процессы можно усилить, если научиться особым образом «помечать» искусственно созданные переживания, скажем, помещать их, как рисунок, в воображаемую рамку.

9. *Ключи доступа.* Важнейшей частью многих стратегий реальности, часто не осознаваемой, являются связанные с памятью физиологические реакции. Воспоминания, как правило, сопровождаются движением глаз влево-вверх (для «правшей»), тогда как фантазии — движением глаз вправо-вверх. Обычно люди не осознают подобные тонкости, но могут бессознательно пользоваться ими для разграничения реальности и вымысла.

Задание. Часть 2

1. Вспомните пару эпизодов из вашего детства и отметьте, по каким признакам вы определяете их реальность. Вы обнаружите, что несколько сложнее разобраться в событиях, произошедших давным-давно. В первой части упражнения вы работали с тем, что произошло в пределах 24 *часов*, и настроили свое восприятие соответственно. Еще интереснее задуматься над тем, что происходило 24 *года* назад, поскольку ваши мысленные образы могут оказаться нечеткими и даже искаженными. На самом деле иногда люди определяют реальность отдаленных воспоминаний именно по особой расплывчатости, смазанности, не свойственной воображаемым воспоминаниям.

2. Подумайте о чем-нибудь, чего в вашем детстве не случалось, но если бы оно произошло, то оказало бы огромное позитивное влияние на всю вашу жизнь. Создайте внутреннюю репрезентацию этого события. Затем согласуйте субмодальности и другие качества этой фантазии с качествами, на которых строится ваша стратегия реальности. Меняет ли это ваше восприятие прошлого?

При выполнении обеих частей упражнения постарайтесь отметить момент, в который вам приходится всерьез задуматься о реальности переживания. Однако будьте осторожны, изменяя качества «несуществующего» переживания и приближая их к реальным. Целью этого упражнения является не обмануть вашу стратегию реальности, но определить, какими тестами для установления подлинности переживания вы пользуетесь. Помните, ваша цель — выявить стратегию реальности, но не разрушить ее. Если вам вдруг станет страшно (такое иногда случается), вы услышите свистящий звук или почувствуете головокружение, разумнее будет на некоторое время остановиться.

Путаница, связанная со стратегией реальности, может вызвать в человеке глубокую неуверенность. Фактически именно невозможность отличить воображаемое от действительного считается одним из симптомов психоза и других серьезных психических расстройств. Таким образом, понимание, обогащение и укрепление стратегии реальности может оказаться важным ресурсом для вашего психического здоровья.

Ценность осознания собственной стратегии реальности заключается в том, что с ее помощью вы можете придавать «реальность» будущим переживаниям. Такие люди, как Леонардо да Винчи, Никола Тесла, Моцарт, умели приводить свои фантазии в соответствие с критериями стратегий реальности, превращая их в действительность. Эти стратегии дают человеку возможность развить собственную точку зрения и приобрести уверенность в ней, а также четче осознать собственные мысли и переживания.

Являясь одним из паттернов «Фокусов языка», исследование стратегий реальности позволяет нам «разделять» обобщения и убеждения до уровня тех (часто не осознаваемых) репрезентаций и предположений, на которых они основаны. Это позволяет укреплять или подвергать сомнению ценность обобщения, убеждения или суждения. Так мы учимся осознавать, что наши убеждения являются именно «убеждениями», а не «реальностью». Автоматически у нас появляется свобода выбора, а также своего рода метафрейм вокруг убеждения. Теперь мы можем спросить: «А действительно ли я хочу в это верить?», «Единственный ли это вывод, который можно сделать на основании данных репрезентаций и переживаний?», «Настолько ли я уверен в переживаниях, из которых следует данное убеждение, чтобы продолжать отстаивать его?»

«Объединение» с целью определения и использования иерархии ценностей и критериев

Для определения глубинных уровней ценностей и критериев, т. е. их иерархии, можно также использовать прием «объединения». *Иерархия критериев* отдельного человека или группы по сути представляет собой последовательность приоритетов, на основе которой человек или группа решает, как действовать в определенной ситуации. Иерархии ценностей и критериев связаны со *степенью* значимости или осмысленности, которой мы наделяем различные действия и переживания.

Пример иерархии критериев представляет собой человек, который ценит здоровье выше, чем финансовый успех. Везде и во всем он будет ставить свое здоровье на первое место. Скорее всего, жизнь такого человека будет ориентирована на физическую активность, а не на профессиональные возможности. Совсем иной стиль жизни будет проповедовать человек, в чьей иерархии критериев финансовый успех стоит выше здоровья. Такие люди готовы пожертвовать здоровьем и физическим благополучием ради финансового преуспевания.

Выявление иерархий ценностей различных людей чрезвычайно важно для успешного разрешения конфликтов, переговоров и общения. Не менее значимую роль играют иерархии ценностей в процессах убеждения и мотивации.

Одним из основных способов выявления иерархии ценностей человека является поиск так называемых противоположных примеров. По сути дела противоположные примеры представляют собой «исключения из правил». Следующие вопросы позволяют выявить иерархию критериев человека путем подбора противоположных примеров.

1. Приведите пример того, что вы могли бы делать, но не делаете. Почему?

   Например: «Я не стану пользоваться туалетом, предназначенным для лиц противоположного пола, потому что это противоречит правилам».

   Критерий = «Следовать правилам».

2. Что бы могло все-таки заставить вас это сделать? (Противоположный пример)

Например: «Я воспользовался бы туалетом для лиц другого пола, если бы мне было действительно необходимо это сделать и у меня не было бы выбора».

Критерий более высокого уровня = «Целесообразность в критическом положении».

Задание

Как показано в примере, идентификация противоположных примеров способна помочь раскрыть критерии более высокого уровня, которые оказываются важнее других. Чтобы определить собственную иерархию критериев, ответьте на следующие вопросы:

1. Что может подтолкнуть вас к тому, чтобы попробовать нечто новое?

2. Что может *остановить* вас, даже если ваше занятие отвечает условиям вашего ответа на вопрос № 1? (Противоположный пример А)

3. Что может заставить вас *вернуться* к своему занятию, даже если вы остановились по причинам, указанным вами в ответе на вопрос № 2? (Противоположный пример Б)

4. Что может заставить вас *снова прекратить* это занятие? (Противоположный пример В)

Обдумывая ответы, обратите внимание на то, какие вы применяете критерии и в каком порядке. Возможно, вы начнете делать нечто потому, что оно принесет вам ощущение творчества, волнения или развлечет вас. Это будет первый уровень ваших критериев. Возможно, вы прекратите свое творческое, волнующее и веселое занятие, поскольку почувствуете, что ведете себя безответственно по отношению к своей семье (противоположный пример А). В этом случае критерий «ответственность» перевешивает критерии «творчество» и «развлечение». Тем не менее вы можете вернуться к своему «безответственному» занятию, если почувствуете, что оно необходимо для вашего личностного роста (противоположный пример Б). Таким образом, «личностный рост» окажется в вашей иерархии критериев выше, чем «ответственность» или «развлечение». В дальнейшем вы можете обнаружить, что прекратите делать то, что необходимо для вашего личностного роста, если убедитесь, что это занятие ставит под угрозу вашу личную безопасность или безопасность вашей семьи (противоположный пример В). Таким образом, критерий «безопасность» окажется в вашей иерархии критериев выше всех остальных.

Определить противоположные примеры (и следовательно, иерархию критериев) также позволяют следующие вопросы.

1. Что подтолкнет вас к тому, чтобы попробовать нечто новое?
   Например: «Безопасность и легкость этого занятия».
2. Что позволит вам попробовать нечто новое, даже если оно *не отвечает* условиям вашего ответа на вопрос № 1? (То есть если это небезопасное и достаточно сложное занятие.)
   Например: «Если при этом я смогу многому научиться».

Иерархии критериев являются одним из основных источников разногласий между людьми, группами и культурами. В то же время сходные иерархии критериев дают основу для совместимости между группами и отдельными людьми. Иерархии критериев — ключевой аспект мотивации и маркетинга. Задумайтесь, к примеру, над следующей воображаемой ситуацией, в которой противоположные примеры помогают определить иерархию критериев покупателя пива:

Вопрос: Какой тип пива вы предпочитаете?

Ответ: Обычно я покупаю пиво «ХХХ».

В.: Почему именно «ХХХ»?

О.: Я его всегда покупаю. Наверное, просто привык к нему. (*Критерий 1 = Знакомый продукт*)

В.: Разумеется, всегда важно знать, что ты покупаешь. А вы когда-нибудь покупали другие сорта пива? (*Идентификация противоположного примера*)

О.: Да, конечно. Иногда.

В.: Что заставляло вас покупать другое, непривычное пиво? (*Выявление критерия высшего уровня, связанного с противоположным примером*)

О.: Существенная скидка по сравнению с обычной ценой. Оно попалось мне на распродаже. (*Критерий 2 = Экономия денег*)

В.: Да, экономия в хозяйстве очень важна. Интересно, а вы когда-нибудь покупали незнакомое пиво не на распродаже? (*Идентификация следующего противоположного примера*)

О.: Да. Я угощал друзей за помощь при переезде в новый дом. (*Критерий 3 = Демонстрация благодарности по отношению к другим*)

В.: Не стоит отказывать хорошим друзьям. Никогда не будет лишним показать, насколько ты их ценишь. А что может заставить вас купить незнакомое пиво по обычной цене, если у вас нет необходимости благодарить кого-либо за оказанную услугу? (*Идентификация следующего противоположного примера*)

О.: Ну, я покупал дорогое пиво, когда мы отдыхали с коллегами по работе. Не люблю прибедняться. (*Критерий 4 = Желание впечатлить окружающих*)

В.: Действительно, бывают ситуации, когда сорт пива, который ты выбираешь, много говорит о тебе самом. Любопытно, а что может заставить вас купить дорогое и незнакомое пиво, если вы не стремитесь отблагодарить или впечатлить кого-нибудь из окружающих? (*Идентификация следующего противоположного примера*)

О.: Наверное, я сделал бы это, чтобы по-настоящему вознаградить себя за какое-нибудь трудное дело. (*Критерий 5 = Вознаграждение себя*)

Предположив, что этот человек является представителем обширной популяции потенциальных покупателей пива, интервьюер выявил его иерархию критериев. На основе этой иерархии можно продавать дорогое и незнакомое пиво тем людям, которые в обычной ситуации его не купят.

Процесс выявления иерархий критериев с помощью противоположных примеров может повысить эффективность убеждения. Заставляя людей отвечать на подобные вопросы, вы помогаете им выйти за рамки привычного мышления, а также получаете представление о порядке следования их ценностей.

Полученная информация позволяет обходить границы, которые мы устанавливаем сами для себя. Например, однажды метод опроса был использован в работе с группой мужчин, которые стеснялись встречаться с женщинами, поскольку не были уверены в том, что им «есть что предложить». Мужчинам дали задание: провести интервью с женщинами и выявить их ценности, которые позволили бы тем и другим осознать свободу социального выбора. Ниже приводится пример подобного интервью:

Мужчина: С какими мужчинами вам нравится встречаться?

Женщина: Конечно же, с богатыми и красивыми.

М.: Вам доводилось встречаться с кем-нибудь не слишком красивым или богатым?

Ж.: Да. Я знала одного парня, очень остроумного. С ним я могла смеяться буквально над всем подряд.

М.: Вы можете появляться на людях только с богатыми, красивыми или остроумными людьми или для вас возможна компания мужчины другого типа?

Ж.: Наверное, да. Я как-то ужинала с очень интеллигентным человеком. Он, по-моему, знал все на свете.

М.: А что могло бы заставить вас появиться на людях с кем-то не слишком богатым, красивым или остроумным, который не впечатлял бы вас своим интеллектом?

Ж.: Мне очень нравился один парень, у которого не было ни одного из этих достоинств, но он как будто знал, куда направляется в этой жизни, и имел четкое намерение достичь этой цели.

М.: А вы когда-нибудь встречались с человеком, у которого не было ни денег, ни красоты, ни остроумия, ни ума, ни цели в жизни?

Ж.: Нет, не припомню такого.

М.: А что еще могло бы оказаться для вас привлекательным в человеке?

Ж.: Ну, если бы он занимался чем-нибудь необычным или уникальным и заинтересовал бы меня этим.

М.: А что-нибудь еще?

Ж.: Если бы он по-настоящему заботился обо мне и помогал быть в ладу с самой собой или увидел бы во мне что-нибудь особенное.

М.: Как бы вы определили, что он действительно заботится о вас?...

Этот диалог показывает, как простые вопросы позволяют продвинуться с поверхностного уровня убеждений к более глубоким ценностям, способным увеличить количество альтернатив и гибкость реакции.

Осознание того, что люди обладают различными критериями (и различными иерархиями критериев), существенно для успешного разрешения конфликтов и разногласий. Некоторые люди и целые культуры ценят «выполнение задач» больше, чем «сохранение отношений». Другие обладают противоположным набором приоритетов.

Иерархия критериев — базовый паттерн «Фокусов языка», который подразумевает переоценку (или укрепление) какого-либо обобщения согласно более значимому критерию, чем те, на которые это обобщение опирается в данный момент.

Следующий метод позволяет применить этот паттерн с целью идентификации и преодоления конфликтов, связанных с разными уровнями критериев.

Метод определения иерархии критериев

Критерии различных уровней иерархии нередко колеблются между «собой» и «другими» и последовательно приближаются к базовым ценностям, перемещаясь в более глубокие «слои» опыта. Так, критерии поведенческого уровня (например, «делать или добиваться чего-либо ради других») подавляются критериями, относящимися к возможностям (например, «научиться чему-либо ради собственной пользы»). Критерии уровня возможностей подавляются критериями уровня убеждений и ценностей (например, «быть ответственным по отношению к другим» или «следовать правилам»). Убеждения и ценности, однако, уступают критериям уровня идентификации (например, «быть человеком определенного типа» или «сохранять личностную целостность»).

Различные уровни критериев нередко связаны с определенными репрезентативными системами или субмодальными качествами, которыми обладают критериальные соответствия. Знание этих особенностей при разрешении конфликтов и достижении желаемых результатов поможет вам «подстраиваться и вести» или «использовать рычаг», учитывая критерии тех или иных уровней. Следующая методика построена на использовании пространственной классификации и противоположных примеров. С их помощью можно определить различные уровни критериев и их репрезентативные характеристики с целью преодолеть внутреннее сопротивление новым формам поведения.

Задание

Для начала начертите схему из четырех различных позиций, расположив их в ряд (рис. 18).

1. В позиции № 1 обозначьте ту форму *поведения*, к которой вы стремитесь, но никак не можете начать вести себя так.

Например: Регулярно тренироваться.

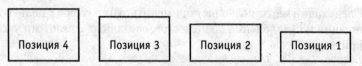

Рис. 18. Пространственная схема для определения иерархии критериев

2. Переместитесь в позицию № 2 и обозначьте *критерии*, которые мотивируют вас на новую форму поведения (рис. 19).

   Например: Я хочу регулярно тренироваться, чтобы «*быть здоровым*» и «*хорошо выглядеть*».

   Найдите сенсорную репрезентацию (критериальное соответствие), определяющую эти критерии.

   Например: Образ себя в будущем — здорового и красивого.

3. Переместитесь в позицию № 3 и выделите те критерии, которые мешают вам приступить к выполнению задуманного.

   (**ВНИМАНИЕ:** Эти *критерии* будут принадлежать к *более высокому уровню*, поскольку по определению они «перевешивают» мотивационные критерии.)

   Например: Я не тренируюсь потому, что «*времени нет*» и «*это больно*».

   Найдите сенсорную репрезентацию (критериальное соответствие), определяющую эти критерии.

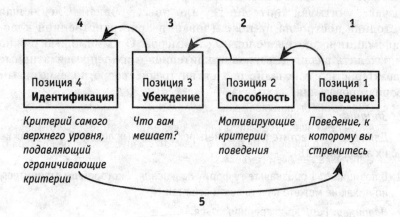

Рис. 19. Последовательность шагов при определении иерархии критериев

4. Переместитесь в позицию № 4 и найдите критерий более высокого уровня, который *окажется сильнее ограничивающего критерия* третьей позиции. Например, можно спросить: «Существует ли что-нибудь настолько важное, что я всегда найду для этого время и буду заниматься этим, несмотря на физическую боль? Какая ценность соответствует этому занятию и придает ему особую значимость?»

Например: «Чувство ответственности за семью».

Найдите сенсорную репрезентацию (критериальное соответствие), определяющую этот критерий.

5. Теперь вы готовы использовать следующие приемы:

а) **Использование рычага.** Не забывая о вашем критерии высшего уровня, возвращайтесь в позицию № 1, пропуская позиции № 2 и № 3. Примените критерий высшего уровня к желаемому поведению, чтобы преодолеть ограничивающие возражения.

Например: «Так как мое поведение является примером для всей семьи, мне следует проявить больше ответственности и найти время для того, чтобы поддерживать себя в форме и хорошо выглядеть».

б) **Использование критериального соответствия, связанного с высшим критерием.** Переместитесь в позицию № 2 и настройте качества внутренней репрезентации критериев, ассоциированных с желаемым поведением, так, чтобы они были соотнесены с критериальным соответствием, с помощью которого вы определили критерий высшего уровня.

Например: Представьте себе самого себя, здорового и красивого, увидьте рядом счастливую и спокойную семью, порадуйтесь за них и скажите себе, что все это очень важно.

в) **Подстройка к ограничивающим критериям.** Переместитесь из позиции № 2 в позицию № 3 и найдите способ достичь желаемого поведения, который отвечал бы критериям всех трех уровней и не противоречил ограничивающим критериям.

Например: «Существует ли такая программа тренировок, которая не отнимет много времени, не будет причинять физическую боль и позволит включиться в нее всей семье?»

5 ● УБЕЖДЕНИЯ И ОЖИДАНИЯ

Убеждения и системы убеждений

В дополнение к ценностям и критериям одним из основных средств установления фреймов и осмысления опыта являются *убеждения*. Они представляют собой еще один ключевой компонент «глубинной структуры». Убеждения во многих отношениях формируют и создают поверхностные структуры наших мыслей, слов и поступков. Они определяют то значение, которое мы придаем событиям, и лежат в основе мотивации и культуры. Наши убеждения и ценности обеспечивают подкрепление (*мотивацию* и *разрешение*), поддерживающее либо подавляющее те или иные способности и формы поведения. Убеждения и ценности связаны с вопросом *«почему?»*.

По сути, убеждениями являются суждения и оценки, касающиеся нас самих, других людей и окружающего мира. В НЛП под «убеждениями» принято понимать тесно взаимосвязанные обобщения относительно: 1) причинно-следственной связи, 2) значения и 3) границ: а) окружающего мира; б) нашего поведения; в) наших возможностей и г) нашей идентификации. К примеру, утверждения «Причиной землетрясений является сдвиг континентальных плит» и «Причиной землетрясений является гнев Господа» отражают различные убеждения относительно причин происходящего вокруг нас. Те или иные убеждения представлены и в следующих высказываниях: «Цветочная пыльца вызывает аллергию», «Неэтично скрывать от других информацию», «Человек не может пробежать милю быстрее, чем за четыре минуты», «Я никогда не достигну успеха, потому что слишком медленно усваиваю материал» и «За любым поведением кроется позитивное намерение».

Убеждения функционируют на ином уровне, чем поведение или восприятие, и влияют на наш опыт и интерпретацию реальности тем,

что связывают наши переживания с нашими критериями или системами ценностей. Для того чтобы обрести практический смысл, ценности
должны быть связаны с переживаниями через убеждения. Убеждения
соединяют ценности с окружающей средой, поведением, мыслями и
репрезентациями, а также с другими убеждениями и ценностями. Убеждения определяют взаимоотношения ценностей и их причин, критериальными соответствиями и последствиями (подробнее об этом будет
рассказано в главе 6). Типичное выражение убеждения связывает конкретную ценность с какой-либо другой частью нашего опыта. К примеру, такое высказывание, как «Успех дается тяжелым трудом», связывает ценность «успех» с определенным видом деятельности («тяжелый
труд»). В то же время утверждение «Успех зависит от везения» связывает ту же ценность с другим видом деятельности («везение»). В зависимости от собственных убеждений конкретный человек выбирает тот
или иной путь к успеху. Насколько та или иная ситуация, деятельность
или идея вписывается (или не вписывается) в системы убеждений и
ценностей данного человека или группы, напрямую определяет то, как
она будет воспринята и истолкована.

С точки зрения неврологии убеждения ассоциируются с такими
структурами среднего мозга, как лимбическая система и гипоталамус.
Лимбическая система связана с эмоциями и долговременной памятью.
Она выполняет функцию интеграции информации, полученной из намного более сложной по строению коры головного мозга, а также регу-
лирования *вегетативной нервной системы,* осуществляющей контроль
над такими базовыми функциями организма, как сердцебиение, температура тела, расширение зрачка и др. Представляя собой продукты
глубинных структур мозга, убеждения вызывают изменения в основных физиологических процессах организма и отвечают за многие из
наших неосознанных реакций. Фактически одним из источников нашего знания о том, что мы действительно верим во что-то, являются
определенные физиологические реакции: «сердце стучит», «кровь ки-
пит», «кожу покалывает». Ни одну из этих реакций мы не можем вызывать сознательно. Именно поэтому детектор лжи способен установить «правдивость» наших слов. Физиологические реакции человека,
верящего в то, что он говорит, отличаются от реакций говорящего «просто так», в рамках определенного поведения (например, от реакций
актера, произносящего реплики своей роли), или реакций, свидетель-
ствующих о несоответствии или обмане.

Благодаря своей тесной взаимосвязи с глубинными физиологическими реакциями убеждения оказывают сильнейшее влияние

в сфере здоровья и целительства (примером чему является эффект плацебо). Убеждения оказывают самоорганизующее или «самоисполняющееся» воздействие на многие уровни поведения, концентрируя наше внимание на одном и отфильтровывая другое. Человек, глубоко убежденный в том, что неизлечимо болен, организует свою жизнь и свои действия вокруг этого убеждения, отражающегося на многих мельчайших и часто не осознаваемых решениях. Напротив, человек, глубоко верящий в излечимость собственного заболевания, будет принимать совсем другие решения. Поскольку ожидания, порождаемые нашими убеждениями, воздействуют на глубинные нервные процессы, они способны привести к впечатляющим результатам в сфере физиологии. Примером этого является случай с женщиной, усыновившей грудного ребенка. Она была настолько убеждена в том, что «матери должны кормить детей молоком», что у нее действительно началась лактация и полученного молока хватило на выкармливание малыша.

Власть убеждений

Влияние убеждений на нашу жизнь огромно. Помимо того, они почти не поддаются воздействию обычной логики или рационального мышления.

* Абрахам Маслоу любил рассказывать старую историю о человеке, который лечился у психиатра. Герой нашей истории отказывался есть и ухаживать за самим собой, утверждая, что он уже труп. Психиатр потратил немало часов, безуспешно пытаясь разубедить пациента. В конце концов он спросил, может ли из мертвого тела идти кровь. «Конечно же, нет, — ответил пациент, — ведь у трупа прекращаются все физиологические функции». Тогда психиатр предложил в порядке эксперимента уколоть его булавкой, чтобы проверить, пойдет ли кровь. Пациент согласился — ведь он и без того уже был «трупом». Разумеется, кровь пошла. И тогда потрясенный пациент воскликнул: «Черт меня подери... у трупов ТОЖЕ идет кровь!»

Прописная истина — если ты действительно веришь в то, что способен достичь цели, ты достигнешь ее, если же веришь в то, что это невозможно, никакие усилия не убедят тебя в обратном. К великому сожалению, больные люди, в том числе страдающие онкологическими или сердечными заболеваниями, нередко общаются с врачами и друзьями в рамках того же убеждения, что и герой истории Маслоу. «*Уже слишком поздно*», «*Я бессилен что-либо изменить*», «*Я жертва... Пришел мой срок*», — любое из этих убеждений способно существенно ограничить ресурсы пациента. Наши убеждения относительно нас самих и того, на что мы способны, сильнейшим образом влияют на нашу повседневную продуктивность. У каждого из нас есть убеждения, служащие дополнительными ресурсами, и убеждения, ограничивающие наши возможности.

- Власть убеждений подтвердил еще один поучительный эксперимент, в рамках которого группа детей со средним (по результатам тестирования) интеллектом была произвольно разбита на две равные подгруппы. Одну получил учитель, которому было сказано, что это «одаренные ребята»; учителю, взявшему вторую подгруппу, сообщили, что это «дети, отстающие в развитии». Спустя год обе группы прошли повторное тестирование интеллекта. Неудивительно, что большинство тех, кому выпало быть «одаренным», набрали больше очков, чем те, кто учился с ярлыком «отстающих в развитии». Так убеждения учителей отразились на ученических способностях.

- В ходе другого исследования был проведен опрос ста «победителей» рака (пациентов, которым удалось предотвратить возврат симптомов на протяжении более десяти лет). По результатам опроса, ни один метод лечения не был существенно эффективнее других. Одни пациенты прошли через стандартный курс химиотерапии и/или радиации, другие принимали лекарства, третьи занимались духовным лечением, четвертые сконцентрировались на психологическом подходе, а кое-кто не делал вообще ничего. Единственное, что объединяло всех членов группы, — вера в эффективность своего подхода.

- Еще одним хорошим примером того, что убеждения способны как ограничивать, так и расширять наши возможности, является история о «миле за четыре минуты». До 6 мая 1954 г. считалось, что четыре минуты — абсолютный рекорд скорости, с которой человек может пробежать милю. На протяжении девяти лет до того исторического дня, когда Роджер Баннистер преодолел четырехминутный барьер, ни один бегун не показывал даже близкого результата. Через шесть недель после рекорда Баннистера австралийский бегун Джон Ланди улучшил его результат еще на одну секунду. На протяжении следующих девяти лет около двухсот спортсменов побили когда-то недосягаемый барьер.

Все эти примеры лишь подтверждают, что наши убеждения способны формировать или даже предопределять уровень нашего интеллекта, здоровья, взаимоотношений, творческих способностей, даже меру нашего счастья и личного успеха. Однако, в таком случае, как научиться управлять убеждениями, чтобы они перестали управлять нами? Многие из убеждений закладываются еще в детстве, под влиянием родителей, учителей, общественного воспитания, средств массовой информации, прежде чем мы начинаем осознавать их воздействие или обретаем способность самостоятельно выбирать убеждения. Можно ли перестроить, забыть или изменить старые убеждения, ограничивающие наши возможности, и создать новые, которые позволили бы нашему потенциалу выйти за придуманные нами же границы? И если это возможно, то как?

Нейро-лингвистическое программирование и паттерны «Фокусов языка» являются новым эффективным средством, позволяющим изменять фреймы и преобразовывать потенциально ограничивающие убеждения.

Ограничивающие убеждения

Три наиболее распространенных вида ограничивающих убеждений так или иначе сводятся к *безнадежности, беспомощности* и *никчемности*. Эти три типа убеждений способны оказывать огромное влияние на психическое и физическое здоровье человека.

1. **Безнадежность**: убежденность в том, что желаемая цель не достижима, вне зависимости от ваших возможностей.
2. **Беспомощность**: убежденность в том что желаемая цель достижима, но вы не способны достичь ее.
3. **Никчемность**: убежденность в том, что вы не заслуживаете желаемой цели из-за собственных качеств или поведения.

Безнадежность означает, что человек не верит в то, что желаемая цель в принципе возможна. Ее характеризуют следующие высказывания: «*Что бы я ни делал, все равно. Я хочу невозможного. Это не в моей власти. Я жертва*».

Беспомощность означает, что даже если человек верит в существование и достижимость желаемого результата, он не верит в то, что способен достичь его. Этому состоянию присуще такое ощущение: «*Кто угодно, кроме меня, может достичь этой цели. Я слишком плох или немощен для того, чтобы добиться желаемого*».

Никчемность характерна для ситуаций, когда человек может поверить в то, что желаемая цель реальна и у него есть возможность добиться ее, но убежден, что *не заслуживает* того, о чем мечтает. Часто ее сопровождает ощущение, которое можно выразить так: «*Я пустышка. Я никому не нужен. Я не достоин счастья или здоровья. Со мной что-то в корне неправильно, и я заслуживаю и боль, и муки, которые испытываю*».

Для того чтобы достичь успеха, необходимо изменить подобные ограничивающие убеждения, превратив их в *надежду на будущее, уверенность в своих силах и ответственность,* а также *чувство собственной необходимости и значимости.*

Очевидно, что наиболее глубокие убеждения касаются нашей идентификации. Вот примеры таких убеждений: «*Я беспомощен (недостоин, жертва)*», «*Я не заслуживаю успеха*», «*Если я получу то, чего хочу, я что-то потеряю*», «*Я не имею права на успех*».

Ограничивающие убеждения нередко выполняют функции «мыслей-вирусов», обладающих той же разрушительной способностью, что и компьютерные или биологические вирусы. «Мысль-вирус» представляет собой ограничивающее убеждение, которое может превратиться в «самоисполняющееся пророчество» и свести на нет любые попытки исцеления или самосовершенствования (структура и воздействие мыслей-вирусов более подробно будут рассматриваться в главе 8). Мысли-вирусы содержат невысказанные предположения и допущения, затрудняющие их идентификацию и борьбу с ними. Нередко наиболее могущественные убеждения так и остаются за пределами нашего сознания.

Ограничивающие убеждения и мысли-вирусы нередко создают неразрешимую, тупиковую ситуацию при попытках что-либо изменить. Человек в такой ситуации чувствует, что «приложил все усилия и ничего не вышло». Успешное преодоление тупиков требует идентификации лежащего в их основе ограничивающего убеждения.

Преобразование ограничивающих убеждений

В конечном итоге мы преобразовываем ограничивающие убеждения и приобретаем иммунитет против мыслей-вирусов за счет расширения и обогащения наших моделей мира, а также четкого осознания нашей идентичности и миссии. Ограничивающие убеждения, в частности, нередко ориентированы на какую-либо позитивную цель — на защиту, установление границ, ощущение собственного могущества и т. д. Если мы осознаем эти глубинные намерения и отредактируем свои ментальные карты, включая в них другие, более эффективные пути осуществления намерений, то убеждения можно будет изменить ценой минимальных усилий и мучений.

Многие ограничивающие убеждения появляются в результате того, что на вопрос со словом «как» не нашлось подходящего ответа. То есть если человек не знает, *как* изменить собственное поведение, легко создать убеждение «Это поведение *невозможно* изменить». Если человек не знает, как выполнить определенную задачу, может возникнуть убеждение: «Я *не способен* достичь успеха в этом деле». Таким образом, нередко для преобразования ограничивающих убеждений необходимо найти ответы на множество вопросов «как это сделать» (рис. 20). К примеру, прежде чем воздействовать на убеждение: «Мне опасно проявлять свои эмоции», мы должны ответить на вопрос: *«Как* проявить эмоции, оставаясь в безопасности?»

Убеждения, как наделяющие нас силой, так и ограничивающие, нередко строятся на основе обратной связи и подкрепления, поступающих со стороны значимых для нас людей. Например, наше чувство идентификации и собственной миссии обычно определяется относительно значимых для нас людей, наших «менторов», служащих точками отсчета в более крупных системах, членами которых мы себя ощущаем. Поскольку идентификация и миссия формируют каркас для наших убеждений и ценностей, установление или изменение важных взаимоотношений способно оказать огромное влияние на убеждения. Таким образом, нередко прояснение или изменение важных взаимоотношений, а также послания, полученные в контексте этих отношений, спонтанно упрощают процесс изменения убеждений. Установление новых отношений часто является важной составляющей длительного

Рис. 20. Ограничивающие убеждения могут быть преобразованы или отредактированы за счет определения их позитивных намерений и предположений, а также создания альтернатив и новых ответов на вопросы со словом «как»

процесса изменения убеждений, особенно если эти отношения дают позитивную поддержку на уровне идентификации. (Этот принцип является основополагающим для такого метода изменения убеждений, как реимпринтинг.)

Таким образом, к обновлению и изменению ограничивающих убеждений могут привести следующие процедуры:

— определение и осознание скрытых позитивных намерений;
— определение любого невысказанного или неосознанного допущения или предположения, лежащего в основе убеждения;
— расширение восприятия связанных с убеждением причинно-следственных связей, или «комплексных эквивалентов»;
— предоставление информации о том, «как это сделать», и создание альтернативных вариантов осуществления позитивного намерения или цели ограничивающего убеждения;
— прояснение или обновление важных взаимоотношений, которые формируют наше чувство собственной миссии и значимости, и получение позитивной поддержки на уровне идентификации.

Ожидания

Убеждения, как наделяющие нас силой, так и ограничивающие, тесно связаны с нашими ожиданиями. *Ожидание* означает «предвкушение» какого-либо события или результата. Согласно словарю Уэбстера, оно «подразумевает высокую степень уверенности, вплоть до начала приготовлений или предвкушения определенных вещей, действий или ощущений». Ожидания оказывают разнообразное влияние на наше поведение в зависимости от того, на что они направлены. Зигмунд Фрейд (1893) отмечал:

> *Существуют определенные идеи, наделенные свойством ожидания. Эти идеи бывают двух видов: представления о том, что я совершаю некие действия (так называемые намерения), и представления о том, что нечто происходит со мной, — собственно ожидания. Сопровождающий их эффект зависит от двух факторов: во-первых, от степени значимости результата для меня и, во-вторых, от степени неуверенности, присущей ожиданию результата.*

Человеческие убеждения и ожидания, связанные с результатами и личными возможностями, играют немаловажную роль в формировании способности достичь желаемого состояния. Выделяемые Фрейдом «намерения» и «ожидания» относятся к тому, что в современной когнитивной психологии (Bandura, 1982) получило название «ожиданий самоэффективности» и ожиданий результата. *Ожидания результата* появляются вследствие предположения о том, что то или иное поведение приведет к определенным результатам (рис. 21). *«Ожидания самоэффективности»* связаны с уверенностью в том, что конкретный человек способен осуществить действия, требующиеся для достижения желаемого результата.

Эти виды убеждений и ожиданий часто определяют количество усилий, которые будут затрачены в стрессовой или сложной ситуации, а также время, на протяжении которого эти усилия будут затрачиваться. Например, проявив некую инициативу, люди, скептически настроенные относительно собственных возможностей или вероятности достижения результата, склонны сводить на нет собственные усилия, достигнув конкретного предела. Как правило, отсутствие ожиданий результата приводит к чувству «безнадежности», под влиянием которого человек сдается и впадает в апатию. Отсутствие «ожиданий самоэффективности», с другой стороны, приводит к неадекватности, которая порождает «беспомощность».

Прочные позитивные ожидания способны подтолкнуть нас к тому, чтобы затратить максимум усилий и реализовать дремавшие до сих пор способности. Хорошим примером влияния прочных ожиданий является так называемый эффект плацебо. Чтобы его достичь, пациенту дают «лекарство», в составе которого нет ни одного активного лечебного ингредиента. Если человек верит, что таблетка настоящая, и ожидает связанных с ней улучшений, вскоре симптомы его заболевания действительно ослабевают. Некоторые исследования «плацебо» привели к потрясающим результатам. В подобных случаях ожидания человека дают толчок к реализации латентных, не раскрытых до сих пор поведенческих ресурсов.

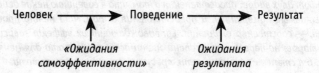

Рис. 21. Взаимосвязь «ожиданий самоэффективности» с ожиданиями результата

Применительно к обучению и изменению ожидания результата соотносятся с тем, до какой степени человек ожидает, что приобретенные навыки или формы поведения дадут желаемые результаты в той системе окружающего мира, которая составляет его реальность. «Ожидания самоэффективности» связаны со степенью уверенности человека в собственных силах или уровнем способности обучаться либо осуществлять поведение, необходимое для достижения результата.

Достижение желанного результата через успешные действия в сложной ситуации может укрепить уверенность человека в собственных способностях. Дело в том, что в обычной обстановке человек не раскрывает свой потенциал полностью, даже если обладает необходимыми для этого навыками. И только в условиях, требующих максимальной самоотдачи, мы обнаруживаем, на что способны.

Ожидания, связанные с предполагаемыми результатами поведения, являются первичным источником мотивации. С этой точки зрения ощущения и поступки людей зависят от ценностей и мотивов, которые приписываются ожидаемым последствиям. Прочные ожидания позитивного результата, к примеру, способны дать толчок к приложению человеком максимальных усилий в надежде на достижение желанного состояния. Ожидаемые последствия, которые воспринимаются как «негативные», напротив, приведут к отстранению либо апатии.

С точки зрения НЛП ожидания являются классическим примером взаимоотношений карты и территории, а также влияния внутренних карт на поведение. Согласно теории НЛП, «ожидание» является ментальной картой будущих действий и последствий. Такая карта может включать в себя чье-либо поведение, результаты этого поведения или события, которые могут с нами произойти. Особенно могущественные карты способны оказывать на нас большее влияние, чем окружающая действительность.

Всем людям свойственно создавать ожидания и надеяться на то, что мир будет им соответствовать. В основе многих житейских разочарований лежат обманутые ожидания. Как заметил один из основателей НЛП Ричард Бэндлер, «разочарование требует адекватного планирования». Устойчивое предощущение успеха или поражения дает основания для так называемых самоисполняющихся пророчеств.

Таким образом, ожидания выступают в роли мощного фрейма, который окружает наши переживания и оказывает немалое влияние на убеждения и выводы, извлекаемые нами из этих переживаний. На протяжении многих веков это свойство ожиданий использовалось для влияния на восприятие и оценку людьми различных событий и ситуаций. Например, Адольф Гитлер в книге «Майн кампф» писал:

Способность масс воспринимать информацию весьма ограниченна, их понимание невелико, но забывчивость развита прекрасно. Вследствие этого эффективная пропаганда должна сводиться к небольшому количеству идей, которые можно было бы использовать в качестве лозунгов, чтобы все до единого могли понять, что подразумевается под тем или иным словом. Если этот принцип принести в жертву разнообразию, эффект воздействия будет утрачен, так как люди окажутся не в состоянии «переварить» или сохранить в памяти предложенный материал. Таким образом, результат будет ухудшаться и в конечном итоге уничтожится полностью.

Чем больше информации необходимо донести, тем более продуманной с психологической точки зрения должна быть тактика.

Например, [в ходе Первой мировой войны] было в корне неверным высмеивать противника, как это делали австрийские и германские пропагандисты в газетных комиксах. В корне неверным это было потому, что, сталкиваясь с противником в действительности, человек неминуемо получал совершенно иное впечатление. Это уже принесло свои страшные плоды: сегодня германский солдат, находясь под непосредственным впечатлением от сопротивления, оказанного противником, чувствует себя обманутым, и обманули его те, кто отвечал за просвещение; вместо укрепления твердости духа или воинственного настроя произошло обратное. Люди в отчаянии.

По сравнению с этим военная пропаганда британцев и американцев была психологически грамотной. Представляя немцев как варваров и гуннов, пропагандисты подготовили каждого солдата к ужасам войны и защитили его от разочарований. Какое бы страшное оружие ни применялось против него, оно является отныне лишь подтверждением уже имеющейся информации, тем самым укрепляя его убеждение в том, что заверения правительства были справедливы, и вместе с тем усиливая его ярость и ненависть против жестокого врага. Что касается постигнутого на своем опыте разрушительного эффекта вражеского оружия, он укладывается в уже сложившиеся представления о «гуннской» кровожадности варваров. При этом солдат ни на минуту не задумывается о том, что его собственное оружие может причинять не меньшие, а то и большие разрушения.

Таким образом, английского солдата ни на секунду не посещает мысль о том, что его страна снабдила его ложной информацией, как это, к несчастью, происходит с германским солдатом, — настолько, что он начинает отрицать любую пропаганду как «надувательство» и «пустую суету».

Без сомнения, существенный вклад в то влияние, которым обладал Гитлер как лидер, внесли его понимание принципов, лежащих в основе

«Фокусов языка», и умение их применять. К сожалению, это является показательным примером использования данных принципов в недостойных целях. Высказывания Гитлера показывают, насколько фреймы ожидания влияют на выводы, которые человек может сделать на основе собственного опыта. Германские солдаты почувствовали себя разочарованными, обманутыми и обескураженными, обнаружив, что их противник вовсе не похож на обещанного «шута горохового». С другой стороны, ожидания британских и американских солдат относительно того, что враг окажется «жестоким гунном», подтвердились, а следовательно, укрепилась их уверенность в собственной правоте, «усилились ярость и ненависть» по отношению к противнику.

Таким образом, ожидания оказывают сильнейшее влияние на нашу мотивацию, а также выводы, которые мы делаем на основе полученного опыта.

Ожидание поощрения, к примеру, оказывает большее влияние на поведение, чем само поощрение. Исследования, в которых участвовали студенты, получившие награды за выполнение тех или иных поведенческих задач, показали, что испытуемые затрачивали существенно меньше усилий, когда полагали, что их действия не будут никак вознаграждаться, — вне зависимости от того, ожидало ли их поощрение на самом деле. Таким образом, убеждения и ожидания относительно будущего поощрения оказывают большее влияние на поведение, чем тот объективный факт, что это же поведение поощрялось в прошлом.

Сила ожидания является функцией прочности репрезентации предвкушаемого последствия. С точки зрения НЛП чем больше человек способен видеть, слышать и ощущать будущие последствия в своем воображении, тем сильнее окажется ожидание. Таким образом, ожидания могут быть усилены за счет расширения спектра внутренних образов, звуков, слов и ощущений, ассоциированных с вероятным будущим действием или следствием. Подобным образом, ожидания могут быть ослаблены за счет уменьшения качества или насыщенности внутренних репрезентаций, ассоциирующихся с потенциальными будущими последствиями.

Как показывает пример со студентами, сила ожидания также влияет на скрытые убеждения относительно причинно-следственной связи. Если студенты верят, что «эксперимент завершен», они перестают надеяться на получение награды за те же поступки, за которые их прежде поощряли. В этом смысле ожидания нередко являются отражением скрытых убеждений. Если мы верим, что «тяжелый труд должен вознаграждаться», мы будем ожидать награды за наши труды. Веря, что «имярек хорошо учится», мы будем и впредь ожидать от него успехов на занятиях.

Скрытые убеждения способны создавать сопротивление или «противоположные ожидания», которые существуют в форме противоречащих друг другу внутренних репрезентаций. Как описывал это Фрейд:

Субъективная неуверенность, противоположное ожидание, представляет собой коллекцию идей, которые я бы назвал «разочаровывающими антитезами»... В случае с намерением эти антитезы будут звучать так: «Я не преуспею в выполнении своего намерения, потому что это слишком трудно и я на это не способен; кроме того, я знаю людей, которые терпели поражение в подобной ситуации». Ситуация, связанная с ожиданием, не требует дополнительных комментариев: антитеза заключается в перечислении всех возможных событий, кроме того, к которому я стремлюсь».

Таким образом, ожидания могут быть либо «позитивными», либо «негативными». Это значит, что они могут либо поддерживать желаемые результаты, либо противостоять им. Противоположные ожидания могут вызвать замешательство или внутренний конфликт. В НЛП существует ряд средств и стратегий, которые помогут вам развивать позитивные ожидания и работать с негативными. Базовый подход НЛП к созданию или изменению ожиданий предполагает одно из двух:

а) работу непосредственно с внутренними сенсорными репрезентациями, связанными с конкретным ожиданием;

б) работу со скрытыми убеждениями, которые являются источником этого ожидания.

Ожидания и паттерн последствий

Паттерн последствий предполагает использование ожиданий с целью подтвердить либо подвергнуть сомнению те или иные обобщения и убеждения. В этом случае внимание направляется на потенциальный результат (позитивный или негативный), к которому может привести некое убеждение или обобщение, определяемое этим убеждением. Предвкушение позитивных последствий подкрепляет и усиливает убеждения и суждения, даже если эти суждения сами по себе являются негативными или ограничивающими (по принципу «цель оправдывает средства»). Сколько раз нам доводилось слышать: «Я говорю (делаю) это для твоего же блага»!

Негативные последствия, разумеется, заставляют усомниться в верности исходных обобщений и ставят их под вопрос.

Паттерн последствий основан на следующем предположении НЛП:

> **Не существует реакций, переживаний или форм поведения, наделенных собственным смыслом вне контекста, в котором они проявляются, или вне ответных реакций, которые они вызывают. Любое поведение, переживание или реакция могут служить как ресурсом, так и ограничивающим фактором в зависимости от того, как они сочетаются с остальными элементами системы.**

Таким образом, ожидаемые последствия выступают в роли фрейма для других переживаний. Определение позитивных последствий также может способствовать установлению фрейма результата по отношению к ограничивающим или негативным суждениям или обобщениям.

Хорошей иллюстрацией применения этого паттерна является уже приводившийся пример с пациентом, утверждавшим, что он труп. Психиатр, пытаясь переубедить пациента с помощью логики, уколол его булавкой, чтобы продемонстрировать, что, в отличие от трупа, у него все еще идет кровь. Однако все труды пошли насмарку, когда пациент выдохнул в изумлении: «Черт меня подери... У трупов ТОЖЕ идет кровь!»

Если бы психиатр был знаком с паттерном последствий и другими принципами, которые рассматриваются в этой книге, то сумел бы извлечь пользу из замечаний пациента, не позволив загнать себя в угол. Врач мог бы сказать примерно следующее: «Хорошо, допустим, у трупов идет кровь. Интересно, что они еще могут делать? Наверное, трупы могут петь, танцевать, смеяться, переваривать пищу, даже обучаться чему-нибудь. Знаете, а ведь можно совсем неплохо жить, оставаясь трупом и не теряя преимуществ этого положения». Рефрейминг убеждений пациента позволил бы мирным путем превратить их из проблемы в преимущество. (Как говорил Эйнштейн, невозможно решить проблему с помощью того же мышления, которое создало эту проблему.)

Мне довелось успешно применить этот паттерн в работе с женщиной, которой был поставлен диагноз «навязчивая идея». Эта дама верила в то, что на ней завелись насекомые. Она называла их «настоящими воображаемыми блохами». «Воображаемыми» — потому что никто, кроме нее, не верил в их существование. Однако они были «настоящими», потому что она чувствовала их прикосновение и не могла смириться с ужасным ощущением «зараженности».

Пациентка тратила немыслимое количество времени на борьбу с «блохами». У нее было семьдесят две пары перчаток — для вождения машины, для приготовления пищи, для процесса одевания и т. д. Она всегда покупала вещи с длинными рукавами, чтобы кожа нигде не оставалась открытой. Она усердно мылась, чтобы избавиться от блох, в результате кожа была постоянно красной и воспаленной.

Тот факт, что блохи были «воображаемыми», имел любопытные последствия. К примеру, блохи были у всех, но у некоторых людей их было больше, особенно у родителей этой дамы. Разумеется, она нежно любила своих родителей, но, поскольку у них было больше всего блох, она не могла общаться с ними подолгу. Воображаемые блохи могли распространяться даже по телефону, поэтому, когда родители звонили ей, блохи сыпались из телефонной трубки, и женщина была вынуждена обрывать разговор.

Ей было немного за тридцать, и к тому моменту она боролась со своей навязчивой идеей уже более пятнадцати лет. Разумеется, много раз ее пытались убедить в нелепости этой системы убеждений, но тщетно. Я потратил немало времени на то, чтобы установить раппорт с этой женщиной и выявить ее критериальные соответствия и стратегии реальности. Затем в определенный момент я сказал: «Послушайте, вы всю жизнь пытаетесь избавиться от блох, смывая их с кожи. Может быть, это просто неэффективный способ борьбы с ними? Вы никогда не пробовали лечить "настоящую воображаемую аллергию" на "настоящих воображаемых блох"?»

Я объяснил женщине, что ее симптомы очень похожи на признаки аллергии. Некоторые люди, например, страдают от аллергии на пыльцу: они не видят ее, но чувствуют, как она попадает им в нос, и их состояние ухудшается. Вместо того чтобы прятаться от пыльцы или вымывать ее, они принимают специальные лекарства, которые воздействуют на иммунную систему и снимают аллергические симптомы.

Затем я достал флакон с «плацебо» и сказал: «Это — настоящие воображаемые таблетки. Воображаемые они потому, что в них нет никаких настоящих препаратов, но они настоящие, потому что вылечат вашу аллергию и изменят ваше самочувствие». Опираясь на то, что мне было известно о ее критериальных соответствиях и стратегии реальности, я описал ей действие плацебо, объяснил суть этого эффекта и привел статистику по экспериментам, в которых использование плацебо помогло в лечении аллергических реакций. Поскольку это объяснение прекрасно укладывалось в ее систему убеждений, женщина не сумела найти уязвимых мест в моих логических доводах и согласилась принимать лекарство.

Любопытно, что при следующей встрече, через неделю, она выглядела по-настоящему испуганной. Ее напугало то, что «настоящие воображаемые таблетки» начали действовать. «Как мне теперь понять, какую одежду покупать? Откуда мне знать, как общаться со своими родителями? Кому позволять прикасаться ко мне? Откуда мне знать, что делать, куда идти, как жить в этом мире?» — говорила она. По ее словам, это убеждение заменяло ей целый ряд стратегий принятия решения, которых у нее никогда не было. Как я уже говорил, ограничивающие убеждения нередко являются результатом не нашедших ответа вопросов со словом «как». Для того чтобы безболезненно изменить свои убеждения, женщина нуждалась в приемлемых ответах на все эти вопросы.

Поверив в то, что от блох можно избавиться, она оказалась лицом к лицу с убеждениями относительно собственных возможностей. Новое «ожидание результата» заставило ее переоценить «ожидания самоэффективности». Под руководством терапевта женщина освоила целый ряд эффективных стратегий принятия решения и раз и навсегда освободилась от своего навязчивого состояния.

Задание

Для того чтобы самостоятельно использовать паттерн последствий, найдите такое ограничивающее убеждение или обобщение, которое мешает вам или кому-то другому действовать максимально эффективно. Расширьте свое восприятие ситуации, подумав о том, какую пользу приносит это убеждение или обобщение. (В частности, можно попробовать осмыслить ситуацию или проблему в рамках разных временных фреймов, например, с точки зрения одного часа, дня, недели, месяца, года, многих лет.)

Например: Ограничивающее убеждение: *Я чувствую себя трусом, когда пугаюсь сложных ситуаций.*

Позитивное следствие: страх *удерживает нас от необдуманных действий,* тем самым помогая *совершать более «экологичные» поступки.* Таким образом, страх — не такая уж плохая вещь, поскольку заставляет нас действовать осмотрительно и «экологично». С точки зрения будущего страх позволяет стать мудрым и целеустремленным.

«Нанесение на карту» ключевых убеждений и ожиданий

Как правило, люди меняют свое поведение за счет приобретения нового референтного опыта и когнитивных карт, позволяющих построить «план». Тем не менее одно и то же поведение не всегда приводит к одному и тому же результату. Определенные факторы, такие как «путь к результату», количество поддержки, поступающей от других людей, степень вариабельности системы и средства, которыми располагает конкретный человек, определяют вероятность того, что какое-либо поведение позволит достичь желаемого результата в рамках данной системы.

Изменение поведения и достижение результата требует наличия когнитивных карт, референтного опыта, поддержки в отношениях с другими людьми и средств, необходимых для формирования наиболее уместных предположений и ожиданий относительно некоторой цели, задачи или ситуации.

Например, наши ожидания оказывают сильнейшее влияние на степень уверенности в том, что определенная цель может быть достигнута. При этом основные убеждения порождаются ожиданиями, связанными с целым рядом значимых компонентов изменения (рис. 22).

1. Желательность результата.
2. Уверенность в том, что определенные действия приведут к этому результату.
3. Оценка уместности и сложности определенных действий (вне зависимости от наличия или отсутствия уверенности в том, что именно эти действия приведут к желаемому результату).
4. Убежденность в собственной способности выработать формы поведения, необходимые для осуществления плана, ведущего к результату.
5. Чувство ответственности, собственной значимости и дозволенности по отношению к указанным формам поведения и результату.

Рис. 22. Ожидания, связанные с изменением

К примеру, представьте себе человека, который хочет выздороветь, научиться чему-нибудь или достичь успеха в деловом проекте. При этом могут возникнуть вопросы по поводу убеждений, касающиеся любого из указанных на рис. 22 компонентов изменения.

Один из таких вопросов связан с желательностью результата. Насколько этот человек *действительно* хочет выздороветь, научиться чему-либо или преуспеть в своем деле? В общем случае любой из нас хочет того же. Однако крайне редко у разных людей обстоятельства совпадают, и далеко не всегда здоровье, познание или успех оказываются на верхней ступеньке иерархии критериев. Среди аргументов могут быть следующие: «На данный момент здоровье не является для меня приоритетной задачей», «У меня сейчас столько забот, что учиться чему-то новому совершенно не обязательно», «Окружающие нуждаются во мне. Слишком эгоистично было бы сосредоточиться только на собственном успехе».

Даже если человек очень хочет стать здоровым, научиться новому или достичь успеха, он может усомниться в том, что эта цель достижима. Возможные аргументы: «Что бы я ни делал, вылечить мне не удастся», «Старого пса новым штукам не научишь», «Не стоит строить радужные надежды на успех. Что бы я ни делал, все без толку».

Можно искренне желать результата и верить в то, что он реален, но сомневаться в том, что предполагаемые действия соответствуют поставленной цели. Люди в такой ситуации могут думать так: «Я верю, что могу достичь необходимого результата, но с помощью какого-то другого способа (плана, методики, программы и т. д.)». Некоторые могут считать, что этот путь эффективен, но не соглашаться на необходимые усилия или жертвы или беспокоиться о последствиях в других областях жизни. В частности, человек может верить, что регулярные занятия спортом или соблюдение диеты помогут ему улучшить здоровье, но не желает утруждать себя изменением собственного образа жизни. В других случаях люди верят, что та или иная программа позволит им научиться чему-то важному, но не уверены, что найдут время для занятий. Точно так же человек может верить, что новая работа принесет ему успех, но при этом беспокоиться о том, как она отразится на его семье.

Возможна и такая ситуация, когда человек стремится к некоторому результату, считает его достижимым и верит в то, что предложенный ему план действий вполне уместен, но сомневается в том, что способен выполнить намеченные действия. Возможные аргументы: «Мне не хватает умения (последовательности, смекалки, целеустремленности и т. д.) для того, чтобы успешно выполнить те действия, с помощью которых можно достичь желаемого результата».

Даже если человек стремится к результату, верит в его достижимость, одобряет намеченные для этого действия и уверен в собственных силах, он может сомневаться в том, что имеет право брать на себя ответственность за выполнение этих действий или достижение результата. Такой человек будет жаловаться другим: «Не мое это дело — поправлять свое здоровье, учиться или достигать успеха. Пусть этим занимаются специалисты. Я хочу, чтобы кто-нибудь другой нес за это ответственность». Люди могут также сомневаться в том, что заслуживают здоровья, новых знаний или успеха. Это уже проблема самооценки. Иногда мы чувствуем себя недостойными здоровья, образованности или успеха. Если человек не будет верить в то, что заслуживает достижения своей цели или что имеет право делать все, что для этого требуется, то уже не важно, способен ли он на это, знает ли, что нужно делать, и хочет ли он этого.

Оценивание мотивации к изменению

Чрезвычайно важно иметь возможность оценить всю систему убеждений и воздействовать на нее, чтобы помочь другому человеку или самому себе достичь своей цели. Наши поступки и планы действий не могут дать желаемого результата в условиях внутреннего конфликта или сомнений. С другой стороны, как подтверждает эффект «плацебо», позитивные убеждения и допущения способны высвобождать скрытые ресурсы и «неосознанные способности», присущие конкретному человеку или целой группе, однако до сих пор не мобилизованные.

Одним из способов определения мотивации человека или группы является оценивание пяти ключевых убеждений, играющих важную роль в процессе изменения. Для оценивания необходимо сначала сформулировать специфическое утверждение, отражающее суть убеждения (как это показано в следующих примерах).

1. Желательность результата.
   Утверждение: «Цель желанна и стоит того, чтобы к ней стремиться».
2. Уверенность в том, что результат достижим.
   Утверждение: «Этой цели можно достичь».

3. Оценка уместности или затруднительности действий, необходимых для достижения результата (вне зависимости от наличия или отсутствия уверенности в том, что они приведут к желаемому результату). *Утверждение*: «То, что необходимо предпринять для достижения цели, уместно и "экологично"».

4. Убежденность в том, что человек способен осуществить необходимые действия.
Утверждение: «Я обладаю (мы обладаем) всем необходимым, чтобы достичь результата».

5. Чувство собственной значимости или дозволенности, связанное с требующимся поведением и результатом.
Утверждение: «Я отвечаю (мы отвечаем) за достижение этой цели и заслуживаю (заслуживаем) ее».

После того как будут сформулированы все убеждения, можно оценить свою степень уверенности относительно каждого из этих утверждений по пятибалльной шкале, где 1 обозначает самую низкую, а 5 — самую высокую степень уверенности. Эта процедура даст любопытный профиль потенциальных проблемных сфер мотивации или уверенности в себе. Те утверждения, которые получат низкий показатель, обозначают возможные зоны сопротивления, с которыми необходимо поработать.

Бланк для оценивания убеждений, приведенный ниже, представляет собой простой, но эффективный инструмент, позволяющий быстро оценивать значимые области убеждений в связи с некоторой целью или планом действий.

Бланк для оценивания убеждений

Опишите одним предложением цель или результат, которых вам хотелось бы достичь.

Цель (результат): _____

_____

Оцените степень вашей уверенности в результате относительно каждого из следующих утверждений по пятибалльной шкале, где 1 соответствует самой низкой, а 5 — самой высокой степени уверенности.

А. «Цель желанна и стоит того, чтобы к ней стремиться».

| 1 | 2 | 3 | 4 | 5 |

Б. «Этой цели можно достичь».

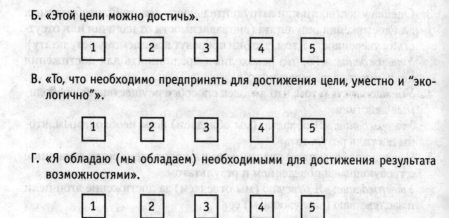

В. «То, что необходимо предпринять для достижения цели, уместно и "экологично"».

Г. «Я обладаю (мы обладаем) необходимыми для достижения результата возможностями».

Д. «Я отвечаю (мы отвечаем) за достижение этой цели и заслуживаю (заслуживаем) ее».

Укрепление уверенности и убежденности

После того как вы оцените степень уверенности и конгруэнтности относительно этих ключевых областей убеждения, приведенные ниже вопросы помогут вам укрепить свою убежденность в тех областях, которые вызывают сомнения.

1. Что еще вам необходимо знать, добавить к своей цели или в чем необходимо убедиться, чтобы быть более конгруэнтным или уверенным в своих силах?
2. Кто мог бы сыграть роль ментора в этом вопросе?
3. Что бы он вам посоветовал?

Укрепление убеждений и ожиданий с помощью фрейма «как если бы»

Фрейм «как если бы» представляет собой прием, с помощью которого отдельный человек или группа начинает действовать так, как если бы желанная цель или результат были уже достигнуты. В других случаях с помощью этого приема отдельный человек (группа) делает вид, что он является другим человеком (сообществом людей). С помощью этого фрейма человек может идентифицировать и расширить свое восприятие мира или желаемых будущих состояний. Кроме того, это действенный способ помочь человеку преодолеть внутреннее сопротивление и ограничения, присущие его нынешней «карте мира».

Фрейм «как если бы» часто используется для борьбы с ограничивающими убеждениями. С его помощью создаются противоположные примеры или альтернативные варианты поведения. Например, если человек говорит вам: «Я не могу этого сделать» или «Сделать это невозможно», фрейм «как если бы» позволит задать ему вопрос: «А что бы было, если бы вы уже это сделали?», или «Действуйте так, будто вы можете это сделать. Как вы это себе представляете?», или «Если бы вы уже могли сделать это, что бы вы делали сейчас?» В частности, если бы служащий компании не мог описать ожидаемый результат определенного проекта, его начальник мог бы сказать следующее: «*Представь себе, что с этого момента прошло пять лет. Что изменилось?*»

Действуя «как если бы», люди получают возможность оттолкнуться от сиюминутного восприятия ограниченной реальности и дать волю воображению. Таким образом, активизируются наши врожденные способности к фантазированию и перевоплощению. Кроме того, мы можем перешагнуть границы личной истории, системы убеждений и «Эго». Фактически с помощью фрейма «как если бы» мы осознаем и используем понятие «Я» как функцию, а не в качестве жесткой номинализации.

Многие приемы и методики НЛП основаны на применении фрейма «как если бы». Создавая себе цели, результаты и мечты, прежде всего мы ведем себя так, будто это наши реальные возможности. Мы рисуем их мысленные образы и придаем этим картинкам все необходимые свойства. Затем мы воплощаем их в жизнь, «как если бы» переживали эти ощущения и отрабатывали на практике те формы поведения, которые соответствуют этим целям и мечтам.

Фрейм «как если бы» чрезвычайно важен для создания пространства, в котором мы можем стимулировать нашу нервную систему так, чтобы она поддержала нас в процессе достижения наших целей. Милтон Эриксон неоднократно повторял: «Вы можете притвориться чем угодно и управлять этим».

Фрейм «как если бы» является одним из ключевых инструментов для руководителей и консультантов. В следующем упражнении мы используем его для того, чтобы помочь другому человеку преодолеть ограничивающие убеждения.

Задание

Упражнение «как если бы»

1. «Исследователь» вспоминает какую-либо цель или ситуацию, с которой у него связаны определенные сомнения. Он должен в вербальной форме сообщить «начальнику» о своем ограничивающем убеждении, например: «У меня нет возможности…», «Я не способен…», «Я не заслуживаю…» и т. д.

2. «Начальник» в уважительной форме подбадривает «исследователя» примерно следующими словами:

   «А что бы было, если бы это было возможно (вы были способны на это, вы заслуживали этого)?»

   «Ведите себя так, "как если бы" это было возможно (вы были способны на это, вы заслуживали этого). Как вы это себе представляете?»

   «Представьте себе, что вы уже справились со всеми сомнениями, на которых основано ваше убеждение, что это невозможно (вы не способны на это, вы этого не заслуживаете). Как изменились бы от этого ваши мысли, действия или убеждения?»

3. Если «исследователь» находит другие возражения или препятствия, «начальник» продолжает, спрашивая:

   «Если бы вы уже справились с этим затруднением, как бы вы действовали?»

6 · БАЗОВАЯ СТРУКТУРА УБЕЖДЕНИЙ

Лингвистическая структура убеждений

Основная цель наших убеждений и систем убеждений — связать глубинные ценности с другими областями нашего опыта и «карт мира». Как указывалось ранее, убеждение «успех дается тяжелым трудом» связывает ценность «успех» с конкретным видом деятельности («тяжелый труд»). В формуле «успех зависит от везения» та же ценность связана уже с другой причиной («везение»). Как показывают эти примеры, убеждения по сути своей являются выражением существующих взаимосвязей различных элементов нашего опыта.

С лингвистической точки зрения убеждения обычно выражены в форме вербальных моделей, известных как «комплексные эквиваленты» и «причинно-следственные отношения» (рис. 23). Комплексные эквиваленты представляют собой лингвистические модели, подразумевающие наличие «равнозначности» различных аспектов нашего опыта («А = Б», или «А означает Б»). Обычно они используются для того, чтобы сформулировать ценности и установить тот факт, что некая ситуация соответствует или противоречит этим ценностям. Примерами

Рис. 23. Убеждения, как правило, выражены в форме комплексных эквивалентов или утверждений о причинно-следственных отношениях

комплексных эквивалентов, отражающих наши убеждения, являются следующие высказывания: «Нормальный пульс в состоянии покоя *равен* 60 ударам в минуту», «Быть богатым — *значит* достичь успеха», «Любить — *значит* ни о чем не жалеть».

Утверждения о *причинно-следственных связях* (характеризующиеся такими словами, как «вызывать» что-либо, «делать» чем-либо, «вынуждать» к чему-либо, «приводить» к чему-либо, «иметь результатом» что-либо и т. д.) связывают ценности с другими аспектами нашего опыта. Подобные лингвистические структуры используются для того, чтобы определить причины и следствия конкретных ценностей. Классическое изречение Бенджамина Франклина «Ранний отход ко сну и ранний подъем *делают* человека здоровым, богатым и мудрым» указывает на причины, ведущие к достижению определенных целей. Выражения «власть развращает» или «любовь исцеляет» относятся к последствиям проявления конкретных ценностей.

Комплексные эквиваленты и обобщения, касающиеся причинно-следственных отношений, являются базовыми структурами, на основе которых мы строим свои «карты мира».

Комплексный эквивалент

Комплексный эквивалент подразумевает, что мы говорим о двух или более переживаниях так, как будто они являются одним и тем же, или «эквивалентны» друг другу. Комплексные эквиваленты отдаленно связаны с критериальными соответствиями, однако существенно отличаются от них. Критериальные соответствия принимают форму сенсорного подтверждения определенной ценности или критерия. Они подразумевают «разделение» этой ценности или критерия на специфические показатели. Комплексный эквивалент в большей степени является «определением», чем «процедурой обоснования», и по сути своей ближе к процессу бокового смещения. Комплексный эквивалент для конкретной ценности или критерия принимает форму другого обобщения или номинализации.

В утверждении «Его здоровье никуда не годится, он, должно быть, уже ненавидит самого себя» говорящий подразумевает, что «плохое здоровье» эквивалентно «ненависти к самому себе». В его «карте мира» эти два переживания в той или иной мере являются «одним и тем же» (несмотря на то, что в реальности между ними может не быть никакой связи). Можно привести и такие примеры комплексных эквивалентов: «Если человек думает или действует, выходя за рамки социальных норм, это *значит*, что он психически не уравновешен», «Безопасность *подразумевает* возможность дать отпор враждебным силам», «Если ты мало говоришь, это *значит*, что тебе нечего сказать».

Каждым высказыванием устанавливается определенного рода тождество двух понятий, точнее сказать, «упрощенная эквивалентность». Опасность кроется в том, что с помощью подобных высказываний сложные взаимосвязи на уровне глубинных структур чрезмерно упрощаются на уровне поверхностных структур. Как говорил Эйнштейн, «все следует упрощать насколько это возможно, но никак не *более того*».

Наши интерпретации событий и переживаний являются следствием установления и применения множества комплексных эквивалентов. Позитивной стороной этого процесса является то, что связи, создаваемые за счет интерпретации, иногда помогают упростить или выявить более сложные отношения. С другой стороны, комплексные эквиваленты способны также искажать или излишне упрощать внутренние отношения в системе. Например, пациенты (и их семьи) склонны интерпретировать симптомы своих заболеваний слишком негативно либо так, что болезненное проявление только усиливается.

С нашей точки зрения, проблема заключается не в том, чтобы установить «правильный» комплексный эквивалент. Важнее суметь найти такие интерпретации, которые давали бы новое ви́дение ситуации, расширенную «карту мира» или новый способ мышления, отличный от того, которым была создана исходная проблема.

Причинно-следственные отношения

Восприятие причинно-следственных отношений лежит в основе наших моделей мира. Эффективный анализ, исследование и моделирование любого рода подразумевают определение *причин* наблюдаемых явлений. Причинами называются базовые элементы, ответственные за возникновение и существование того или иного явления или ситуации. К примеру, успешное решение проблем основано на нахождении и проработке причины (или причин) отдельного симптома или ряда симптомов этой проблемы. Определив причину того или иного желаемого или проблемного состояния, вы определяете также точку приложения ваших усилий.

Например, если вы считаете, что причиной аллергии является внешний аллерген, вы стараетесь избегать этого аллергена. Полагая, что причиной аллергии является выброс гистамина, вы начинаете принимать антигистаминные препараты. Если же, на ваш взгляд, аллергия вызвана стрессом, вы постараетесь уменьшить этот стресс.

Наши убеждения относительно причин и следствий отражаются в языковом паттерне, в явной или скрытой форме описывающем причинно-следственные связи между двумя переживаниями или явлениями. Как и в случае с комплексными эквивалентами, на уровне глубинных структур подобные взаимосвязи могут быть точными или неточными. К примеру, из высказывания «Критика заставит его уважать правила» не ясно, как именно критическое замечание может *заставить* человека, о котором идет речь, развить в себе уважение к неким правилам. Подобная критика может так же легко вызывать противоположный эффект. В этом высказывании опущено слишком много потенциально значимых звеньев логической цепочки.

Разумеется, это не означает, что все утверждения о причинно-следственных отношениях необоснованны. Некоторые из них вполне обоснованны, но не завершены. Другие имеют смысл только при определенных условиях. Фактически утверждения о причинно-следственных отношениях представляют собой одну из форм неопределенных глаголов. Основная опасность заключается в том, что подобные утверждения чрезмерно упрощены и/или поверхностны. Но большинство явлений возникают в результате множества причин, а не одной-единственной, поскольку сложные системы (например, нервная система человека) состоят из множества двусторонних причинно-следственных связей.

Помимо того, элементы причинно-следственной цепочки могут обладать индивидуальной «дополнительной энергией». То есть каждый из них наделен собственным источником энергии, и его реакцию невозможно предугадать. За счет этого система становится намного сложнее, поскольку энергия не может распространяться по ней автоматически. Как указывал Грегори Бейтсон, если вы бьете по мячу, вы довольно точно можете определить заранее, куда он полетит, рассчитав угол удара, количество силы, приложенной к мячу, трение поверхности и т. д. Если же вы пинаете собаку — под тем же углом, с той же силой, на той же поверхности и т. д., — гораздо труднее угадать, чем закончится дело, поскольку собака обладает собственной «дополнительной энергией».

Нередко причины оказываются менее очевидными, более широкими и систематическими по своей природе, чем исследуемое явление или симптом. В частности, причина спада производства или прибыли может быть связана с конкуренцией, управленческими проблемами, вопросами лидерства, изменением маркетинговых стратегий, изменением технологии, каналами коммуникации или чем-то еще.

То же справедливо для множества наших убеждений относительно объективной реальности. Мы не можем видеть, слышать или ощущать взаимодействие молекулярных частиц, гравитационное или электромагнитное поле. Мы можем только воспринимать и измерять их проявления. Для объяснения подобных эффектов мы вводим понятие «гравитация». Такие понятия, как «гравитация», «электромагнитное поле», «атомы», «причинно-следственные отношения», «энергия», даже «время» и «пространство», во многом произвольно созданы нашим воображением (а не окружающим миром) для того, чтобы классифицировать и привести в порядок наш сенсорный опыт.

Альберт Эйнштейн писал:

Юм ясно видел, что некоторые понятия (например, причинность) не могут быть выведены из данных опыта логически... Все понятия, даже наиболее близкие к нашему опыту, с точки зрения логики являются произвольно выбранными условностями.

Смысл высказывания Эйнштейна заключается в том, что наши чувства в действительности не могут воспринять ничего похожего на «причины», они воспринимают лишь тот факт, что сначала произошло первое событие, а следом за ним — второе. К примеру, последовательность событий можно воспринимать так: *«человек рубит дерево топором»*, затем *«дерево падает»*, или *«женщина говорит что-то ребенку»*, затем *«ребенок начинает плакать»*, или *«происходит солнечное затмение, а на следующий день — землетрясение»*. По мысли Эйнштейна, мы можем сказать, что «человек стал причиной падения дерева», «женщина стала причиной того, что ребенок заплакал», «солнечное затмение стало причиной землетрясения». Однако воспринимаем мы только *последовательность* событий, но не *причину*, которая является произвольно выбранным внутренним конструктом, применяемым к воспринятой взаимосвязи. С тем же успехом можно сказать, что «причиной падения дерева стала сила гравитации», «причиной того, что ребенок заплакал, стали его обманутые ожидания» или «причиной землетрясения стали силы, действующие на земную поверхность изнутри», — в зависимости от выбранной системы координат.

По Эйнштейну, основополагающие законы этого мира, которые мы учитываем, действуя в нем, не поддаются наблюдению в рамках нашего опыта. Говоря словами Эйнштейна, *«теорию можно проверить опытом, но невозможно на основе опыта создать теорию»*.

Эта дилемма в равной степени относится к психологии, неврологии и, вероятно, любой другой области научного поиска. *Чем ближе мы оказываемся к настоящим первичным взаимосвязям и законам, определяющим наш опыт и управляющим им, тем дальше мы отходим от всего, что подлежит непосредственному восприятию.* Мы можем физически ощутить не фундаментальные законы и принципы, управляющие нашим поведением и нашим восприятием, а только их следствия. Если мозг попытается воспринять себя самое, единственным и неизбежным результатом окажутся белые пятна.

Типы причин

Древнегреческий философ Аристотель в работе «Вторая аналитика» выделил четыре основных типа причин, которые необходимо учитывать в любом исследовании и любом аналитическом процессе:
1) «предшествующие», «вынуждающие» или «побуждающие» причины;
2) «удерживающие» или «движущие» причины;
3) «конечные» причины;
4) «формальные» причины.

1. **Побуждающие причины** — это относящиеся к прошлому события, действия или решения, которые оказывают влияние на настоящее состояние системы через цепочку «действие—реакция» (рис. 24).

2. **Удерживающие причины** — это относящиеся к настоящему времени взаимосвязи, допущения и ограничивающие условия, которые поддерживают текущее состояние системы (вне зависимости от того, каким путем она пришла в это состояние) (рис. 25).

3. **Конечные причины** — это относящиеся к будущему задачи или цели, которые направляют и определяют текущее состояние системы, придают действиям значение, важность или смысл (рис. 26).

4. **Формальные причины** — это базовые определения и образы чего-либо, т. е. основные допущения и ментальные карты.

В поисках *побуждающих причин* мы рассматриваем проблему или ее решение как результат тех или иных событий и переживаний прошлого. Поиск *удерживающих причин* приводит к тому, что мы воспри-

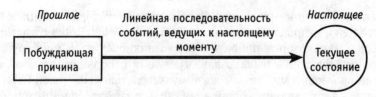

Рис. 24. Побуждающие причины

Рис. 25. Удерживающие причины

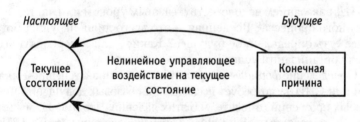

Рис. 26. Конечные причины

нимаем проблему или ее решение как продукт условий, соответствующих текущей ситуации. Размышляя о *конечных причинах*, мы воспринимаем проблему как результат мотивов и намерений вовлеченных в нее людей. В попытке найти *формальные причины* проблемы мы рассматриваем ее как функцию тех определений и допущений, которые применимы к данной ситуации.

Разумеется, любая из этих причин сама по себе не дает полного объяснения ситуации. В современной науке принято опираться в основном на *механические причины,* или предшествующие, побуждающие, по классификации Аристотеля. Рассматривая некоторое явление с научной точки зрения, мы склонны искать линейные причинно-следственные цепочки, которые привели к его возникновению. К примеру, мы говорим: «Вселенная была создана в результате "большого взрыва", который произошел миллиарды лет тому назад», или «Причиной СПИДа является вирус, проникающий в организм и поражающий иммунную систему», или «Эта организация преуспевает, потому что в какой-то момент предприняла определенные действия». Безусловно, эти объяснения чрезвычайно важны и полезны, однако не обязательно раскрывают все детали упомянутых явлений.

Установление *удерживающих причин* потребует ответа на вопрос: что сохраняет целостность структуры какого-либо явления вне зависимости от того, как оно возникло? Например, почему у многих ВИЧ-инфицированных нет никаких симптомов заболевания? Если Вселенная начала расширяться после «большого взрыва», то что определяет скорость, с которой она расширяется сейчас? Какие факторы могут остановить процесс ее расширения? Наличие или отсутствие каких факторов может привести к неожиданной потере прибыли или к полному развалу организации вне зависимости от истории ее создания?

Поиск *конечных причин* потребует исследования потенциальных задач или исходов тех или иных явлений. Например, является ли СПИД наказанием человечеству, важным уроком или частью эволюционного процесса? Вселенная — это всего лишь игрушка Бога или у нее есть определенное будущее? Какие цели и перспективы приносят организации успех?

Определение *формальных причин* для Вселенной, успешной организации или СПИДа потребует исследования базовых допущений и интуитивных прозрений относительно этих явлений. Что именно мы имеем в виду, когда говорим о «Вселенной», «успехе», «организации», «СПИДе»? Какие допущения мы делаем относительно их структуры и природы? (Подобные вопросы помогли Альберту Эйнштейну по-новому сформулировать наше восприятие времени, пространства и структуры Вселенной.)

Влияние формальных причин

Во многих отношениях язык, убеждения и модели мира выступают в роли «формальных причин» нашей реальности. Формальные причины связаны с базовыми определениями некоторых явлений или переживаний. Само по себе понятие причины является разновидностью «формальной причины».

Как видно из термина, формальные причины в большей степени ассоциированы с формой, чем с содержанием чего-либо. Формальной причиной явления является то, что дает определение его сущности. Можно сказать, что формальная причина человека, к примеру, есть глубинная структура взаимосвязей, закодированная в индивидуальной молекуле ДНК. Формальные причины тесно связаны с языком и ментальными картами, на основе которых мы создаем свои реальности, интерпретируя и обозначая ярлыками наш опыт.

Например, мы говорим «лошадь», имея в виду бронзовую статую животного с четырьмя ногами, копытами, гривой и хвостом, потому что этот объект обладает формой или формальными характеристиками, которые в нашем сознании ассоциируются со словом и понятием «лошадь». Мы говорим: «Из желудя вырос дуб», поскольку определяем нечто, наделенное стволом, ветками и листьями определенной формы, как «дуб». Таким образом, обращение к формальным причинам является одним из основных механизмов «Фокусов языка».

На самом деле формальные причины способны больше сказать о том, кто воспринимает явление, чем о самом явлении. Определение формальных причин требует раскрытия наших собственных базовых допущений и ментальных карт, связанных с предметом. Когда художник, подобно Пикассо, приделывает руль велосипеда к велосипедному седлу, чтобы получилась «голова быка», он обращается к формальным причинам, поскольку имеет дело с важнейшими элементами формы предмета.

Этот тип причин Аристотель называл «интуицией». Для того чтобы исследовать что-либо (например, «успех», «выравнивание» или «лидерство»), необходимо иметь представление о том, что это явление в принципе существует. Например, попытка определить «эффективного лидера» подразумевает интуитивную уверенность в соответствии таких людей определенному образцу.

В частности, поиск формальных причин проблемы или результата подразумевает исследование наших базовых определений, допущений и интуитивных представлений относительно этой проблемы или результата. Определение формальных причин «лидерства», или «успешной организации», или «выравнивания» требует исследования базовых допущений и интуитивных представлений относительно этих явлений. Что конкретно мы имеем в виду, говоря о «лидерстве», «успехе», «организации» или «выравнивании»? Какие предположения мы делаем относительно их структуры и сути?

Вот хороший пример влияния, которое оказывают формальные причины. Один исследователь, надеясь отыскать закономерность между применявшимися способами лечения, решил опросить людей, находящихся в состоянии ремиссии после терминальной стадии рака. Он заручился разрешением местных властей и отправился собирать данные в региональный центр медицинской статистики. Однако в ответ на просьбу найти в компьютере список людей, находящихся в ремиссии, сотрудница центра ответила, что не может предоставить ему эту информацию. Ученый объяснил, что имеет на руках все необходимые бумаги, но проблема оказалась не в этом. Оказывается, в компьютере не было категории «ремиссия». Тогда исследователь попросил выдать ему список всех больных, которым десять–двенадцать лет назад ставили диагноз «терминальная стадия рака», а также список тех, кто умер от рака за прошедший период. Затем он сравнил оба списка и выявил несколько сотен людей, которым ставился соответствующий диагноз, но сообщений об их смерти от рака не поступало. Исключив тех, кто переехал в другой регион или умер по другим причинам, исследователь наконец получил около двухсот фамилий людей, находящихся в состоянии ремиссии, но не попавших в статистику. Поскольку у этой группы не было «формальной причины», для компьютера они просто не существовали.

Нечто подобное случилось с другой группой исследователей, которых также интересовало явление ремиссии. Они опрашивали врачей, чтобы найти имена и истории болезни людей, находившихся в ремиссии после терминальной стадии заболевания. Однако врачи отрицали наличие таких пациентов. Сначала исследователи решили, что ремиссия встречается гораздо реже, чем они думали. Но в какой-то момент один из них решил изменить формулировку. На вопрос о том, были ли на их памяти случаи «чудесного исцеления», врачи отвечали не задумываясь: «Да, разумеется, и не один».

Иногда сложнее всего установить именно формальные причины, потому что они являются частью наших неосознанных допущений и посылок, подобных воде, которую не замечает плавающая в ней рыба.

«Фокусы языка» и структура убеждений

В целом комплексные эквиваленты и утверждения о причинно-следственных связях являются первичным строительным материалом для наших убеждений и систем убеждений. На их основе мы принимаем решение о дальнейших действиях. Утверждения типа «Если *X* = *Y*, следует делать *Z*» предполагают действие, основанное на понимании этой связи. В конечном итоге подобные структуры определяют, как именно мы используем и применяем наши знания.

Согласно принципам «Фокусов языка» и НЛП, для того чтобы глубинные структуры, например ценности (как более абстрактные и субъективные), могли вступить во взаимодействие с материальным окружением в форме конкретного поведения, они должны быть связаны с более специфическими когнитивными процессами и возможностями посредством убеждений. Каждая из выделенных Аристотелем причин должна быть задействована на каком-либо из уровней.

Таким образом, убеждения отвечают на следующие вопросы.

1. «Как именно вы определяете качество (или сущность), которое вы цените?», «С какими другими качествами, критериями и ценностями оно связано?» (Формальные причины.)
2. «Что является причиной или формирует это качество?» (Побуждающие причины.)
3. «К каким последствиям или результатам приведет эта ценность?», «На что она направлена?» (Конечные причины.)
4. «Как именно вы определяете, что данное поведение или переживание соответствует определенному критерию или ценности?», «Какие специфические формы поведения или переживания связаны с этим критерием или этой ценностью?» (Удерживающие причины.)

Например, человек определяет успех как «достижение» и «удовлетворенность». Этот человек может верить, что «успех» является следствием «приложения максимальных усилий», а также влечет за собой «безопасность» и «признание со стороны других». При этом человек определяет степень собственной успешности по «особенному ощущению в груди и желудке» (рис. 27).

Для того чтобы руководствоваться определенной ценностью, необходимо хотя бы наметить соответствующую ей систему убеждений. Например, чтобы в поведении реализовалась такая ценность, как «профессионализм», необходимо создать убеждения относительно того, что такое профессионализм («критерии» профессионализма), как вы узнаете, что он достигнут (критериальные соответствия), что приводит к формированию профессионализма и к чему он может привести. При выборе действий эти убеждения играют не менее важную роль, чем сами ценности.

К примеру, два человека разделяют общую ценность «безопасность». Однако один из них убежден, что безопасность означает «быть силь-

Рис. 27. Убеждения связывают ценности с различными аспектами нашего опыта

нее своих врагов». Другой же считает, что причиной безопасности является «понимание позитивных намерений тех, кто нам угрожает, и реагирование на эти намерения». Эти двое будут стремиться к безопасности совершенно разными путями. Может показаться даже, что их подходы противоречат друг другу. Первый будет добиваться безопасности, укрепляя свое могущество. Второй для этой же цели будет использовать процесс общения, занимаясь сбором информации и поиском возможных вариантов.

Очевидно, что убеждения человека относительно его базовых ценностей определяют как место, которое займут на его ментальной карте эти ценности, так и способы, которыми он будет заявлять о них. Успешное усвоение ценностей или создание новых ценностей требует работы с каждым из приведенных выше вопросов, касающихся убеждений. Для того чтобы люди внутри одной системы действовали в соответствии с базовыми ценностями, они должны до определенной степени разделять одни и те же убеждения и ценности.

Паттерны «Фокусов языка» можно рассматривать как вербальные операции, которые позволяют изменить или поместить в новый фрейм различные элементы и связи, из которых состоят комплексные эквиваленты и причинно-следственные отношения, формирующие убеждения и их формулировки. Во всех этих паттернах язык используется для того, чтобы соотнести и связать различные аспекты нашего опыта и «карт мира» с базовыми ценностями.

В модели «Фокусов языка» полная формулировка убеждения должна содержать как минимум один комплексный эквивалент или утверждение о причинно-следственной связи. Например, такое высказывание, как «Никому до меня нет дела» не является полной формулировкой убеждения. Это обобщение относится к ценности «забота», однако не раскрывает связанных с собой убеждений. Для того чтобы выявить *убеждения,* необходимо задать следующие вопросы: «*Как ты узнаёшь,* что никому до тебя нет дела?», «Что *заставляет* людей не заботиться о тебе?», «Каковы *последствия* того, что никому до тебя нет дела?» и «Что *значит* то, что людям нет до тебя дела?»

Подобные убеждения часто выявляются через «связующие» слова, такие как «потому что», «когда бы ни», «если», «после того как», «следовательно» и т. д. Например, «Людям нет до меня дела *потому, что...*», «Людям нет до меня дела, *если...*», «Людям нет до меня дела, *следовательно...*»

Ведь с точки зрения НЛП проблема заключается не столько в том, удается ли человеку найти «правильное» убеждение, связанное с причинно-следственными отношениями, сколько в том, каких практических результатов он способен достичь, действуя так, как если бы то или иное соответствие или причинно-следственная связь действительно существовали.

Проверка ценностей

Задача наших убеждений — руководить нами в тех областях, в которых мы не знаем реального положения вещей. Именно поэтому убеждения оказывают столь глубокое влияние на наше восприятие и прогнозирование будущего. Для того чтобы успешно добиваться результатов и действовать в соответствии со своими ценностями, нам необходима убежденность в том, что это возможно, даже если мы не уверены в том, что это случится.

Для выявления и определения ключевых убеждений, связанных с глубинными ценностями, используется проверка ценностей с помощью соединительных слов. В процессе этой проверки различные подсказки и ключевые слова помогают вам убедиться в том, что вы в полной мере исследовали вспомогательную систему убеждений, необходимую для того, чтобы воплотить свои ценности в жизнь.

Мы строим и укрепляем свои убеждения и ценности, опираясь на когнитивные карты, референтный опыт, отношения с людьми и доступные нам средства. Так создаются «основания» для убеждений. Чтобы поддержать наши собственные убеждения с учетом наших ценностей и целей или воздействовать на убеждения других, мы должны создать «веские основания» для того, чтобы верить в эти ценности или цели. Чем больше у нас найдется оснований верить во что-либо, тем более вероятно, что мы будем в это верить. Поэтому необходимо найти ответы на несколько важных вопросов со словом «почему».

1. Является ли эта цель желательной? Почему она желательна?
2. Возможно ли ее достичь? Почему это возможно?
3. Какого пути следует придерживаться для этого? Почему этот путь наиболее уместен?
4. Способен ли я (способны ли мы) на то, чтобы пройти этот путь? Почему я способен (мы способны) на это?
5. Заслуживаю ли я (заслуживаем ли мы) того, чтобы пройти этот путь и получить то, чего я хочу (мы хотим)? Почему я (мы) этого заслуживаю (заслуживаем)?

Согласно Аристотелю, ответив на эти вопросы, мы найдем основополагающие причины, связанные с различными аспектами проблемы. Другими словами, мы определим:

а) что *является причиной* желательности этой цели;
б) что *является причиной* возможности этой цели;
в) что *является причиной* уместности данного пути;
г) что *делает меня (нас)* способным на это;
д) что *делает меня (нас)* заслуживающим это.

С лингвистической точки зрения выделенные Аристотелем типы причин отражены в ключевых словах, известных как соединительные слова. Это слова или словосочетания, которые связывают одну идею с другой. Среди них:

потому что	если
в то время как	следовательно
подобно тому как	после того как

прежде чем   так как
когда   несмотря на

Соединительные слова

С помощью соединительных слов мы связываем одну идею с другой, а ценности — с опытом. Например, если бы мы заявили о ценности следующим образом «Обучение важно» и завершили высказывание словом «потому что», нам пришлось бы указать некую причину, которая позволила нам прийти к этому выводу, — допустим, «Обучение важно, потому что оно ведет к личностному росту и выживанию». В этом случае присутствует важная связка между обучением и следствием (или «конечной причиной»).

Разные соединительные слова могут служить средством исследования или «проверки» различных причин, связанных с той или иной ценностью или критерием. Один из простых способов — выбрать конкретную ценность и методично использовать одно соединительное слово за другим, чтобы определить все относящиеся к этой ценности подкрепляющие ассоциации или допущения.

Например, если человек хочет укрепить собственное убеждение относительно ценности «здоровье», можно начать процедуру с формулирования этой ценности: «Здоровье важно и желательно». Приняв это высказывание за константу, нужно использовать каждое из соединительных слов, чтобы исследовать все основания данной ценности.

В этом случае важно начинать каждое новое предложение с соединительного слова в сочетании со словом «я». Это гарантирует включение человека в переживание и поможет избежать «рационалистических объяснений». Таким образом, новые высказывания будут создаваться на основе следующей модели:

Здоровье важно и желательно,
потому что я _____

_____

Здоровье важно и желательно,
следовательно, я _____

_____

Здоровье важно и желательно,
когда я _____

_____

Здоровье важно и желательно,
так как я _____

_____

Здоровье важно и желательно,
*несмотря на то, что я _____

_____

Здоровье важно и желательно,
если я _____

_____

Здоровье важно и желательно,
подобно тому как я _____

Пример возможного завершения этих предложений:

• Здоровье важно и желательно, *потому что я* нуждаюсь в силе и энергии для творчества и выживания.

Здоровье важно и желательно, *следовательно, я* начинаю заботиться о себе.

Здоровье важно и желательно, *когда я* хочу достойно встретить свое будущее.

Здоровье важно и желательно, *так как я* смогу наслаждаться жизнью сам и служить примером для других.

Здоровье важно и желательно, *если я* хочу стать счастливым и во всем достигать успеха.

Здоровье важно и желательно, **несмотря на то, что я* ставлю перед собой и другие цели и имею другие обязательства.

Здоровье важно и желательно, *подобно тому как я* нуждаюсь в ресурсах, необходимых для воплощения моих мечтаний.

После того как вы впишите новые утверждения, любопытно прочитать каждое из них, опуская слова-подсказки — за исключением «несмотря на». (Этот предлог необходимо сохранить, иначе все предложение окажется негативным.) Ряд ответов превратится в удивительно связное и осмысленное перечисление доводов в пользу выбранной вами ценности:

- Здоровье важно и желательно. Я нуждаюсь в силе и энергии, чтобы творить и выживать. Я начинаю заботиться о себе. Я хотел бы достойно встретить свое будущее. Я смогу наслаждаться жизнью сам и служить примером для других. Я хочу стать счастливым и во всем достигать успеха. *Несмотря на то, что* я ставлю перед собой и другие цели и имею другие обязательства, я нуждаюсь в ресурсах, необходимых для воплощения моих мечтаний.

Как видите, с помощью этой процедуры можно создать связный ряд идей и утверждений, которые помогут укрепить убежденность в ценности здоровья. В этом абзаце определены элементы пути выражения данной ценности, формулируются мотивы и даже вероятные возражения. Поскольку такая группа высказываний определяет множество оснований (или причин) и облекает их в слова, она становится мощным запасом позитивных утверждений и представляет собой исчерпывающее объяснение тому, что человек защищает данную ценность. Кроме того, это богатый источник идей, позволяющих бороться с сомнениями.

Задание

Попробуйте использовать этот прием по отношению к какой-нибудь из ваших ценностей. Вам потребуется заполнить бланк для проверки ценностей согласно следующим пунктам.

1. Определите базовую ценность, которую вам необходимо создать или укрепить. Запишите формулировку этой ценности после слова «ценность».

2. В каждом следующем пункте прочитайте формулировку собственной ценности, добавьте очередное слово-подсказку и завершите предложение первым, что придет вам в голову.

3. По окончании прочитайте ответы подряд и отметьте для себя, что изменилось или усилилось.

Бланк для проверки ценностей

Ценность: _____

_____важна и желательна,

(*Что представляет собой глубинная ценность, которую вам важно установить или укрепить?*)

потому что я _____

_____

(*Почему для вас желательно и уместно иметь это как ценность?*)

следовательно, я _____
_____

(Каковы поведенческие последствия того, что вы придерживаетесь этой ценности?)

когда я _____

(Что представляет собой ключевая ситуация или условие, связанные с этой ценностью?)

так как я _____
_____

(Какова позитивная задача этой ценности?)

*несмотря на то, что я _____
_____

(Какие альтернативы или ограничения связаны с этой ценностью?)

если я _____
_____

(Какие ограничения или результаты связаны с этой ценностью?)

подобно тому как я _____
_____

(Какова сходная ценность, которой вы уже обладаете?)

После заполнения бланка прочитайте каждое из новых утверждений, опуская слова-подсказки и начиная со слова «я» (за исключением «несмотря на то, что» — это словосочетание необходимо сохранить, чтобы предложение не стало негативным).

Проверка убеждений

Прием проверки с помощью соединительных слов можно использовать и для укрепления наших убеждений, создавая «убеждения относительно убеждений». Они могут служить дополнительными оправданиями и придавать уверенность в том или ином убеждении.

Допустим, некто сомневается в том, что заслуживает здоровья и привлекательности. Проверка убеждений в данном случае будет заключаться в повторении необходимого убеждения с добавлением к нему различных соединительных слов. Заполнение пробелов после соединительных слов создаст связки между этим убеждением и другими убеждениями и переживаниями, позволив тем самым поместить возможные противоречия в новый фрейм.

Попробуйте проделать следующую процедуру.

Задание

Процедура проверки убеждений

1. Определите убеждение, которое необходимо вам для достижения желаемого результата, но в котором вы сомневаетесь (обратитесь к бланку для оценивания убеждений в главе 5. Запишите формулировку этого убеждения в пункте «Убеждение».

2. Для каждого из слов-подсказок повторите формулировку своего убеждения. Затем добавьте очередное слово-подсказку и завершите предложение первым, что придет вам в голову.

3. По окончании процедуры прочитайте подряд все ответы и отметьте, что изменилось и что усилилось.

Убеждение: _____

потому что я/вы _____

(Почему достижение этого результата желанно (возможно, уместно)? Почему вы на это способны, заслуживаете этого, отвечаете за это?)

следовательно, я/вы _____

(Каковы последствия или требования этого убеждения?)

после того как я/вы _____

(Что должно произойти, чтобы укрепить это убеждение?)

в то время как я/вы _____

(Что происходит одновременно с этим убеждением?)

когда я/вы _____

(Какое важное условие сопутствует этому убеждению?)

так как я/вы _____

_____

(Каково намерение этого убеждения?)

если я _____

_____

(Какие ограничения или результаты связаны с этим убеждением?)

*несмотря на то, что я/вы _____

_____

(Какие альтернативы или ограничения соответствуют этому убеждению?)

подобно тому как я/вы _____

_____

(Какое сходное убеждение вы уже разделяете?)

Применив этот прием к одному из ваших убеждений, вы обнаружите, что некоторые подсказки дополнять легче, чем другие, или что для удобства следует изменить порядок подсказок. Разумеется, вы можете заполнять бланк в любом порядке, который покажется вам более естественным и удобным, можете даже не завершать некоторые предложения. Тем не менее не исключено, что те подсказки, которые кажутся наиболее трудными, дадут наиболее удивительные и неожиданные результаты.

Проверка убеждений с другой точки зрения

Иногда бывает сложно или непродуктивно оценивать убеждения с вашей собственной точки зрения. На самом деле сомнения нередко возникают как раз из-за того, что мы застреваем на нашей точке зрения и не видим других вариантов.

Есть и другой способ провести ревизию убеждений — сделать это с точки зрения другого человека, или «ментора». Этот прием может открыть для вас новое «перцептивное поле» и помочь избавиться от неосознанных препятствий для творческого мышления, а также от неосознанных или необязательных допущений.

Этот вид проверки убеждений можно проводить, идентифицируя себя с другим человеком, реальным или гипотетическим, который был бы абсолютно уверен в том убеждении, относительно которого сомневаетесь вы. Таким образом вы или ваш партнер можете «влезть в шкуру» этого человека и «разыграть» его реакции на различные подсказки. Для того чтобы облегчить процедуру, следует в своих ответах изначально использовать слово «вы», а не «я».

Чтобы проверить, как воздействует изменение точки зрения на вашу уверенность, повторите получившиеся ответы, заменяя «вы» на «я». Хорошо, если другой человек предварительно прочитает вам эти ответы, чтобы вы смогли осознать смысл высказываний с обеих точек зрения.

Например, если в результате «ролевой игры» получилось высказывание «Вы заслуживаете того, чтобы быть здоровым и красивым, потому что вы — бесценное творение природы», вам нужно повторить то же самое от первого лица. То есть: «Я заслуживаю того, чтобы быть здоровым и красивым, потому что я — бесценное творение природы».

Использование противоположных примеров для переоценки ограничивающих убеждений

В проверках ценностей и убеждений применяются принципы НЛП и «Фокусов языка», позволяющие нам *легче поверить* в наши цели, ценности, возможности и в самих себя. Эти приемы просты, но действенны и помогают в создании убеждений, наделяющих нас новыми силами.

Так или иначе, неизбежно случаются ситуации, в которых мы испытываем противодействие ограничивающих убеждений. В эти моменты важно также обладать средствами, благодаря которым мы окажемся *готовыми усомниться* в ограничивающих нас обобщениях или суждениях. В число методов смягчения и рефрейминга ограничивающих убеждений входят такие приемы, как поиск намерения, «разделение», «объединение», поиск аналогий и определение критериев высшего уровня. Еще одна весьма действенная модель работы со структурой убеждений заключается в том, чтобы найти противоположные примеры для имеющихся убеждений.

Противоположным примером называется пример (переживание или информация), не вписывающийся в то или иное обобщение относительно окружающего мира. По своей сути противоположные примеры являются исключениями из правил. Например, заявление «Все масаи воруют коров» является обобщением, касающимся группы людей. Для того чтобы подвергнуть сомнению эту репрезентацию, необходимо найти пример, который не будет соответствовать этому обобщению, например случай, когда представитель племени масаи вернул бы кому-то пропавшую корову.

Подбор противоположных примеров является простым, но действенным способом оценить либо подвергнуть сомнению потенциально ограничивающие убеждения, а также расширить понимание других убеждений. Противоположные примеры не обязательно опровергают формулировку убеждения, но ставят под вопрос ее «универсальность» и нередко позволяют взглянуть на нее в новом свете. (В частности, в главе 4 мы использовали противоположные примеры для определения иерархии критериев.) Как уже упоминалось ранее, убеждения и критические замечания становятся ограничивающими, когда приобретают форму «универсальных суждений», для которых характерны такие слова, как «все», «каждый», «всегда», «никогда», «никто», «ничто» и т. д. Есть разница между фразами «Я не могу добиться успеха, потому что мне не хватает опыта» и «Я *никогда* не добьюсь успеха, потому что мне не хватает опыта». Точно так же различаются подтексты и ожидания, связанные с утверждениями «Я болен, потому что у меня рак» и «Я *всегда* буду болен, потому что у меня рак». Нередко влияние на наши ожидания и мотивы убеждений, выраженных в форме «универсальных суждений», оказывается более существенным.

Разумеется, нам не удастся найти противоположные примеры для действительно универсального суждения. Согласно «Фокусам языка», определение противоположного примера подразумевает поиск такого примера, который не вписывается в рамки причинно-следственных отношений или комплексного эквивалента, являющихся основой убеждения или целой системы убеждений, а также изменяет и обогащает понимание исходного обобщения или суждения. Таким образом, если человек утверждает, что «Все наемные служащие недоверчиво относятся к своим начальникам», нам следует поискать прецеденты доверия к начальнику со стороны служащих. Кроме того, следует выяснить, существуют ли начальники, к которым не испытывают доверия другие люди, не состоящие у них на службе.

Кстати, если удается отыскать противоположный пример, это не значит, что исходное утверждение «неверно». Как правило, это свидетельствует о том, что исследуемые система или явление имеют гораздо более сложную природу, чем нам казалось сначала, или что наиболее значимые элементы данного явления еще не обнаружены. Следовательно, появляется потенциальная возможность взглянуть на это явление другими глазами и увидеть новые перспективы.

Как мы уже установили, убеждения формулируются, как правило, в одной из двух форм:

А означает Б (комплексный эквивалент): *Если вы хмурите брови, значит, вы несчастливы.*

или

В является причиной Г (причинно-следственная связь): *Аллергены вызывают аллергию.*

Для того чтобы найти **противоположные примеры**, необходимо сначала спросить:

Бывают ли случаи, когда А не сопровождается Б?
Бывает ли так, чтобы человек хмурился и при этом был счастлив?

или

Бывают ли случаи, когда наличествует В, но оно не вызывает Г?
Можно ли оказаться рядом с аллергеном и не испытать аллергической реакции?

Также можно переставить местами элементы высказывания и спросить:

Может ли Б случиться без А?
Может ли человек быть несчастным, но не хмурить брови?

или

Существует ли такое Г, причиной которого не является В?
Может ли человек испытывать аллергию при отсутствии аллергена?

Подбор противоположных примеров часто приводит к более глубокому пониманию рассматриваемого явления и помогает дополнить нашу «карту территории». Нередко на поверхностном уровне утверждение-обобщение кажется верным (например, взаимосвязь хмурого вида и отсутствия счастья или аллергена и аллергии), но связанные с ним более глубокие процессы в действительности оказываются гораздо сложнее.

Следует иметь в виду, что, поскольку убеждения связаны с глубинными нервными процессами, изменение убеждений с помощью противоположного примера может дать немедленные и впечатляющие результаты. К примеру, поиск противоположных примеров лежит в основе разработанной в НЛП методики борьбы с аллергией (она включает в себя поиск вещества, максимального сходного с аллергеном, но не вызывающего аллергических реакций).

Вербальные фреймы для выявления ограничивающих убеждений _____

Если вы хотите попрактиковаться в нахождении противоположных примеров для ограничивающих убеждений, вам потребуются примеры таких убеждений. Для их создания можно воспользоваться вербальными подсказками, сходными с теми, которые применялись при проверках ценностей и убеждений.

Как и в случае с другими убеждениями и их формулировками, ограничивающие убеждения обычно принимают форму «причинно-следственных» высказываний или комплексных эквивалентов. То есть мы верим, что нечто является *результатом* или *следствием* чего-то другого или что нечто является *основанием* для чего-то другого или *означает* это другое. Приведенные ниже подсказки задействуют эти вербальные формы с целью исследовать и выявить группы ограничивающих убеждений, связанных с чувствами безнадежности, беспомощности и никчемности.

Задание

Впишите в пустые строки утверждения, касающиеся какой-либо ситуации или сферы вашей жизни, в которой вы чувствуете, что «зашли в тупик». Это поможет вам раскрыть важные ограничивающие убеждения, с которыми в дальнейшем можно будет работать с помощью паттернов «Фокусов языка».

Если я получу то, чего хочу, то _____

_____

(*Что вы можете потерять или что может пойти не так, если вы получите то, чего хотите?*)

Получить то, чего я хочу, будет означать для меня _____

_____

(*Что плохого для вас или других людей в том, что вы получите то, чего хотите?*)

Из-за того, что _____

_____все остается по-прежнему.

(*Что мешает ситуации измениться?*)

Если я получу то, чего хочу, то _____

_____

(*Какие проблемы может вызвать то, что вы добьетесь того, чего хотите?*)

Ситуация никогда не изменится, потому что _____

_____

(Какие ограничения или препятствия удерживают ситуацию в нынешнем состоянии?)

Я не могу получить то, чего хочу, потому что _____

_____

(Что мешает вам получить то, чего вы хотите?)

Невозможно получить то, чего я хочу, потому что _____

_____

(Что делает для вас невозможным получить то, чего вы хотите?)

Я не способен получить то, чего хочу, поскольку _____

_____

(Какой личностный недостаток мешает вам получить желаемый результат?)

Лучше уже не будет, потому что _____

_____

(Что будет всегда мешать вам добиться успеха?)

Я всегда буду ощущать наличие этой проблемы, потому что _____

_____

(Какой неизменный фактор мешает вам достичь результата?)

Неправильно хотеть измениться, потому что _____

_____

(Что делает ваше желание измениться неправильным или неуместным?)

Я не заслуживаю того, чтобы получить желаемое, потому что _____

_____

(Что вы такого сделали или не сделали, из-за чего вы недостойны того, чтобы получить желаемое?)

Создание противоположных примеров _____

Задание

Выберите убеждение (комплексный эквивалент или причинно-следственную связь), с которым вам хотелось бы поработать, и запишите его в местах пропусков.

(А) _____

потому что (Б) _____

Например, (А) я не способен научиться работать на компьютере, **потому что** (Б) я не обладаю техническим складом ума.

Для того чтобы определить противоположные примеры, нам потребуется (1) найти случаи, в которых присутствовало бы **А, но не Б**, т. е. когда люди без технического склада ума успешно овладевали навыками работы на компьютере.

Кроме того, можно установить противоположные примеры через (2) поиск случаев, в которых присутствовало бы **Б, но не А**, т. е. когда технически ориентированные люди не смогли обучиться работе на компьютере.

Вот пара других примеров.

Я никогда не добьюсь успехов в учебе, **потому что** я не способен к обучению.

1. Бывали ли случаи, когда люди не добивались успехов в учебе, несмотря на то что у них были способности к обучению? (То есть люди не воспользовались тем преимуществом, которое у них было.)

2. Бывали ли случаи, когда люди, не способные к обучению (например, Альберт Эйнштейн), все-таки достигали успеха в науке?

Я не заслуживаю того, чтобы добиться желаемого, **потому что** приложил к этому слишком мало усилий.

1. Можете ли вы привести пример человека, который не заслуживал того, к чему стремился, даже если приложил к этому массу усилий? (Например, воры или наемные убийцы, потратившие массу сил на свои преступления.)

2. Можете ли вы привести пример человека, который не затратил никаких усилий (например, новорожденный ребенок) и все же заслуживал того, чего хотел?

Можете попробовать найти противоположные примеры в вашем личном опыте или в том, что было достигнуто другими. Действия и достижения других людей обычно дают нам представление о том, что нечто в принципе возможно или желательно. Противоположные примеры, которые можно обнаружить в нашем повседневном опыте, убеждают нас в том, что мы обладаем необходимыми способностями и заслуживаем желаемого результата.

Как правило, если нам удается найти хотя бы одного человека, которому удалось совершить нечто невозможное, это уже дает основу для надежды и «ожидания результата», укрепляя нашу уверенность в том, что желаемая цель в принципе достижима. Если пример этому находится в нашем собственном жизненном опыте, это еще один шаг вперед, укрепляющий нашу уверенность не только в возможности чего-либо, но и в том, что мы уже до некоторой степени способны достичь этого, т. е. укрепляется наше «ожидание самоэффективности».

Если удалось найти значимый противоположный пример, его следует представить человеку, борющемуся с ограничивающим убеждением. Помните, что цель поиска противоположных примеров, как и «Фокусов языка» в целом, заключается не в том, чтобы порицать или унижать человека за ограничивающие убеждения, а в том, чтобы помочь ему расширить и обогатить свою «карту мира», а также переключить восприятие с фрейма проблемы или ошибки на фрейм результата или обратной связи.

К примеру, если ребенок говорит, что «никогда не научится кататься на велосипеде, потому что все время падает с него», реакция родителей может быть следующей: «Ты же совсем недавно продержался на нем целых 10 футов! А значит, ты не все время падаешь с него. Продолжай тренироваться, и научишься держать равновесие еще дольше». Этот противоположный пример получен путем «разделения» переживания ребенка и сужения фрейма его восприятия до моментов успеха. Поскольку источником для примера послужило поведение ребенка, можно ожидать, что таким образом мы укрепим его уверенность в собственных силах. Ребенок будет готов поверить в то, что действительно способен удержаться на велосипеде.

Реплика со стороны родителей может быть и такой: «Помнишь, как твой брат все время падал, когда учился кататься на велосипеде? А теперь он ездит легко и с удовольствием. Для того чтобы научиться, сначала приходится падать». В этом случае противоположный пример создан путем «объединения», расширения фрейма с указанием на достижения других. Таким способом можно укрепить уверенность ребенка (или «ожидание результата») относительно того, что можно научиться кататься на велосипеде, даже если ты все время падаешь с него. Ребенок будет готов усомниться в том, что падение в конечном итоге означает неспособность научиться.

Оба противоположных примера помогают переместить ограничивающее обобщение «Я никогда не научусь кататься на велосипеде, потому что все время падаю с него» из фрейма ошибки во фрейм обратной связи.

7.

ВНУТРЕННИЕ СОСТОЯНИЯ И ЕСТЕСТВЕННЫЙ ПРОЦЕСС ИЗМЕНЕНИЯ УБЕЖДЕНИЙ

Изменение убеждений естественным путем

Задача всех паттернов «Фокусов языка», которые мы рассматривали до сих пор, — сделать нас более восприимчивыми к вере в собственные цели, ценности, возможности и в самих себя. Они также могут помочь провести рефрейминг негативных обобщений, подвергнуть сомнению ограничивающие оценочные суждения и высказывания. Паттерны «Фокусов языка» представляют собой простые, но эффективные вербальные структуры, которые помогают нам создавать новые, расширяющие наши возможности убеждения и изменять убеждения, ограничивающие нас. Они являются действенными инструментами изменения убеждений в общении.

Людям свойственно думать, что процесс изменения убеждений — дело сложное и трудоемкое, сопровождающееся конфликтами и борьбой. Тем не менее факт остается фактом: на протяжении жизни каждый из нас самым естественным и спонтанным образом создает и отметает за ненадобностью сотни, если не тысячи убеждений. Вероятно, трудность заключается в том, что при попытке сознательно изменить свои убеждения мы их подавляем, не одобряем, критикуем, тем самым нарушая естественный цикл изменения убеждений. В то же время, если принять во внимание этот цикл и подстроиться под него, процесс изменения убеждений может пройти на удивление легко и просто.

Я потратил немало времени на изучение и моделирование естественного процесса изменения убеждений. В течение последних двадцати лет я работал с множеством людей, как индивидуально, так и на семинарах, и был свидетелем порой невероятных последствий того, как люди избавлялись от прежних, ограничивающих убеждений и приобретали новые, расширяющие их возможности. Этот переход нередко оказывается одновременно стремительным и плавным.

Видел я и как мои дети (на момент написания этой книги одному из них исполнилось 8, другому — 10 лет) за свою недолгую жизнь изменили множество потенциально ограничивающих убеждений и создали множество обогащающих. Вероятно, важнее всего то, что они сделали это, не прибегая к помощи психотерапии или лекарственных средств (несмотря на то, что паттерны «Фокусов языка» и помощь ментора нередко оказываются весьма полезными). Ограничивавшие их убеждения касались самых разнообразных предметов и занятий. В числе этих убеждений были следующие:

«Я никогда не научусь кататься на велосипеде».

«Я ничего не понимаю в математике».

«Я не переживу этой боли».

«Мне слишком трудно научиться кататься на лыжах».

«Учиться играть на пианино (или разучивать эту песенку) слишком скучно и неинтересно».

«Я плохо играю в бейсбол».

«Я не могу научиться раскачиваться на качелях».

В определенные моменты жизни мои дети действительно говорили все это. Они настолько верили в собственные слова, что почти теряли надежду на успех. В крайних случаях подобные убеждения приводят к тому, что человек может опустить руки и никогда больше не браться за какое-либо занятие или уже не получать от него удовольствия.

Однако моим детям удалось изменить свои убеждения с помощью естественного циклического процесса, в ходе которого они становились *готовыми усомниться* в ограничивающем убеждении и *поверить* в собственный успех. На основе этого процесса я сформулировал то, что получило название «*цикл изменения убеждений*» (*Strategies of Genius, Volume III*, 1995).

Цикл изменения убеждений

Естественный цикл изменения убеждений можно сравнить со сменой времен года. Новое убеждение подобно семечку, посаженному весной.

К лету выросшее из него растение набирает силу, крепнет и укореняется. В процессе своего развития ему иногда приходится бороться за существование с другими растениями или сорняками, которые росли в саду и до него. Для этого новому растению может потребоваться помощь садовника, который защитит его от сорняков или удобрит почву.

Подобно растениям осенью, рано или поздно убеждение выполняет свою функцию и начинает стареть и увядать. Однако «плоды» убеждения (его позитивные намерения и цели) «пожинаются», отделенные от всего ненужного. В итоге зимой отжившие свое убеждения исчезают, чтобы дать возможность начаться новому циклу.

Готовясь к различным этапам своей жизни или карьеры, мы снова и снова повторяем этот цикл, начиная с 1) *«желания поверить»* в то, что мы способны успешно и искусно справиться с новой ситуацией. Вступив в новый этап и получив необходимые для его преодоления уроки, мы 2) *«готовы поверить»* в то, что способны достичь успеха. Подтверждение способностей 3) укрепляет наше *«убеждение»* в том, что мы удачливы, находчивы и делаем именно то, что нам нужно.

Иногда новое убеждение вступает в конфликт с уже существующими ограничивающими убеждениями, противоречащими какому-либо новому обобщению или суждению. Нередко в роли мешающих убеждений выступают обобщения, которые в прошлом служили нам опорой или защитой, поскольку определяли казавшиеся тогда необходимыми для выживания или безопасности ограничения и приоритеты. В результате осознания того, что тот период в жизни или в работе остался позади, у нас возникает 4) *«готовность усомниться»* в том, что связанные с ним ограничения и принятые решения все еще важны, приоритетны и справедливы.

Став способными двигаться вперед, к новому этапу жизни или работы, мы можем оглянуться и увидеть, что то, что казалось важным и истинным, более таковым не является и в значимость тех или иных вещей 5) мы *«верили прежде»*. Можно сохранить полезные на нынешнем этапе убеждения и способности, но следует отдавать себе отчет в том, что наши ценности, приоритеты и убеждения уже изменились.

Стоит только задуматься над теми изменениями, через которые каждому из нас довелось пройти в детстве, отрочестве и на разных этапах «взрослой жизни», и вы найдете множество примеров подобного цикла. Начиная и заканчивая отношения с людьми, работу, дружеские отношения, партнерство и т. д., мы создаем новые убеждения и ценности и освобождаемся от них, едва ступив на новый отрезок жизненного пути.

Рассмотрим основные стадии этого цикла.

1. Желание поверить

«Желание поверить» связано с нашими ожиданиями и мотивами, касающимися нового убеждения. Когда мы «хотим поверить» во что-либо, обычно это происходит, так как нам кажется, что новое убеждение приведет к позитивным последствиям в нашей жизни. «Желание поверить» во что-либо подразумевает также признание того, что мы в это еще не верим. Новое убеждение должно быть еще соотнесено со стратегией реальности или критериальными соответствиями, необходимыми для того, чтобы знать, что мы в полной мере интегрированы в имеющуюся у нас модель мира.

2. Формирование готовности к принятию убеждения

Формирование готовности к принятию убеждения — захватывающий и продуктивный процесс, как правило, сопровождающийся чувством свободы и исследовательского азарта. Когда мы «готовы поверить», мы еще не полностью уверены в справедливости нового убеждения. Скорее мы собираем и оцениваем свидетельства, которые могли бы его подкрепить. Готовность к принятию убеждения подразумевает полное принятие фреймов результата, обратной связи и фрейма «как если бы». Мы знаем, что еще ни в чем не убеждены, но рассуждаем следующим образом: «Может быть, это возможно», «Это может произойти», «Какой стала бы моя жизнь, если бы я принял это новое убеждение?», «Что мне необходимо услышать, увидеть или почувствовать, чтобы убедиться в ценности и полезности нового убеждения?»

3. Имеющееся убеждение

Обобщения, в которые мы верим в данный момент, составляют актуальную для нас систему убеждений. Во что бы мы ни верили (позитивно или негативно, расширяя или ограничивая свои возможности), мы полностью доверяем этому убеждению как текущей «реальности» и совершаем поступки так, «как если бы» это убеждение соответствовало истине. Именно в этот момент убеждение приобретает свойства «самоосуществления», связанные с верой во что-либо (как в случае с «эффектом плацебо»). Когда мы верим во что-то, в нашем сознании не возникает ни вопросов, ни сомнений.

Нередко при первой попытке принять новое убеждение возникает конфликт между новым и уже существующими убеждениями. Ребенок, который хочет поверить в то, что может научиться кататься на велосипеде, вынужден бороться с прежними обобщениями, к которым привел опыт неоднократного падения с велосипеда. Точно так же ребенок, который хочет поверить в то, что самостоятельно переходить улицу для него безопасно, должен сначала избавиться от убеждения, когда-то навязанного ему родителями: «Нельзя переходить улицу одному, без помощи взрослого».

Конфликт убеждений — нередкое явление для тех случаев, когда мы всерьез собираемся поверить во что-то новое. Таким образом, попытка полностью принять новое убеждение может привести к конфликтам и сопротивлению со стороны имеющейся системы убеждений.

4. Формирование готовности к сомнению

Для переоценки существующих убеждений и освобождения от тех из них, которые мешают принятию нового убеждения, необходимо быть «готовым усомниться» в существующем убеждении. Это переживание является составной частью готовности к принятию убеждения. Когда мы готовы к сомнению, мы думаем уже не об истинности нового убеждения, а о том, что какое-либо из давних убеждений могло уже утратить свою ценность. Мы рассуждаем следующим образом: «Может быть, это убеждение неверно или перестало быть верным», «Вероятно, уже не так важно или необходимо верить в это», «Мне и прежде доводилось менять свои убеждения», «Какие противоположные примеры могут заставить меня усомниться в старом убеждении?», «Если посмотреть на все это со стороны, какие новые возможности мне откроются?», «С какой позитивной целью было связано это убеждение? Есть ли другие способы добиться того же самого, которые в меньшей степени ограничивали бы мои возможности?»

Готовность к сомнению, как правило, подразумевает рефрейминг убеждений, сформулированных в терминах фрейма проблемы или ошибки, и заключение их во фреймы результата или обратной связи. Действенными вербальными средствами, позволяющими заключать в новые фреймы и подвергать сомнению конфликтующие убеждения, являются паттерны «Фокусов языка».

5. «Музей личной истории» — воспоминания о том, во что мы верили прежде

Когда мы перестаем во что-либо верить, это не означает, что у нас внезапно развивается амнезия и мы забываем, что обладали данным убеждением. Гораздо чаще происходит резкое изменение эмоционального и психологического подтекста этого убеждения. Мы помним, что верили в него прежде, но осознаем, что сегодня это убеждение не оказывает никакого значимого влияния на наши мысли или поведение — оно более не соответствует нашим критериям реальности.

По-настоящему изменив убеждение, мы больше не нуждаемся в дополнительных усилиях, чтобы отрицать или подавлять его. Наше отношение к нему напоминает скорее отношение к экспонатам исторического музея. Средневековое оружие и орудия пытки в стеклянной витрине не вызывают в нас страха, гнева или отвращения. Мы смотрим на них задумчиво и с любопытством, зная, что когда-то эти предметы служили людям, но с тех пор прошло немало лет. На самом деле важно помнить ошибки и ограничивающие убеждения наших предков, чтобы не повторять их.

Подобное происходит и с убеждениями, утратившими ценность. Мы знаем, что когда-то верили в них, но теперь уже не верим. Классическим примером является вера в Санта-Клауса. Большинство взрослых (в тех странах, где отмечается Рождество) помнят, что в детстве верили в то, что Санта-Клаус живет на Северном полюсе и в сочельник мчится по небу на волшебных санях, чтобы раздать подарки детям всего мира. Если человек перестает верить в Санта-Клауса, это не значит, что он начинает гневно и неистово отрицать существование этого персонажа. Гораздо чаще мы ностальгически вспоминаем о том, какую сказочную радость приносило это убеждение.

Точно так же вспоминаем мы и другие былые убеждения, думая при этом: «Когда-то я верил в то, что не смогу научиться кататься на велосипеде (самостоятельно переходить улицу, начать вести здоровый образ жизни, заслужить успеха и т. д.). Но сегодня это убеждение перестало быть частью моей реальности. Я знаю другие способы, с помощью которых можно удовлетворить позитивное намерение и задачи прежнего убеждения».

6. Вера

Вера по многим причинам является краеугольным камнем естественного процесса изменения убеждений. Словарь Уэбстера определяет *веру* как «гарантированную возможность положиться на характер, способность, силу или истинность чего-либо или кого-либо». Таким образом, вера характеризуется уверенностью или убежденностью в том, что касается «будущего и обстоятельств». Например, можно доверять человеку, ожидая, что он «сдержит данное слово», или верить, что «дела пойдут на лад».

С эмоциональной точки зрения вера связана с надеждой. *Надежда* представляет собой функцию убежденности в том, что нечто возможно. Человек, надеющийся на то, что ему удастся выздороветь после тяжелой болезни, должен быть убежден в том, что подобное выздоровление возможно в принципе. Однако чувство веры нередко оказывается сильнее надежды. Оно связано скорее с ожиданием некого события, чем с убежденностью в том, что это событие может произойти.

По сути дела, вера — это то самое, на что нам приходится опираться при отсутствии объективных доказательств. В этом смысле понятие веры шире понятия убеждения и распространяется на уровень идентичности или даже духовного опыта. В естественном цикле изменения убеждений под верой понимается состояние, позволяющее нам выйти за рамки собственных убеждений и сформировать новые.

Опыт веры во что-либо, лежащее за рамками наших убеждений, или веры в систему, более обширную, чем сам человек, может сделать процесс изменения убеждений более плавным, безболезненным и «экологичным».

При надлежащем использовании паттерны «Фокусов языка» служат вербальными инструментами, которые позволяют нам соблюсти естественный цикл изменения убеждений, подготовиться к восприятию новых убеждений, расширяющих наши возможности, и подвергнуть сомнению ограничивающие убеждения и обобщения.

Изменение убеждений и внутренние состояния

Стадии естественного изменения убеждений являются иллюстрацией того, как наше внутреннее состояние оказывает существенное влияние на этот процесс. Внутренние состояния во многом являются «вместилищами» наших убеждений. Гораздо труднее придерживаться негативных и ограничивающих убеждений, если человек находится в позитивном, оптимистическом состоянии. Напротив, очень сложно сохранять конгруэнтность относительно позитивных убеждений, когда наше внутреннее состояние характеризуется разочарованием, расстройством или страхом.

Внутреннее состояние человека связано с психологическим и эмоциональным опытом, имеющимся у человека в данный момент. Внутренние состояния в значительной степени определяют наш выбор поведения и реакции. Эти состояния функционируют одновременно как своего рода фильтр восприятия и ворота для тех или иных воспоминаний, способностей и убеждений. Таким образом, состояние человека оказывает огромное влияние на его актуальное «видение мира».

У жителей Новой Гвинеи есть старая пословица: знание — не больше чем слухи, пока оно не окажется у нас в крови. Так и убеждение (позитивное или негативное) является всего лишь «слухом», пока не окажется у нас «в крови». Иными словами, пока мы не примем то или иное убеждение (или ценность) соматически, ощущая и эмоционально переживая связанный с ним подтекст, оно остается лишь бессвязным набором понятий, слов или мыслей. Убеждения и ценности «вступают в силу» только в связи с нашими физиологическими и внутренними состояниями.

Точно так же наше текущее физическое, психологическое и эмоциональное состояние в немалой степени определяет типы убеждений, которые мы склонны принять в данный момент. Подумайте, к примеру, какое влияние окажут на вас состояния, перечисленные в табл. 4.

Как вам наверняка подсказывает опыт, намного легче ассоциировать себя с расширяющими наши возможности позитивными убеждениями и «поверить» в них, если при этом мы находимся в одном из позитивных внутренних состояний, и гораздо сложнее сделать это, находясь в негативном состоянии.

Базовой посылкой НЛП является то, что человеческий мозг по своим функциям подобен компьютеру — он выполняет «программы» или

Таблица 4

Примеры внутренних состояний

«Позитивные» внутренние состояния	«Негативные» внутренние состояния
Спокойствие	Расстройство
Расслабленность	Напряжение
Гибкость	Ригидность
Плавность	Озадаченность
Уравновешенность	Беспокойство
Уверенность	Фрустрация
Оптимизм	Сомнение
Сосредоточенность	Рассеянность
Восприимчивость	Замкнутость
Доверие	Страх

реализует мысленные стратегии, состоящие из упорядоченных инструкций или внутренних репрезентаций. Одни программы или стратегии справляются с поставленными задачами лучше других. От того, какую стратегию выберет человек, в наибольшей степени зависит, посредственно или блестяще будет выполнена та или иная задача. Степень эффективности и легкости выполнения определенной программы существенно зависит от психологического состояния человека. Очевидно, что в случае с компьютером бракованная микросхема или перебои с питанием мешают эффективно выполнять программы.

То же справедливо и для человеческого мозга. Уровень возбуждения, восприимчивости, стресса и т. д. определяет эффективность реализации стратегии. Такие физиологические показатели, как частота сокращений сердечной мышцы, частота дыхания, положение тела, кровяное давление, напряженность мышц, быстрота реакции, гальваническая реакция кожи и т. п., сопровождают изменения внутреннего состояния человека и в значительной степени влияют на его способность думать и двигаться. Следовательно, внутреннее состояние человека оказывает огромное воздействие на его способность действовать в любой ситуации.

Внутренние состояния имеют отношение к «неврологической» составляющей нейро-лингвистического программирования. Состояние нашего организма в целом и нервной системы в частности выступает в роли связанного с нашим вниманием фильтра, который определяет, что мы слышим (а чего не слышим) и как интерпретируем услышанное.

Умение осознавать внутренние состояния человека, а также реагировать и влиять на них является очень важным для эффективного использования «Фокусов языка».

Распознавание внутренних состояний и влияние на них

Проходя через различные переживания и жизненные контексты, мы постоянно изменяем и оцениваем различные состояния. Для большинства из нас эти изменения состояния в значительной степени остаются за пределами свободного выбора. Мы реагируем на внутренние и внешние стимулы («якоря») так, будто движемся на «автопилоте».

Тем не менее можно научиться выбирать для себя желаемое состояние. Способность оказывать влияние на собственное состояние увеличивает гибкость человека и повышает вероятность сохранения позитивных убеждений и ожиданий, а также достижения желаемых результатов. Благодаря способности распознавать полезные состояния и преднамеренно входить в них в определенных ситуациях мы получаем возможность выбрать вариант переживания и реакции на эти ситуации. В НЛП термины «выбор состояния» и «управление состоянием» относятся к способности выбирать и входить в состояния, наиболее уместные для конкретной ситуации. Одна из задач НЛП — помочь людям в создании «библиотеки» полезных или ресурсных состояний.

Через осознание паттернов и сигналов, с помощью которых можно воздействовать на внутренние состояния, мы увеличиваем количество вариантов реакции в тех или иных ситуациях. Осознав факторы, определяющие и влияющие на свойства наших внутренних состояний, мы можем рассортировать их и установить для них якоря так, чтобы нужные состояния всегда были под рукой. В число методов НЛП, позволяющих сортировать внутренние состояния и «устанавливать для них якоря», входят: пространственная локализация, субмодальности (цвета, интонации, яркость и т. д.) и невербальные ключи.

Чтобы лучше распознавать и понимать собственные внутренние состояния, развить способность «выбирать» их и управлять ими, необходимо научиться проводить инвентаризацию своих нервных процессов. В НЛП для этого существует три метода: физиологическая инвентаризация, субмодальная инвентаризация и эмоциональная инвентаризация.

Физиологическая инвентаризация подразумевает осознание позы тела, жестов, положения глаз, дыхания и элементов движения.

Субмодальная инвентаризация подразумевает определение сенсорных субмодальностей, наиболее значимых для внутреннего сенсорного опыта. Среди них — яркость, цвет, размер и расположение образов; интонация, тембр, громкость и расположение голосов и звуков; температура, текстура и зона кинестетических ощущений.

Эмоциональная инвентаризация подразумевает учет различных компонентов, образующих наши эмоциональные состояния.

Эти три вида инвентаризации связаны с нашими критериальными соответствиями и стратегиями реальности. Развитие способности к инвентаризации трех видов наделяет нас большей гибкостью, а также приятным чувством власти над собственными психологическими состояниями, позволяющей вносить необходимые поправки, если текущее состояние мешает достигать желаемого результата.

В качестве примера, читая этот абзац, напрягите плечи, примите неудобную позу, втяните голову в плечи. Характерное состояние стресса. Как вам дышится? Удобно ли вам? Легко ли воспринимать информацию в таком состоянии? На что направлено ваше внимание? Какие убеждения, связанные с обучением, поддерживает данное состояние?

Теперь измените позу, поднимитесь и сядьте снова, подвигайтесь немного. Найдите устойчивое, удобное положение. Сосредоточьтесь на своем теле, расслабьтесь, дышите глубоко и свободно. На что сейчас направлено ваше внимание? Какие убеждения относительно обучения связаны с этим состоянием? В каком состоянии вам легче учиться?

Как показывает это простое упражнение, невербальные ключи нередко оказываются одним из важнейших и влиятельнейших аспектов наблюдения за внутренними состояниями и управления ими. Важно признать влияние поведения и тончайших физиологических процессов на внутреннее состояние человека. Различные состояния или установки выражаются через различные языковые и поведенческие паттерны.

Упражнение: получение доступа к состоянию и установка якоря

Когнитивные и физиологические особенности и ключи, выявленные с помощью НЛП, можно использовать для систематического доступа к различным частям нервной системы и их мобилизации. Следующее упражнение иллюстрирует некоторые способы использования базовых инструментов НЛП для выбора внутреннего состояния и эффективного управления им.

Установка якоря является одним из самых простых и эффективных средств выбора и доступа к внутренним состояниям. Она включает в себя определение ключей, или триггеров, желаемого состояния. В частности, приведенная здесь процедура может использоваться для создания двух полезных и важных видов якорей.

Задание

1. Встаньте в определенную точку, которая послужит «пространственным якорем» для состояния, доступ к которому вы хотите приобрести сейчас или в будущем (например, состояние «готовность к убеждению»).

2. Вспомните определенный момент, когда вы находились в необходимом вам состоянии. Восстановите это состояние во всех подробностях. Постарайтесь его увидеть, услышать, испытать связанные с ним ощущения, почувствовать ритм дыхания и т. д.

3. Проведите инвентаризацию физиологических ключей, субмодальностей (свойств образов, звуков и чувств) и эмоциональных ощущений, связанных с этим состоянием.

4. Выберите конкретный цвет, символ или какой-либо другой зрительный образ, любой звук и/или слово или иной внутренний ключ, который поможет вам вспомнить необходимое состояние (т. е. послужит «внутренним якорем»).

5. Отойдите в сторону от выбранной точки и «стряхните» с себя нынешнее состояние. Затем проверьте свои якоря, встав на прежнее место и задействовав внутренний ключ, чтобы вновь достичь желаемого состояния.

6. Повторяйте пункты упражнения с первого по четвертый до тех пор, пока не сможете легко и быстро входить в нужное состояние.

Менторство и внутренние менторы

Нередко естественный процесс изменения убеждений способны облегчить менторы. В древнегреческой мифологии Ментор был мудрым и преданным советником Одиссея. Выдавая себя за Ментора, во время странствий Одиссея богиня Афина стала телохранителем и учителем его сына Телемаха. Таким образом, понятие «менторство» предполагает, что человек одновременно: а) дает советы или консультирует и б) выступает в роли наставника или учителя. В менторстве (особенно в профессиональном контексте) наряду с выполнением задачи важную роль играют неформальные отношения. Кроме того, менторство может включать в себя оказание человеку поддержки, необходимой для создания новых позитивных убеждений и рефрейминга ограничивающих убеждений.

Функции ментора частично, но не полностью, совпадают с функциями учителя или тренера. Учитель дает инструкции, а тренер обеспечивает своеобразную обратную связь в поведении, необходимую для роста или обучения человека. В то же время менторы руководят процессом раскрытия наших неосознанных способностей, нередко — на собственном примере. Как и в случае с мифологическим героем, менторство может осуществляться на более высоком уровне. Этот тип менторства нередко интериоризируется и становится частью личности человека, так что необходимость в физическом присутствии ментора исчезает. Во многих ситуациях люди способны прислушиваться к голосу «внутренних менторов» — своих советников и наставников.

В НЛП термин «ментор» используется по отношению к тем, кто оказывает позитивное влияние на жизнь других людей, вступая в «резонанс» с глубоко скрытыми ресурсами, высвобождая или раскрывая их. Менторами могут быть дети, учителя, домашние животные, незнакомые люди, о которых вам доводилось только читать, явления природы (океан, горы и т. д.) и даже части вашей личности.

Воспоминание о значимых менторах можно использовать для вторичного доступа к определенным познаниям, ресурсам или неосознанным способностям. Для этого, как правило, необходимо представить себе этого человека или эту сущность, а затем занять «вторую позицию», приняв его точку зрения. С помощью этого приема можно оценить скрытые и неосознанные качества, которые не включены в вашу карту ситуации (или собственной личности). Олицетворяя эти качества, внутренний ментор помогает реализовать их в поведении (пока вы смотрите на мир его глазами). После того как вы исследовали эти качества с позиции ментора, вы можете актуализировать их, вернувшись в собственную позицию восприятия и конкретную ситуацию.

Процедура цикла изменения убеждений

Следующая процедура представляет собой разработанную мною технику, которая помогает людям осуществить естественный цикл изменения убеждений. В ней задействованы установка якорей и внутренние менторы, благодаря которым люди проходят через следующую последовательность состояний: 1) желание убедиться; 2) готовность к убеждению; 3) наличие убеждения; 4) готовность усомниться; 5) воспоминание о прежнем убеждении; 6) вера.

Этот процесс подразумевает выбор отдельного положения в пространстве для каждого из этих состояний и их привязку друг к другу. Состояния цикла следует располагать, как указано на рис. 28.

Переживание, которое связано с верой во что-то, выходящее за рамки убеждений, расположено в центре цикла, поскольку выполняет функцию «метапозиции» и «экологического контроля» для всего процесса.

Чтобы установить якоря для состояний, используйте прием, описанный в предыдущем упражнении, как можно полнее погружаясь

Рис. 28. Расположение состояний цикла изменений убеждений

в переживание и физиологические ощущения, связанные с каждым состоянием цикла изменения убеждений, и устанавливая для них якоря в соответствующих пространственных положениях.

1. Желание поверить во что-то новое.
2. Переживание «готовности поверить» во что-то новое. (П р и м е ч а - н и е. Можно идентифицировать ментора, который помог вам поверить во что-то новое, «вступив в резонанс» с вами, высвободив или раскрыв в вас какое-то глубинное свойство. Затем отведите ментору место в пространстве рядом с «готовностью поверить». Ментор может быть ребенком, учителем, домашним животным, человеком, о котором вам доводилось только читать, явлением природы (океаном, горами и т. д.) и даже частью вашей личности.)
3. Убеждения, которые вы имеете в настоящий момент, в том числе ограничивающие и конфликтующие с новым убеждением, которое вам хотелось бы укрепить.
4. Переживание «готовности усомниться» в том, во что вы верили на протяжении длительного времени. (И снова вы можете определить для себя ментора, который помог вам усомниться в том, что ограничивало вашу жизнь.)
5. Убеждения, которых вы когда-то придерживались, но больше не верите в них. (Это пространство я назвал «музеем личной истории».)
6. Переживание глубокой «веры» — вероятно, тот момент, в который вы уже не знали, каких убеждений можно придерживаться, но глубоко верили в самого себя или в высшие силы.

(Очень продуктивной может оказаться идентификация менторов, которые помогли вам создать эту веру.)

Совершенно не обязательно, чтобы эти состояния и менторы имели какое-то отношение к убеждению, с которым вы работаете в данный момент.

Осуществление цикла изменения убеждений

Созданный нами ландшафт можно использовать многими способами. Один из них состоит в том, чтобы сосредоточиться на новом убеждении, которое вам хотелось бы укрепить, и «провести» его по всем стадиям естественного цикла (рис. 29). Это можно сделать следующим образом.

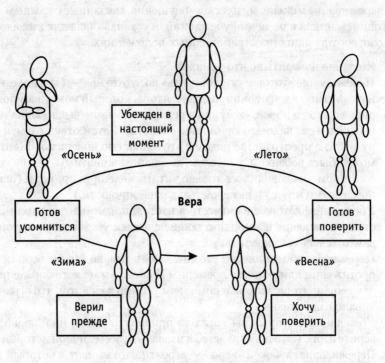

Рис. 29. «Ландшафт состояний», связанных с циклом изменения убеждений

Задание

1. Встаньте в позицию «хочу поверить», подумайте о новом убеждении, уверенность в котором вам хочется укрепить. Продолжая думать о нем, передвиньтесь в позицию «готов поверить». (Если вы выбрали «ментора» для этого состояния, сейчас можно посмотреть на себя его глазами и дать полезный совет или оказать поддержку тому «себе», который готов принять новое убеждение.)

2. Почувствуйте, каково это — быть готовым к принятию этого убеждения. Интуиция подскажет вам, когда переходить в позицию «убежден в настоящий момент», концентрируясь на новом убеждении.

3. Если в этой позиции вас беспокоят противоречивые или ограничивающие убеждения, возьмите их на заметку и переходите в позицию «готов усомниться». (И снова, если вы выбрали для этого состояния «ментора», посмотрите на себя его глазами. Тогда вы сможете дать самому себе полезный совет или оказать поддержку.)

4. *Экологический контроль.* Перейдите в позицию «вера» и подумайте о позитивных намерениях и задачах, связанных как с новым убеждением, так и с противоречащими ему или ограничивающими вас убеждениями. Подумайте, не нуждается ли новое убеждение в пересмотре или изменении. Проверьте также, нет ли в старых убеждениях чего-то стоящего, что следует сохранить и привести в соответствие с новым убеждением.

5. Запомнив все то, что вы поняли в позиции «вера», вернитесь к ограничивающим и конфликтующим убеждениям в позицию «готов усомниться» и переместите их в позицию «верил прежде» — ваш «музей личной истории».

6. Вернитесь в позицию «убежден в настоящий момент» и сосредоточьте внимание на новых убеждениях, которые нуждаются в укреплении. Испытайте новое чувство уверенности и вербализуйте новое понимание и знания, полученные в процессе изменения убеждений.

7. *Экологический контроль.* Снова шагните в позицию «вера» и подумайте о произведенных изменениях. Помните, что естественный, органичный и непрерывный цикл не заканчивается этим моментом. В будущем вы сможете внести в него любые необходимые поправки.

Многие люди обнаруживают, что стоит им только пройти по всем позициям (даже мысленно), переживая соответствующие состояния, как их убеждения начинают плавно и спонтанно меняться.

(П р и м е ч а н и е. Для того чтобы убеждение окончательно укрепилось (т. е. полностью «вошло в кровь»), вам, возможно, придется повторить этот цикл для каждого из пяти ключевых убеждений, описанных в главе 5, т. е. убедиться в том, что ваша цель: 1) желательна, 2) возможна, 3) уместна, 4) вы способны ее достичь и 5) вы ее заслуживаете.)

Сцепление убеждений

Конечная цель разнообразных паттернов «Фокусов языка» заключается в том, чтобы с помощью языковых средств помочь людям пройти через все стадии цикла изменения убеждений. Однако сам цикл как прием не требует обязательного использования языка. Можно применять его, просто устанавливая пространственные якоря для каждого из внутренних состояний и «путешествуя» по ним в соответствующей последовательности. Тем не менее бывают случаи, когда несколько слов, сказанных в нужном месте в нужное время, могут существенно облегчить достижение требуемого состояния или перехода из одного состояния в другое (например, перехода от «желания поверить» к «готовности поверить»).

В дополнение к физиологическим и эмоциональным реакциям, внутренним репрезентациям и субмодальностям язык способен оказывать сильнейшее влияние на наши внутренние состояния. Прием сцепления убеждений показывает, как с помощью простых паттернов «Фокусов языка» («намерение» и «переопределение») можно стимулировать и поддерживать конкретные внутренние состояния, а также усиливать ощущение «готовности поверить» и «готовности усомниться».

В НЛП термин «сцепление» относится к одной из форм «установки якорей», объединяющей переживания в определенную последовательность — от исходного состояния к желаемому. Ключевым элементом создания эффективной «цепочки» является выбор переходных состояний, связывающих проблемное состояние с желаемым. Эти переходные состояния выполняют функцию «ступенек», по которым можно прийти к цели. Часто бывает так, что человеку сложно преодолеть брешь между текущим и необходимым состояниями. Скажем, некто «застрял» в состоянии фрустрации, но хотел бы иметь стимул для обучения чему-то новому. Однако не так-то просто переключиться с фрустрации на стимул, а попытка сделать это насильственным путем, скорее всего, приведет к стрессу или внутреннему конфликту. Сцепление позволяет ввести между «разочарованием» и «наличием мотивации» две или три промежуточные ступени или состояния.

Наиболее эффективными являются цепочки, которые с помощью подстройки постепенно ведут от проблемного состояния к желаемому (рис. 30). Если проблемное состояние негативное, а желаемое — позитивное, для начала нам следует передвинуться в «отчасти негативное» состояние, например замешательство. Из «отчасти негативного» состояния уже можно сделать маленький, но важный шаг, придя в «отчасти позитивное» состояние (в нашем случае им может оказаться любопытство относительно дальнейшего развития событий). А отсюда уже относительно легко шагнуть из «отчасти позитивного» состояния в желаемое состояние наличия мотивации. Разумеется, в зависимости от величины физиологической и эмоциональной дистанции между текущим и желаемым состояниями вам может потребоваться большее или меньшее количество промежуточных ступеней.

При построении цепочки следует учитывать, что наилучший эффект достигается тогда, когда у двух смежных состояний имеется какой-либо общий физиологический, когнитивный или эмоциональный признак (рис. 31). Например, есть что-то общее между фрустрацией и замешательством. Совпадают также отдельные элементы замешательства и любопытства — в частности, для обоих состояний характерно отсутствие уверенности в результате. Любопытство и наличие мотивации объединяет желание продвигаться в определенном направлении.

Рис. 30. Сцепление состояний — от фрустрации к наличию мотивации

Рис. 31. Смежные состояния в цепочке должны частично совпадать

Рис. 32. Позиции для создания основной цепочки убеждений

Основная методика сцепления убеждений

Включение состояний в одну цепочку и увязывание их друг с другом легче всего произвести с помощью установки якорей. При этом способе сцепления в НЛП используются кинестетические якоря. Один из способов создания цепочки убеждений заключается в том, чтобы добавить к последовательности кинестетических якорей языковые средства (такие, как паттерны «Фокусов языка»).

Например, для проработки ограничивающего убеждения следует наметить четыре позиции в пространстве, которые составят цепочку от проблемного состояния (ограничивающего убеждения) к желаемому состоянию (убеждению, расширяющему возможности) с двумя промежуточными звеньями (рис. 32):

а) позиция № 1: ограничивающее убеждение (проблемное состояние);

б) позиция № 2: позитивное намерение ограничивающего убеждения;

в) позиция № 3: переопределение какого-либо аспекта ограничивающего убеждения, придающее ему позитивный оттенок;

г) позиция № 4: расширяющее возможности убеждение, являющееся следствием позитивного намерения и переопределения (желаемое состояние).

Задание

1. Заняв позицию проблемного состояния, выберите ограничивающее убеждение, с которым вы хотели бы поработать (например, «Мне сложно осваивать языковые паттерны, потому что слова вызывают у меня замешательство и скуку»). Обратите внимание на внутреннее состояние, связанное с ограничивающим убеждением. Затем выйдите из этой позиции и измените свое состояние, «стряхнув» последствия ограничивающего убеждения.

2. Теперь перейдите в позицию желаемого состояния; ощутите внутреннюю гармонию и мудрость. Необязательно осознавать убеждение, сопровождающее этот момент; необходимо лишь войти в связанное с ним позитивное внутреннее состояние.

3. Вернитесь в позицию «проблемного состояния» и физически пройдите по остальным звеньям цепочки, чтобы почувствовать движение от текущего состояния к желаемому. И снова — важно ощутить лишь изменения внутреннего состояния; изменения убеждений осознавать не обязательно.

4. Вернитесь в позицию ограничивающего убеждения и шагните в позицию, представляющую «позитивное намерение». Определите позитивную цель проблемного убеждения, подбирая слова до тех пор, пока вы не найдете словосочетание, дающее толчок к позитивному изменению ваших ощущений и внутреннего состояния. (Например, «Чувствовать связь между собой и предметом изучения».)

5. Сделайте еще один шаг вперед, в позицию «переопределения». Повторите формулировку ограничивающего убеждения, но измените ключевые слова так, чтобы лучше отразить найденное вами позитивное намерение. Выясните, как различные вербальные фреймы могут помочь вам иначе взглянуть на прежнее убеждение. Продолжайте подбирать слова до тех пор, пока не найдете формулировку, позволяющую существенно изменить ощущения, связанные с убеждением. (Например: «Мне сложно *обращать внимание* на языковые паттерны, *когда* я нахожусь в состоянии замешательства и скуки, *потому что я слушаю только* слова *и не обращаю внимания на собственные ощущения и отношения с другими людьми*».)

6. Еще раз шагните вперед, в позицию желаемого состояния, и найдите позитивную формулировку убеждения, которая включала бы в себя позитивное намерение ограничивающего убеждения, однако расширяла бы ваши возможности. Снова убедитесь в том, что, произнося найденные слова, вы действительно испытываете позитивные эмоции. (Например, «Я могу получать настоящее удовольствие от изучения языковых паттернов, когда слушаю их, не теряя связи с собственными ощущениями и отношениями с другими людьми».)

7. Пройдите эту цепочку несколько раз, повторяя формулировки, связанные с каждой позицией, пока не почувствуете, что способны легко и плавно переходить из текущего состояния в желаемое как на вербальном уровне, так и на уровне ощущений.

Влияние невербальной коммуникации

Переключение внутренних состояний и использование пространственных якорей для изменения убеждений позволяет также вспомнить о значимости невербальной коммуникации. Вербальные сообщения, или слова, являются лишь одной из модальностей, с помощью которых люди общаются и оказывают влияние друг на друга. Существует немало способов невербального взаимодействия, в том числе установление визуального контакта, покачивание головой, слезы, голосовое ударение. Невербальная коммуникация имеет такое же, если не большее, значение, как и вербальная.

По мнению Грегори Бейтсона, лишь около 8% информации в ходе общения передается словами, или «цифровой» частью взаимодействия. Остальные 92% сообщаются невербально, с помощью «аналоговой» системы. «Аналоговый» аспект коммуникации включает в себя язык тела, а также информацию, передаваемую тональной слуховой частью взаимодействия, т. е. интонацией, темпом и громкостью речи. Например, в том, что рассказанная шутка кажется смешной, большую роль часто играют не только слова, но и сопровождающие их интонация, выражение лица, паузы и т. д.

Невербальная коммуникация включает в себя такие знаки и сигналы, как выражение лица, жесты, поза тела, тон голоса и изменения темпа речи, движения глаз. Невербальные ключи нередко представляют собой «метасообщения», *рассказывающие* о вербальном содержании.

Часто они определяют то, как будет воспринято и истолковано вербальное сообщение. Если человек говорит: «Обрати внимание» и показывает на свои глаза, смысл сообщения будет совершенно иным, чем если бы те же слова сопровождались указанием на уши. Если человек говорит: «Просто прекрасно» саркастическим тоном, то фактически он передает невербальное сообщение, прямо противоположное по смыслу вербальной части.

Невербальные сигналы, например выражение лица и тон голоса, оказывают на нас эмоциональное воздействие, определяя наши чувства по отношению к чьим-либо словам. Фактически невербальные сообщения склонны отражать наше внутреннее состояние и воздействовать на него, тогда как вербальные сообщения в большей степени ассоциируются с когнитивными процессами (рис. 33). Невербальная коммуникация более «примитивна» и представляет собой первичную модальность, которой пользуются при общении животные (и с помощью которой мы общаемся с ними). Если сердитым и угрожающим тоном сказать: «Хорошая собачка», нет сомнений, что пес отреагирует на тон, а не на слова.

Таким образом, тон, которым человек разговаривает с окружающими, может оказать огромное влияние на то, как будет «услышано» и «воспринято» его вербальное сообщение. Фраза «Ты способен на это», сказанная сердитым или разочарованным голосом, скорее вызовет сомнения, чем вселит в собеседника уверенность или убежденность (рис. 34).

Как правило, люди сосредоточивают внимание на вербальных аспектах коммуникации и часто не осознают невербальную ее часть. Работая с паттернами «Фокусов языка», необходимо уделять внимание

Рис. 33. Невербальная коммуникация в большей степени, чем вербальная, отражает наши внутренние состояния и воздействует на них

Подразумеваемое сообщение

Рис. 34. Невербальные метасообщения оказывают существенное влияние на наши внутренние состояния и интерпретацию вербальных сообщений

невербальным метасообщениям, сопровождающим наши слова. Правильные слова, сказанные «неправильным» тоном или с «неправильным» выражением лица, способны произвести эффект, прямо противоположный задуманному.

Степень конгруэнтности между нашими словами и невербальными сообщениями прежде всего зависит от нашей конгруэнтности тому, что мы говорим, — т. е. конгруэнтности между «сообщением» и «отправителем». Таким образом, внутреннее состояние, в котором мы находимся, когда говорим, не менее важно, чем внутреннее состояние слушателя. Научившись следить за невербальными ключами и уделять больше внимания внутреннему состоянию, вы сможете намного эффективнее использовать паттерны «Фокусов языка» и с их помощью оказывать позитивное влияние на убеждения окружающих.

8 · МЫСЛИ-ВИРУСЫ И МЕТАСТРУКТУРА УБЕЖДЕНИЙ

Метаструктура убеждений

В этой книге мы исследовали целый ряд измерений нашего опыта, которые находятся под воздействием убеждений и включены в процесс формирования и поддержания этих убеждений.

Сенсорный опыт поставляет нам сырье, из которого мы строим свои «карты мира». Убеждения представляют собой обобщения, сделанные нами на основе опыта, и, как правило, обновляются и корректируются по мере приобретения нового опыта. Являясь моделью этого опыта, убеждения неизбежно опускают и искажают определенные аспекты переживаний, на основе которых они сформированы. За счет этого убеждения с одинаковой легкостью ограничивают и расширяют наши возможности.

Ценности наделяют значением наши убеждения и переживания и представляют собой те «позитивные намерения» высшего уровня, для поддержки или отображения которых эти убеждения создаются. Убеждения связывают ценности с нашими переживаниями через «причинно-следственные связи» и «комплексные эквиваленты».

Ожидания создают мотивацию для поддержки определенного обобщения или убеждения. Ожидания связаны с последствиями, к которым, по нашим прогнозам, приведет то или иное убеждение. Эти последствия определяют полезность убеждения.

Внутренние состояния служат одновременно фильтром для восприятия и стимулом для действий. Они нередко представляют собой вместилище или основание для того или иного убеждения или обобщения и определяют эмоциональную энергию, затрачиваемую на поддержание этого убеждения.

Взаимосвязи различных компонентов жизненного опыта образуют то, что Ричард Бэндлер называет «тканью реальности». Функция наших убеждений заключается в том, чтобы создавать ключевые связи между базовыми элементами, входящими в нашу «карту мира» (рис. 35).

Представьте, к примеру, ребенка, который учится кататься на велосипеде. Позитивное убеждение «Я могу научиться» может связать базовые ценности, лежащие в основе обучения, например «развлечение» и «самосовершенствование», с внутренним состоянием «уверенности в себе» и ожиданием, что «У меня будет получаться все лучше и лучше». В результате этого появятся мотивация и стимул для новых попыток, даже если ребенок будет регулярно падать с велосипеда. Как только он научится удерживать равновесие достаточно долго, это укрепит обобщение «Я могу научиться», а также состояние уверенности в себе, ожидание новых успехов и ценности развлечения и самосовершенствования.

Рис. 35. Наши убеждения представляют собой обобщения, связывающие переживания, ценности, внутренние состояния и ожидания, а также образующие ткань нашей реальности

Здоровые убеждения сохраняют свои связи со всеми этими измерениями. Наши убеждения естественным образом изменяются и обновляются по мере того, как меняются наши ценности, ожидания, внутренние состояния, а также по мере приобретения нами нового опыта.

Ограничивающие убеждения могут появиться в результате изменения в любом из этих компонентов, приводящего к появлению негативной формулировки или фрейма проблемы. Возникшие ограничивающие убеждения способны оказывать влияние на любой элемент системы или сразу на все (рис. 36). Допустим, у ребенка в нашем примере есть старший брат или сестра, давно освоившие езду на велосипеде. Этот факт может как усилить мотивацию к обучению, так и стать основой для неподходящих ожиданий, из-за которых младший ребенок будет негативно оценивать свои успехи в сравнении с достижениями старшего. Поскольку эти успехи не будут соответствовать ожиданиям ребенка, он может начать воспринимать ситуацию во фрейме проблемы или ошибки, что приведет к внутреннему состоянию ра-

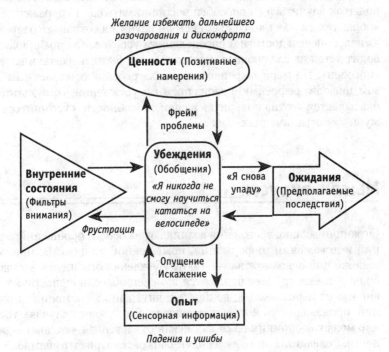

Рис. 36. Ограничивающие убеждения создают фрейм проблемы

зочарования. Негативное внутреннее состояние может не только создать неприятные ощущения, но и повлиять на успехи ребенка, заставляя его падать чаще. Так может сформироваться ожидание «Я снова упаду», являющееся основой «самоисполняющегося пророчества». В конце концов, стремясь избежать постоянного дискомфорта и разочарования, ребенок может принять убеждение «Я никогда не научусь кататься на велосипеде» и перестать даже пробовать.

Когда ограничивающие убеждения и обобщения сохраняют связь с намерениями и переживаниями, на основе которых они созданы, искажения и опущения информации постепенно обновляются или корректируются в результате приобретения нового опыта, изменений внутреннего состояния и ожиданий. Новые данные или противоположные примеры, которые не вписываются в то или иное обобщение, заставляют нас пересмотреть обоснованность соответствующего ограничивающего убеждения.

Если ребенок, создавший обобщение «Я не могу кататься на велосипеде», получает поддержку и поощрение относительно дальнейших попыток научиться (и способен воспринимать свои «поражения» как «обратную связь»), то со временем он научится сохранять равновесие на велосипеде и достигнет определенных успехов. Как правило, это наводит детей на следующую мысль: «Может быть, я все-таки на что-то способен». По мере закрепления успеха ребенок естественным образом проводит рефрейминг своих прежних убеждений, в результате чего оказывается «готов поверить» в свои способности и усомниться в кажущихся ограничениях.

Мысли-вирусы

Ограничивающие убеждения возникают на основе обобщений, опущений и искажений информации, помещенной во фреймы проблемы, ошибки или невозможности. Такие убеждения ограничивают нас еще больше и еще труднее поддаются изменению, если существуют независимо от переживаний, ценностей, внутренних состояний и ожиданий, производными которых являются. В подобных случаях убеждение может восприниматься как некая отвлеченная «истина» о реальности. Вследствие этого люди начинают рассматривать убеждение уже не как «карту», служащую нам ориентиром на каком-то участке территории нашего опыта, а как саму «территорию». Ситуация может еще больше усугубиться, если ограничивающее убеждение не сформировано на основе нашего опыта, а навязано нам окружающими.

Базовое предположение НЛП гласит: каждый человек обладает собственной «картой мира». Карты разных людей могут существенно различаться в зависимости от происхождения, общественного слоя, культурного развития, профессиональных навыков и личной истории их владельцев. В НЛП большое внимание уделяется изучению того, как людям следует вести себя с учетом разницы между их картами. Основная задача, которую мы решаем на протяжении всей жизни, — координация нашей «карты мира» с картами окружающих.

Например, люди обладают различными убеждениями относительно способностей человеческого тела к исцелению, а также относительно того, что нужно и можно сделать для лечения себя и других. Соответственно существуют карты, рассказывающие о том, что́ возможно сделать в этой области и что такое лечение вообще. Иногда подобные карты способны существенно ограничить наши возможности и приводят к конфронтации и конфликтам убеждений.

Когда одной женщине поставили диагноз «рак груди с метастазами», она стала выяснять, что можно сделать, чтобы вылечиться, воздействуя на тело через психику. Наблюдавший женщину хирург сказал ей, что «вся эта дребедень про исцеление через психику — полная чушь, от которой можно только свихнуться». Собственный опыт позволил женщине сформировать совсем другое убеждение. Однако, поскольку этот хирург был ее лечащим врачом, его убеждения оказали серьезное влияние на принятое решение. Волей-неволей женщине пришлось принять убеждение доктора как фактор, влияющий на ее собственную систему убеждений (точно так же человек оказывается под угрозой заражения, если рядом с ним находится больной — носитель инфекции).

Заметьте, что убеждение врача, сформулированное во фрейме проблемы, не было связано ни с одним позитивным намерением, внутренним состоянием или какими-либо сенсорными данными. С ним не было связано ни одного ожидаемого или желаемого последствия. Убеждение было представлено как «факт». Следовательно, непросто было оценить его справедливость или полезность. Женщина оказалась перед необходимостью либо согласиться с врачом (и следовательно, принять ограничивающее убеждение), либо спорить с ним, что могло привести к нежелательным последствиям для ее лечения.

Убеждение подобного типа, особенно если оно преподносится как «правильная карта мира», способно превратиться в так называемую мысль-вирус. Мысль-вирус представляет собой отдельную категорию ограничивающих убеждений, которые могут послужить серьезными препятствиями на пути к исцелению или самосовершенствованию.

По сути, мысль-вирус существует в отрыве от окружающей метаструктуры, которая создает для убеждения контекст и задачу, а также определяет его «экологичность» (рис. 37). В отличие от обычного ограничивающего убеждения, которое может подвергаться обновлению или корректировке по мере накопления нового опыта, мысли-вирусы основаны на невысказанных допущениях (как правило, их роль играют другие ограничивающие убеждения). В таких случаях мысль-вирус становится «реальностью», подтверждающей саму себя, вместо того чтобы служить более широкой реальности.

Таким образом, мысли-вирусы плохо поддаются исправлению или обновлению за счет поступающей информации или противоположных примеров, которые дает новый опыт. Для борьбы с ними следует скорее идентифицировать и преобразовывать другие убеждения и предположения, на которых они основаны (и которые обеспечивают их сохранность). Однако эти другие, более мощные предположения и убеждения далеко не всегда просматриваются в поверхностной структуре убеждения.

Рис. 37. Мысль-вирус является убеждением, которое существует в отрыве от других когнитивных процессов и опыта, на которых оно основано

Вышеупомянутая женщина работала медсестрой у врача общей практики. Вместо того чтобы упрекнуть ее в глупости, как это сделал хирург, врач, у которого работала женщина, подозвал ее к себе и сказал: «Знаете, если вы по-настоящему заботитесь о своей семье, вам придется подготовить их ко всему». Несмотря на то что эта фраза была менее агрессивной, чем слова хирурга, потенциально она могла превратиться в гораздо более опасную мысль-вирус. Большая часть этой фразы осталась невысказанной, подразумеваемой, поэтому стало труднее осознать, что «это всего лишь частное мнение». Волей-неволей начинаешь думать: «Да, я забочусь о своей семье. Нет, я не хочу уйти, не подготовив семью ко всему». Однако невысказанным, не видным с поверхности осталось то, что «подготовить ко всему» означает «умереть». Исходная посылка этого высказывания заключается в том, что «вам предстоит умереть». И смысл его — «перестаньте заниматься ерундой и начинайте готовиться к смерти», иначе это еще тяжелее отразится на вашей семье. Если вы действительно заботитесь о своей семье, вы оставите попытки выздороветь, иначе не сможете подготовить домочадцев «ко всему».

Особую опасность этому высказыванию придает то допущение, что единственный «правильный» способ вести себя, как положено хорошей, любящей матери, — смириться с тем, что вам предстоит умереть, и подготовить себя и семью к неизбежному. Предполагается, что попытки вернуть утраченное здоровье, когда приближение смерти столь очевидно, свидетельствуют об эгоизме и безответственности по отношению к своей семье, порождают ложную надежду, потенциально требуют финансовых затрат и приведут лишь к горю и разочарованию.

Подобные мысли-вирусы способны инфицировать мышление и нервную систему точно так же, как физические вирусы поражают организм или компьютерный вирус — компьютерную систему, приводя к замешательству и нарушению функций. Как программная база одного компьютера или целой сети может быть разрушена одним вирусом, так и нервная система человека может быть «инфицирована» и разрушена мыслями-вирусами.

С биологической точки зрения вирус представляет собой крохотный кусочек генетического материала. Генетический код является физической «программой» нашего организма. Вирус — несовершенный обрывок программы. В действительности он не является живым существом, поэтому вирус невозможно убить или отравить. Вирус проникает в клетки своего «хозяина», который, не имея соответствующего иммунитета, невольно становится для него «домом» и даже помогает вирусу развиваться и давать потомство.

(Бактерии, в отличие от вирусов, являются живыми клетками. Бактерию можно убить, например, антибиотиками. Однако против вирусов антибиотики бессильны. Поскольку бактерии сами являются клетками, они не способны подавлять клетки нашего организма или «внедряться» в них. Некоторые из них являются паразитами и наносят вред, чрезмерно расплодившись, однако многие бактерии полезны и необходимы организму — в частности, для пищеварения.)

Компьютерный вирус подобен биологическому в том, что не является целой и законченной программой. Он не имеет «представления» о том, к какой части компьютера относится, какие разделы памяти для него открыты или безопасны, не имеет представления о компьютерной «экологии». Вирус не воспринимает собственную идентичность по отношению к остальному программному обеспечению. Его основная цель — размножаться, плодить себе подобных. Поскольку вирус не признает границ других программ и данных, он записывается поверх всего, стирая информацию и заменяя ее собой. Это нарушает работу компьютера и приводит к серьезным ошибкам.

Мысль-вирус похожа на оба эти вида вирусов. В отличие от совершенных, полноценных идей, самым естественным образом вписывающихся в обширную систему наших идей и убеждений и органично поддерживающих ее, мысль-вирус вызывает замешательство или конфликт. Сами по себе мысли и убеждения не обладают какой-либо силой. Они «оживают», лишь если на них основано какое-то действие. Решив реализовать то или иное убеждение или согласовать свои поступки с той или иной мыслью, человек «оживляет» это убеждение, которое может стать «самоисполняющимся».

Например, женщина, о которой мы упоминали ранее, прожила около двенадцати лет сверх предсказанного срока — в основном потому, что не разделила ограничивающие убеждения своих врачей. Врач, у которого она работала, сказал, что в лучшем случае она проживет два года, но реально можно говорить лишь о месяцах и даже неделях. Женщина оставила эту работу и прожила еще двенадцать лет безо всяких признаков рака. Спустя несколько лет после того, как она ушла с работы, ее бывший начальник-врач серьезно заболел (впрочем, в гораздо более легкой форме, чем она сама) и покончил жизнь самоубийством. Более того, либо ему удалось уговорить свою жену сделать то же самое, либо он просто убил ее (истину установить так и не удалось). Почему? Вероятно, врач верил, что его смерть была неизбежной, и не захотел «оставить жену неподготовленной».

Вывод, который можно сделать из этой истории, — мысль-вирус может привести к смерти так же легко, как и вирус СПИДа. Она может убить своего хозяина и причинить вред «заразившимся» окружающим. Вспомните, сколько людей погибло в результате «этнических чисток» и «священных войн». Не исключено, что немалую часть вредоносности вируса СПИДа составляют сопровождающие его мысли-вирусы.

Это ни в коей мере не означает, что врач нашей героини был плохим человеком. С точки зрения НЛП проблема заключалась не в нем, а в самом убеждении, в «вирусе». На самом деле самоубийство врача можно рассматривать как акт абсолютной цельности натуры — с точки зрения этого убеждения. В критике нуждаются только убеждения, а не люди, разделяющие их.

Мысль-вирус невозможно убить, ее можно лишь распознать и нейтрализовать или отделить от остальной системы. Невозможно убить идею или убеждение, поскольку они не являются живыми организмами. Даже убийство человека, который действовал на основе той или иной идеи или убеждения, не убивает идею или убеждение. Столетия войн и религиозного преследования подтвердили это. (Химиотерапия по принципу действия подобна войне: она убивает зараженные клетки, но не излечивает тело и не защищает его от вируса — и к сожалению, приводит к относительно большому количеству «потерь среди мирного населения», т. е. здоровых клеток организма.) С ограничивающими убеждениями и мыслями-вирусами следует бороться точно так же, как организм борется с физическим вирусом или компьютер — с программным вирусом: через опознание вируса, создание «иммунитета» к нему и вытеснение его из системы.

Вирусы поражают не только тех людей или те компьютеры, которые являются «слабыми», «глупыми» или «плохими». Вирусы обманывают своих электронных или биологических «хозяев», поначалу притворяясь, что вписываются в существующую систему или безвредны для нее. К примеру, генетический код человека также является разновидностью программы. Он работает по принципу «При наличии А и Б следует делать В» или «Если нечто обладает структурой АААБАВАГАДАЕ, оно расположено там-то и там-то». Одна из функций иммунной системы — проверять коды различных частей нашего организма и попадающих в него веществ на предмет здоровья и «органичности». Если присутствие тех или иных субстанций неоправданно, иммунная система «изгоняет» их или отправляет на переработку. Вирусу (например, вирусу СПИДа) удается обмануть организм и иммунную систему потому, что его структура во многом схожа с кодом наших клеток (разновидность «подстройки и ведения» на клеточном уровне). Фактически люди и шимпанзе являются единственными созданиями природы, страдающими от СПИДа, потому что только их генетическая структура обладает таким строением (близким к строению вируса), что вирус может «подстроиться» и инфицировать организм.

В качестве иллюстрации представим себе, что индивидуальный генетический код человека имеет структуру «АААБАВАГАДАЕ». Вирус может обладать структурой «АААБАОАРГАЕ», которая в чем-то напоминает структуру индивидуального кода. Если сверять только первые пять букв, иммунная система сочтет коды идентичными и допустит вирус в организм. Еще один способ, с помощью которого вирус обманывает организм и иммунную систему, — проникнуть в организм под прикрытием безвредной белковой оболочки (принцип «троянского коня»). В таком случае иммунная система не заподозрит подвоха.

Похожими свойствами обладает и упомянутое выше замечание врача: «Если вы по-настоящему заботитесь о своей семье, вам придется подготовить их ко всему». На первый взгляд в нем нет ничего вредоносного. Более того, оно как будто соответствует позитивным ценностям — «заботе о семье» и «состоянию готовности». Смертоносным это убеждение делает контекст, в котором произнесено соответствующее замечание, и тот подтекст, который остался невысказанным, но подразумеваемым.

Важно помнить, что вирус — биологический, компьютерный или психический — не обладает собственным интеллектом или намерением по отношению к системе, в которую он внедряется. Выражение убеждения, в частности, является всего лишь набором слов — до тех пор, пока не обретает жизнь через ценности, внутренние состояния, ожидания и переживания, которые мы связываем с этими словами. Подобным образом биологический вирус становится вредоносным только тогда, когда организм впускает его и принимает за «своего». Вероятно, каждому из нас доводилось оказываться под воздействием вирусов гриппа или простуды и не заболеть, потому что защитные силы организма были начеку. Прививки, по сути, обучают иммунную систему человека тому, как распознавать тот или иной биологический вирус и перерабатывать его или изгонять из организма. Иммунная система не знает, как убить вирус (поскольку вирус убить невозможно). (Известно, что так называемые Т-клетки-киллеры, входящие в нашу иммунную систему, способны разрушать пораженные вирусом клетки и ткани. Однако, подобно химиотерапии, это скорее борьба с симптомами, чем с причиной. Хороший иммунитет прежде всего не позволит клеткам заразиться.) В частности, антивирусная компьютерная программа не разрушает части компьютера. Напротив, она распознает программу-вирус и стирает ее из памяти или с диска. Часто, чтобы полностью обезопасить компьютер, программы защиты от вирусов просто отключают «зараженный» диск.

Подобно ребенку, который, обучаясь читать, постепенно развивает навыки распознавания сочетаний букв, иммунная система постепенно совершенствует способность к распознаванию и «выбраковке» различных структур генетических кодов вирусов. Она подвергает вирусные программы все более тщательной и глубокой проверке. Наглядный пример: мы практически стерли оспу с лица земли, не убивая при этом вызывающие оспу вирусы, — они и сейчас окружают нас. Мы всего лишь создали способ, с помощью которого иммунная система человеческого организма научилась распознавать эти вирусы. Прививка дает организму возможность осознать: «Ага, этот вирус чужероден» — не более того. Прививка не убивает вирус, но помогает иммунной системе яснее представлять себе, что является частью нашего организма, а что — нет, чему в нем место, а от чего следует избавиться.

Точно так же выбор файла на компьютерном диске и препровождение его в «корзину» — действия достаточно решительные, но гораздо менее жестокие, чем можно предположить, исходя из терминов «борьба с вирусом» и «уничтожение вируса». Этот процесс используется не только для защиты компьютера, но и при удалении устаревших данных, а также для замены старых программ новыми версиями.

Очевидно, что не стоит пытаться «стереть» каждую ограничивающую мысль. На самом деле для начала следует установить позитивное намерение или смысл того или иного проявления. Многие пытаются просто избавиться от болезненных симптомов и сталкиваются при этом с огромными трудностями, потому что не дают себе труда прислушаться к своей ситуации, разобраться в ней. Нередко для того, чтобы распознать и выделить «вирус», требуется определенная мудрость.

Для исцеления от мысли-вируса необходимо углублять и обогащать ментальные карты в поисках новых точек зрения и альтернативных вариантов. Мудрость, этика и «экологичность» не являются следствием наличия «правильных» или «точных» карт, потому что люди не способны создавать подобные карты. Скорее наша задача заключается в том, чтобы создать максимально подробную карту, отражающую системный характер и экологию нас самих и мира, в котором мы живем. Вместе с расширением и обогащением модели мира расширяется также восприятие человеком собственной идентификации и миссии. Иммунная система организма — инструмент, позволяющий прояснять для себя и сохранять целостность его физической идентификации. Процесс иммунизации подразумевает, что иммунная система приобретает новые знания о том, что является частью физического тела, а что нет. Подобным образом иммунизация против мысли-вируса включает в себя прояснение, конгруэнтность и цельность системы убеждений человека по отношению к его психологической и «духовной» идентификации и миссии.

В конечном итоге такие техники, как «Фокусы языка», позволяют нам работать с ограничивающими убеждениями и мыслями-вирусами по принципу скорее прививки, чем химиотерапии. Многие идеи и приемы НЛП — подобно тем, которые воплощаются в паттернах «Фокусов языка», — можно рассматривать как разновидность «прививки», которая помогает нашим системам убеждений вырабатывать иммунитет против определенных мыслей-вирусов. Эти приемы обезоруживают ограничивающие убеждения и мысли-вирусы тем, что заново соединяют их с ценностями, ожиданиями, внутренними состояниями и переживаниями и возвращают в контекст, позволяющий произвести естественное обновление.

Предположения

Одним из основных факторов, которые препятствуют естественному обновлению или коррекции мысли-вируса за счет новых данных или противоположных примеров, является то, что достаточно большая часть убеждения обычно проходит подтекстом, предполагается. Для того чтобы изменить убеждение, необходимо установить, поднять на поверхность и исследовать другие убеждения и предположения, на котором оно основано.

Предположения относятся к неосознанным убеждениям или допущениям, вплетенным в структуру высказывания, действия или другого убеждения и необходимым для понимания смысла этого высказывания, действия или убеждения. Согласно словарю Мерриэма—Уэбстера, «предполагать» (*presuppose*) означает «полагать заранее» или «предшествовать в логическом рассуждении или последовательности фактов». Термин *suppose* заимствован из латинского языка и буквально обозначает «класть под» — от *sub* («под») + *ponere* («класть»).

Лингвистические предположения имеют место в тех случаях, когда для понимания того или иного утверждения необходимо принять за истину ту или иную информацию или взаимосвязь. К примеру, для того чтобы понять высказывание: «Если ты перестанешь саботировать усилия терапевта, мы сможем достичь еще большего успеха», необходимо предположить, что человек, которому оно адресовано, уже пытался саботировать усилия терапевта. Это утверждение предполагает также, что терапевтом были предприняты некие усилия и что они увенчались по крайней мере частичным успехом. Точно так же утверждение «Они не оставляют нам другого выбора, кроме как прибегнуть к насилию» предполагает, что другой альтернативы действительно не существует и что наличие или отсутствие этих альтернатив определяют упомянутые «они».

Настоящие лингвистические предположения следует отличать от допущений и умозаключений. Лингвистическое предположение представляет собой некий явно выраженный в теле сообщения фактор, без «предположения» или учета которого предложение или высказывание лишено смысла. Например, в вопросе: «Вы прекратили заниматься спортом?» использование слова «прекратить» подразумевает, что собеседник уже занимался спортом. В вопросе: «Вы занимаетесь спортом?» такого предположения нет.

Эти вопросы не предполагают таких выводов, как: «Говорящий считает, что спортом заниматься необходимо» или «Говорящий не имеет представления об отношении собеседника к спорту». Это допущения, которые можно сделать на основании вопроса, но они не включены в него как предположения.

Посмотрим на следующие утверждения:

- Власти разогнали демонстрантов, потому что они опасались насильственных действий.

- Власти разогнали демонстрантов, потому что они выступали в защиту насильственных действий.

Эти два предложения обладают абсолютно идентичной структурой, за исключением слов «опасались» и «выступали в защиту». В зависимости от того, какое слово использовано, мы *допускаем*, что «они» относится либо к «властям», либо к «демонстрантам». Более правдоподобным кажется, что власти опасались насильственных действий, а демонстранты выступали в защиту этих действий. Однако сами по себе утверждения этих выводов не предполагают; выводы делаем мы. Оба предложения предполагают наличие демонстрантов, которые собирались провести акцию, — и не более того.

На основе этих высказываний можно сделать следующее предположение: «Демонстранты и власти — не одна и та же группа людей». Предположения относятся к логическим выводам, основанным на имеющейся в утверждении информации.

Поскольку предположения, допущения и умозаключения не очевидны в поверхностной структуре того или иного убеждения или высказывания, гораздо труднее обнаружить их и работать с ними напрямую. Вспомните убеждения, которые высказывали два врача из приведенного выше примера с женщиной, у которой был рак:

- «Вся эта ерунда про исцеление через психику — полная чушь, от которой можно только свихнуться».

- «Если вы по-настоящему заботитесь о своей семье, вам придется подготовить их ко всему».

В первом утверждении все значимые суждения и обобщения заложены в поверхностную структуру предложения (даже если намерения, переживания, ожидания и внутреннее состояние, породившие эти обобщения и суждения, опущены). Комплексные эквиваленты и утверждения о причинно-следственной связи можно напрямую отвергать или отрицать. Так, собеседник может ответить: «Это вовсе не чушь, и я от нее не свихнусь».

Во втором утверждении базовое обобщение и суждение не проявляются в поверхностной структуре предложения, и их нельзя напрямую отвергнуть. Прямое отрицание этого утверждения заставит вас сказать что-нибудь вроде: «Я не забочусь о своей семье и не буду готовить их ко всему». Фраза не только прозвучит странно, но и не ответит на те невысказанные допущения и предположения, из-за которых, собственно, слова врача становятся ограничивающим убеждением (т. е. что вам непременно предстоит умереть, поэтому разумнее всего подготовиться к смерти и не причинять беспокойства окружающим).

Для того чтобы эффективно ответить на второе высказывание, необходимо вывести на поверхность все предположения, допущения и предположения. Только тогда можно будет подвергнуть их сомнению, а также исследовать, оценить и провести рефрейминг позитивного намерения, ожидания, внутреннего состояния и переживаний, на которых основано исходное убеждение.

В случае с двумя врачами женщина, которая была их пациентом, обратилась за советом к практику НЛП, который посоветовал ей найти позитивное намерение, скрытое за высказываниями врачей, и отреагировать на него, а не на сами слова. Женщина решила, что позитивное намерение первого высказывания — «не делать глупостей». В позитивной формулировке намерение звучало как «действовать осторожно, разумно и мудро». Женщина сочла, что было бы разумно попробовать все доступные способы лечения, особенно если они не противоречат один другому. Кроме того, она осознала, что хирург, скорее всего, сказал так не потому, что на собственном опыте проверил все психосоматические методы и разочаровался в них; он руководствовался лишь профессиональными фильтрами восприятия. На самом деле он почти наверняка не имел ни малейшего представления о том, о чем говорил. Таким образом, женщина пришла к выводу, что толковое и мудрое исследование методов психосоматического лечения вполне соответствует невысказанному позитивному намерению, казалось бы, негативного убеждения ее лечащего врача.

Подобным же образом она отреагировала на высказывание второго врача, решив, что его позитивное намерение заключается в том, чтобы «смириться с судьбой и "экологично" поступить по отношению к семье». Женщина осознала, что ее «судьбой» распоряжаются лишь она сама и Бог, а поскольку ее врач (что бы он при этом ни думал) не является Богом, то судьбы ее знать не может. Она решила, что одним из лучших способов «подготовить» детей к столкновению с серьезной болезнью будет показать им пример конгруэнтного и оптимистичного отношения к здоровью, не впадая ни в отчаяние, ни в апатию.

Как уже упоминалось ранее, этой женщине удалось выздороветь и намного превзойти в этом чьи бы то ни было ожидания.

Интересно отметить (с учетом наших комментариев относительно вирусов и предположений, что врач, сделавший первое замечание, снова встретился с этой женщиной спустя несколько месяцев. Удивляясь ее цветущему виду, он воскликнул: «Господи, да вы выглядите здоровее меня! Что вам помогло?» Он знал, что в медицинском плане не было сделано ничего, поскольку случай признали слишком запущенным. Женщина ответила: «Я знаю, что вы не верите в психотерапию, но я решила все-таки попробовать этот метод и поэтому много занималась самоанализом и представляла себе, как я выздоравливаю». Реакция врача была следующей: «Что ж, придется вам поверить, потому что я точно знаю, что *мы* не делали ничего». Спустя девять лет женщина обратилась к этому же доктору по поводу незначительной косметической операции. Моя мать (а это была именно она) рассказывала, что сначала врач повел себя так, будто увидел привидение. После очень внимательного осмотра он похлопал ее по плечу и сказал: «Держитесь подальше от врачей».

Как я уже упоминал, другой врач покончил жизнь самоубийством, когда несколькими годами позже ему довелось серьезно заболеть. Он стал жертвой собственных предположений и мыслей-вирусов.

Подведем итоги. Чем больше предположений заложено в предложение, тем больше потенциальная опасность того, что оно превратится в «вирус». Важно помнить, однако, что далеко не все вирусы вредоносны. В действительности современные генные инженеры специально создают вирусы, чтобы добиться «расщепления» генов. Точно так же предположения и допущения могут передавать позитивные сообщения. Лингвистические предположения всего лишь усложняют прямой вербальный анализ.

Еще один пример: в самом начале первой главы мы процитировали следующее замечание доктора своему пациенту: «Остальное зависит от вас». В этом замечании тоже заложены предположения и допущения. В частности, предположением было следующее высказывание: «Ваше выздоровление можно ускорить, и вы обладаете необходимыми для этого способностями и правами». Эта предпосылка оказала позитивное влияние на действия пациента.

В книге «Гипнотические паттерны Милтона Эриксона» (*Patterns of the Hypnotic Techniques of Milton H. Erickson, M. D.*, 1975) основатели НЛП Бэндлер и Гриндер описывают, как легендарный психотерапевт использовал лингвистические предположения, чтобы создавать состояние транса и помогать пациентам более эффективно работать со своими симптомами. В начале первой главы мы рассказали о психиатре, который сказал своему пациенту (считающему себя Иисусом Христом): «Насколько я понимаю, у вас есть опыт в плотницком деле». Это — один из примеров того, как Эриксон применял предположения в лечебных целях. Нередко он делал замечания или предложения, предполагающие определенные формы поведения или реакции, например:

- «*Ты хочешь сейчас рассказать мне о том, что тебя беспокоит, или предпочитаешь немного подождать с этим?*» (Предполагается, что человек хочет рассказать о том, что его беспокоит, осталось выяснить только, *когда* он это сделает.)

- «*Не расслабляйтесь слишком* быстро». (Предполагается, что вы уже расслабляетесь, и вопрос только в скорости, с которой вы это делаете.)

- «*После того как ваши симптомы исчезнут, вы заметите, как легко сохранять эффект изменений, которые претерпел ваш образ жизни*». (Предполагается, что ваши симптомы исчезнут. Кроме того, предполагается, что эффект изменений образа жизни сохранять легко, нужно только заметить это.)

• *«Поскольку вы собираетесь получить массу удовольствия от обучения на новом уровне, можете уже сейчас начинать предвкушать это удовольствие».* (Предполагается, что вы будете обучаться на новом уровне и получите от этого удовольствие. Предполагается также, что вы будете предвкушать его, вопрос только в том, когда начинать предвкушать.)

Задание

Можете потренироваться в создании высказываний с предположениями, использовав для этого следующие схемы и заполнив пустые строки желаемыми видами поведения или реакции:

Ты хочешь _____
_____ сейчас или немного позже?

Не обязательно _____
_____ слишком быстро.

После того как ты закончишь _____ ,
_____ ты осознаешь, насколько легко _____ .

Поскольку ты _____
_____ , можешь уже начинать (заканчивать) _____ .

Внутренняя референция _____

Вторым ключевым фактором, который увеличивает вероятность того, что убеждение превратится в мысль-вирус, является замкнутость этого убеждения на себя, или наличие у него внутренней референции. Процесс, обладающий внутренней референцией, основан сам на себе или оперирует самим собой. Социальные и психологические системы, обладающие внутренней референцией (или самоорганизующиеся), конструируют собственную реальность за счет применения созданных внутри них принципов и правил. Пример восприятия на основе внутренней референции мы получим, если встанем между двумя зеркалами и увидим отражение одного зеркала в другом, что создает опыт «наблюдения за собой, наблюдающим за собой».

Процессы с внутренней референцией можно противопоставить процессам, имеющим внешнюю референцию. Процессы с *внешней референцией* функционируют согласно внешним для процесса или системы правилам и используют поступающую извне обратную связь. В здоровых системах обычно соблюдается баланс между внутренней и внешней референцией (и любой другой референцией). Когда в системе или процессе преобладает внутренняя референция, это порождает патологии и парадоксы. Так, люди с внутренней референцией кажутся слишком эгоцентричными или высокомерными. Биологическим примером системы (или части системы), в которой преобладает внутренняя референция, являются онкологические заболевания. По мере своего роста и распространения они разрушают окружающую систему.

Зацикленные аргументы

Высказывания, основанные на внутренней референции, нередко создают своего рода зацикленную логику. Утверждение «Бог существует потому, что так написано в Библии, а мы знаем, что написанное в Библии истинно, поскольку это слово Господне» основывает свою истинность на собственном содержании, создавая тем самым зацикленный аргумент. Другим примером является история с вором, который делил семь украденных жемчужин. Две он отдал напарнику слева, еще две — напарнику справа и сказал:

— А себе я возьму три.
— Почему это тебе — три? — спросил один из напарников.
— Потому что я здесь главный.
— Почему это ты главный?
— Потому что у меня больше всех жемчужин.

Здесь снова одна половина аргумента используется для оправдания другой.

Иногда высказывания с внутренней референцией замаскированы тем, что ключевые слова в разных частях высказываний слегка изменены. Например, «Ограничение свободы слова принесет обществу пользу, потому что в интересах сообщества установить определенные границы свободы самовыражения». По сути дела, смысл предложения сводится к тому, что «ограничение свободы слова принесет обществу пользу, потому что ограничение свободы слова принесет обществу пользу». Однако это не так бросается в глаза, потому что «ограничение свободы слова» заменено на «установить определенные границы свободы самовыражения», а «принесет пользу обществу» — на «в интересах сообщества». Подобные убеждения с внутренней референцией оторваны от окружающей метаструктуры (т. е. других переживаний, ценностей, последствий или внутренних состояний), которая определяла бы их экологичность или полезность.

Внутренняя референция в сочетании с убеждениями способна породить тот или иной вербальный вирус. Задумайтесь над следующим высказыванием:

● *Я держу тебя под контролем, потому что ты должен дочитать меня до конца.*

Это пример того, что психолингвисты называют «вирусным предложением» (родственным, однако не идентичным мысли-вирусу). Отметьте, что в его состав входит целый ряд интересных предположений и допущений. В частности, для «вирусных предложений» характерно, что они ссылаются сами на себя и сами себя подтверждают. Единственная «территория», на которую ссылается такое предложение, — оно само. Не существует никакой другой информации, с которой можно было бы его сверить. Высказывание кажется до известной степени справедливым: нам приходится дочитать его до конца хотя бы затем, чтобы понять заключенную в нем причинно-следственную связь. Однако действительно ли оно держит нас под контролем? Кто этот «я», который контролирует нас? Предложение не имеет собственной идентификации, это всего лишь ряд слов. Настоящего автора высказывания может уже не быть в живых. Это он держит нас под контролем? И можно ли вообще говорить о каком-либо контроле? Почему это не любопытство, привычка или стратегия? И вновь тот факт, что это предложение не связано ни с одним типом метаструктуры, делает его подтверждающим себя.

Парадокс и двойные связи

Утверждения с внутренней референцией могут также *лишать себя законной силы,* порождая не только «замкнутость», но и *парадокс.* Примером такого высказывания является классический логический парадокс: «Это утверждение неверно». Если это утверждение верно, значит, оно неверно; если оно неверно, значит, оно верно и т. д. Другой хороший пример — старая загадка о деревенском брадобрее, который бреет всех мужчин в деревне, которые не бреются сами. Бреется ли сам брадобрей? Если он бреется, значит, он не принадлежит к разряду мужчин, которые не бреются сами, следовательно, не может брить сам себя. Однако если он не бреется сам, значит, он входит в число тех, кто не бреется сам, и поэтому должен брить и самого себя.

Третий пример парадокса, основанного на внутренней референции, содержится в вопросе: «Если Бог может все, то может ли он создать такой огромный камень, который не смог бы поднять и сам».

«Двойная связь» — особая разновидность парадокса, создающая ситуацию «ничьей»: «Ты дурак, если сделаешь это, и дурак, если не сделаешь этого». Множество двойных связей задействует процессы различных уровней таким образом, что то, что ты должен сделать ради собственного выживания (безопасности, целостности личности и т. д.) на одном уровне, ставит под угрозу выживание (безопасность, целостность личности и т. д.) на другом уровне. По мнению антрополога Грегори Бейтсона, впервые определившего понятие «двойная связь», подобные конфликты лежат в основе и творчества, и психоза (в зависимости от того, удается ли человеку преодолеть двойную связь или он остается в ее плену).

В этом смысле двойные связи относятся к тому, что приобрело известность как «Уловка-22». Сам термин заимствован из одноименного романа Джозефа Хеллера (написан в 1961 г., экранизирован в 1970 г.[1]). Действие романа, представляющего собой мрачноватую, но смешную пародию на армейскую бюрократию, происходит в одном из подразделений военно-воздушных сил США в годы Второй мировой войны. Роман рассказывает о попытках летчика Йоссариана избежать ужасов войны. В своем стремлении уклониться от военных действий герой сталкивается с «Уловкой-22» — загадочным предписанием, которое представляет собой «зацикленный аргумент». Йоссариан обнаруживает, что может быть дисквалифицирован и отстранен от боевых вылетов, если докажет, что сошел с ума. Однако, для того чтобы уволиться с военной службы по причине психического нездоровья, необходимо подать прошение об увольнении. «Уловка» заключается в том, что, подавая прошение об увольнении, человек доказывает тем самым собственную вменяемость, ибо ни один здравомыслящий человек не захочет продолжать рисковать жизнью. Отказываясь от полетов, Йоссариан подтверждает, что является психически здоровым.

Двойные связи нередко обладают свойствами парадокса и зацикленности, показанными в «Уловке-22», и приводят к похожему чув-

---

[1] *Хеллер Дж.* Уловка-22. Роман/Сокр. перевод с английского М. Виленского и В. Титова с предисл. С. Михалкова. — М.: Военное издательство, 1967.

ству замешательства и беспомощности. Вспомните салемские суды над ведьмами, во время которых для того, чтобы проверить, является ли женщина ведьмой, следовало связать ее и бросить в реку. Если женщина оставалась в живых, ее провозглашали ведьмой и казнили. Если же она тонула, ее оправдывали — разумеется, посмертно.

Короче говоря, внутренняя референция может стать источником как творчества, так и замешательства, в зависимости от того, как она уравновешена с другими процессами внутри системы. Внутренняя референция может породить и патологию, и мудрость — в зависимости от ее структуры и способа использования.

Теория логических типов

В попытке найти решение проблем, основанных на парадоксах внутренней референции и «зацикленности», философ и математик Бертран Рассел создал «теорию логических типов». Согласно Грегори Бейтсону (*Steps to an Ecology of Mind,* с. 202), «центральным положением [теории логических типов] является наличие разрыва между некоторым классом и его членами. Класс не может быть собственным членом, и ни один его член не может быть этим классом, поскольку термин, используемый для класса, представляет другой уровень абстракции — другой *логический тип,* отличный от терминов, используемых для членов класса». В частности, биологический вид «картофель» не является картофелиной сам по себе. Таким образом, как это показано на рис. 38, правила и характеристики, применимые к членам того или иного класса, не обязательно применимы к самому классу (можно очистить или растолочь отдельную картофелину, но невозможно очистить или растолочь «картофель вообще»).

Принцип логических типов Рассела является примером создания основанного на внутренней референции регулирующего механизма на другом «уровне» деятельности. Механизмы подобного типа стали предметом изучения так называемой кибернетики второго порядка. Кибернетика второго порядка нередко имеет дело с «рекурсивными» петлями и процессами (подобными тем, на которых основаны самоорганизующиеся системы). Рекурсия представляет собой особую форму петли обратной связи, в которой действие или процесс основаны сами на себе, т. е. они сами являются частью собственного процесса. «Разго-

Рис. 38. Согласно теории логических типов Рассела, парадокс возникает в тех случаях, когда класс причисляется к членам этого класса

вор о разговоре», «наблюдение за наблюдателем», «обратная связь от обратной связи» и т. д. — все это примеры рекурсивных процессов, основанных на внутренней референции.

Применение убеждения или обобщения к нему самому

Паттерн «Фокусов языка», известный как «примени к себе», является примером вербального использования внутренней референции для того, чтобы помочь человеку осмыслить и заново оценить те или иные формулировки убеждений. Применение убеждения к нему самому подразумевает оценивание формулировки убеждения согласно определяемым им обобщением или критерием. Например, если человек разделяет убеждение о том, что «словам нельзя верить», это убеждение можно применить к нему самому следующей фразой: «Словам нельзя верить, поэтому ты, должно быть, сам не веришь тому, что только что сказал». Человеку, утверждающему, что «нельзя делать обобщения», можно ответить: «А ты уверен, что прав, делая *это* обобщение?»

Цель применения убеждения или обобщения к нему самому — узнать, является ли это убеждение конгруэнтным примером собственного обобщения. Своего рода золотое правило убеждений гласит: «Обобщение справедливо относительно других обобщений ровно в той же мере, в какой оно справедливо относительно самого себя». К примеру, человек может сказать: «Карта не есть территория... включая и это убеждение. Это всего лишь карта, и не вздумайте поверить в то, что это реальность».

Часто применение ограничивающего убеждения к нему самому порождает парадокс, который позволяет выявить те сферы, в которых данное убеждение недействительно. К таким ситуациям подходит старая поговорка: клин клином вышибают.

Хорошим примером использования паттерна «примени к себе» для борьбы с потенциальной мыслью-вирусом является история с участником одного из семинаров по НЛП. Этот молодой человек хотел научиться более гибко использовать тон своего голоса, однако столкнулся с чрезвычайно сильным внутренним сопротивлением. Какая-то часть его личности знала, что развитие гибкости голоса вполне «уместно», но участнику казалось, что, пробуя новые варианты, он выглядит крайне нелепо. Внутренний конфликт привел к тому, что при попытке выполнить упражнение наш герой испытывал застенчивость и замешательство. Разочарование росло не только у него самого, но и у других участников, которые пытались выполнить упражнение вместе с ним.

Проблемы молодого человека привлекли внимание тренеров НЛП, которые вели занятия, и они решили преодолеть паттерн сопротивления с помощью одного из приемов, основанных на замешательстве. Участника семинара попросили продемонстрировать, как выполняется упражнение на гибкость голоса. Разумеется, как только он начал выполнять упражнение, возникли внутреннее сопротивление и конфликт. В этот момент один из тренеров сказал: «Я понимаю, вы думаете, что вполне *уместно* было бы развить гибкость голоса, но беспокоитесь о том, что при этом вы выглядите *нелепо*. Позвольте спросить, что вы предпочитаете — быть *уместно нелепым* или *нелепо уместным*?» Застигнутый врасплох, молодой человек не сумел ответить сразу. Тогда другой тренер воспользовался возможностью добавить: «Разумеется, ваше замешательство вполне *уместно*, поскольку просто *нелепо* задавать такие вопросы». Первый тренер продолжил: «Однако не кажется ли вам *нелепым*, что *уместно* реагировать так на *нелепый* вопрос?» Его партнер ответил: «Разумеется, однако вполне уместно задать *нелепый* вопрос, когда вся ситуация кажется такой *нелепой*, как эта». Первый тренер заметил: «Вы говорите *нелепые* вещи. Я считаю, то, что все мы оказались в такой *нелепой* ситуации, вполне *уместно* и необходимо реагировать на нее *уместным* образом». Второй тренер парировал: «Я знаю, что мои слова звучат *нелепо*, но думаю, что вынужден быть *нелепым*, чтобы совершать *уместные* поступки. Фактически в данной ситуации было бы *нелепо* совершать *уместные* поступки». Затем оба повернулись к участнику семинара и спросили: «А как вы думаете?»

Совершенно запутавшийся молодой человек сначала молча глазел на них, а потом расхохотался. Когда ведущие семинара сказали: «Давайте теперь выполним упражнение», участник сумел выполнить все, что от него требовалось, без какого-либо внутреннего сопротивления. В каком-то смысле замешательство позволило ему снизить чувствительность к проблемной интерпретации отдельных слов, а также подарило свободу выбора реакции, основанной на других критериях. В будущем, когда бы речь ни заходила об «уместности» или «нелепости» поведения, этот человек только смеялся и принимал решение на основе других, более эффективных стратегий.

Еще один молодой человек имел проблемы в деловой сфере. Он постоянно брал на себя гораздо больше обязательств, чем физически мог выполнить. Выявление его стратегии формирования мотивации показало, что если клиент, друг или знакомый спрашивал нашего героя, может ли он сделать что-либо, молодой человек начинал конструировать образ самого себя, выполняющего то, о чем его просили. И если ему удавалось увидеть себя за работой, он говорил себе, что *должен* выполнить это, и брался за поручение, даже если оно мешало выполнению других текущих задач.

Тогда молодого человека спросили, может ли он увидеть самого себя, *не делающего* то, что он только что себе представил. Когда стратегия этого человека начала «развертываться» в обратном направлении, у него тотчас же наступило состояние глубокого транса. Практик НЛП, который занимался с молодым человеком, воспользовался этим состоянием для того, чтобы помочь ему развить более эффективные тесты и операции, связанные со стратегией формирования мотивации.

Особенно яркий и трогательный пример того, как паттерн «примени к себе» помог спасти жизнь одной женщине, содержится в Евангелии от Иоанна (8:3–11):

Тут книжники и фарисеи привели к Нему женщину, взятую в прелюбодеянии, и, поставив ее посреди, сказали Ему: Учитель! эта женщина взята в прелюбодея-

нии; а Моисей в законе заповедал нам побивать таких камнями: Ты что скажешь? Говорили же это, искушая Его, чтобы найти что-нибудь к обвинению Его. Но Иисус, наклонившись низко, писал перстом на земле, не обращая на них внимания. Когда же продолжали спрашивать Его, Он, восклонившись, сказал им: кто из вас без греха, первый брось на нее камень. И опять, наклонившись низко, писал на земле. Они же, услышав то и будучи обличаемы совестью, стали уходить один за другим, начиная от старших до последних; и остался один Иисус и женщина, стоящая посреди. Иисус, восклонившись и не видя никого, кроме женщины, сказал ей: женщина! где твои обвинители? никто не осудил тебя? Она отвечала: никто, Господи. Иисус сказал ей: и Я не осуждаю тебя; иди и впредь не греши.

Слова Иисуса «кто из вас без греха, первый брось на нее камень» являются классическим примером применения ценностей, выраженных в убеждении, к самому убеждению (рис. 39). Для этого Иисус сначала «объединил» «прелюбодеяние» до «греха», а затем предложил толпе применить тот же самый критерий и следствия из него к собственному поведению.

Отметьте, что Иисус не подверг сомнению само убеждение. Скорее он вывел его из фрейма, вследствие чего люди были вынуждены изменить позицию восприятия и расширить карту ситуации, включая в нее собственное поведение.

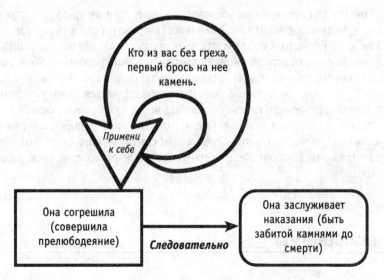

Рис. 39. Использование Иисусом принципа «примени к себе» для спасения жизни женщины

Задание

Попробуйте применить этот паттерн к одному из ваших собственных убеждений. Для начала убедитесь в том, что вы формулируете это убеждение как причинно-следственную связь или комплексный эквивалент:

Убеждение: _____

_____ , потому что _____

_____ .

Например: Я медленно обучаюсь, потому что мне требуется много времени на то, чтобы понять что-то новое.

(Как можно оценить формулировку убеждения согласно обобщению или критериям, определяемым этим самым убеждением? В каком случае оно окажется примером (или исключением) для собственного утверждения?)

Например: Сколько времени вам понадобилось на то, чтобы понять, что вы медленно обучаетесь?

(Вероятно, если бы вы не пожалели времени, чтобы как следует понять, каким образом вам мешает то, что вы медленно обучаетесь, вы лучше бы поняли, как вам нужно учиться.)

Иногда для применения убеждения к нему самому требуется способность думать не линейно и не буквально. Например, если человек говорит: «Я не могу позволить себе купить этот продукт, потому что он слишком дорого стоит», в ответе вам может пригодиться метафора: «Это убеждение может стоить тебе слишком дорого, если ты будешь за него держаться» или «Ты уверен, что сможешь позволить себе держаться за это убеждение, если оно будет мешать тебе использовать выгодную возможность?»

Аналогично, если вам говорят: «Диагноз "рак" подобен смертному приговору», применить эти слова к ним самим можно так: «Это убеждение, как рак, росло и распространялось долгие годы; не пора ли ему умереть?»

Метафреймы

Применение обобщения к нему самому нередко выводит человека в *метапозицию* по отношению к его собственным мыслям и убеждениям.

Понятие «метапозиция» в НЛП является средством применения процесса внутренней референции для того, чтобы упростить процессы психологических изменений и роста. В метапозиции можно диссоциироваться от собственных мыслей, поступков и взаимодействий и обдумать их, с тем чтобы прийти к новому пониманию и действовать более эффективно. Метапозиция помогает нам осознать, что убеждение является только «убеждением», а не единственной интерпретацией реальности.

Один из самых прямых путей перехода в метапозицию по отношению к убеждению — использование «метафрейма». Для этого необходимо оценить убеждение из фрейма непрерывного, личностно-ориентированного контекста, т. е. *создать убеждение **относительно убеждения***. К примеру, мы можем верить, что какое-либо убеждение ошибочно или глупо. Фраза «Ты говоришь это, только чтобы утешить меня» является распространенным примером использования метафрейма с целью обесценить позитивное утверждение или оценочное суждение, сделанное другим человеком.

Разница между применением убеждения к нему самому и созданием метафреймов заключается в том, что когда убеждение применяется к самому себе, его содержание (т. е. ценности и обобщения, которые оно выражает) используется для оценки самого убеждения. В создании метафреймов убеждение относительно другого убеждения может иметь совершенно иное содержание, чем то убеждение, к которому оно относится.

Возьмем, к примеру, обобщение: «Чтобы выжить, необходимо быть сильным». Применив это убеждение к нему самому, мы получим что-то вроде: «Интересно, достаточно ли сильно это убеждение, чтобы оно сумело выжить и в следующем тысячелетии». Для создания метафреймов же нам потребуется примерно следующая фраза: «Это убеждение больше всего похоже на отражение относительно ограниченного и патриархального мировоззрения, которое не способно оценить значимость сотрудничества и гибкости для успешного выживания».

Создание метафреймов является распространенной стратегией работы с убеждениями в психотерапии и консультировании; с его помощью человек помещает свои убеждения в метафрейм личной истории или других социальных факторов. Классический пример применения метафреймов представляет собой психоаналитический метод Зигмунда Фрейда. Фрейд постоянно объяснял жалобы своих пациентов, помещая их во фрейм собственных теорий. Предлагаем вашему вниманию цитату из отчета Фрейда о работе с пациентом, которого одолевали фантазии о крысах (случай так называемого «Человека-крысы»):

Я указывал ему на то, что, с точки зрения логики, он не несет ответственности за эти черты своего характера, поскольку все эти предосудительные побуждения брали начало в раннем детстве и представляли собой лишь производные его инфантильного характера, сохранившиеся в его бессознательном; и он должен понимать, что моральная ответственность не применима к детям.

Фрейд провел метафрейминг мыслей и «предосудительных побуждений» своего клиента, представив их как производные его «инфантильного характера, сохранившиеся в его бессознательном». Фрейд, следовательно, подразумевал, что этот человек не должен испытывать вину за свои побуждения, поскольку «моральная ответственность не применима к детям».

Часто метафрейминг рассеивает воздействие ограничивающего убеждения за счет того, что с его помощью человек занимает позицию наблюдателя за собственными психическими процессами.

Задание

Исследуйте действие этого паттерна на примере одного из ваших убеждений. Подумайте о каком-нибудь убеждении, суждении или обобщении, которое вас ограничивает. Какое убеждение относительно этого убеждения может изменить или обогатить ваше восприятие исходного убеждения?

Убеждение: _____

_____

Я разделяю это убеждение, потому что _____

_____

Подобно всем остальным паттернам «Фокусов языка», метафрейминг можно использовать для укрепления позитивного убеждения. Например, представим себе, что некто хочет принять убеждение: «Мой ум и дар общения позволяют мне выжить». Поддерживающий метафрейм может быть таким: «Вы разделяете это убеждение потому, что осознаете, что век информации навсегда изменил факторы, необходимые для выживания».

Логические уровни

Паттерны «примени к себе» и «метафрейм» обычно дают толчок к переключению нашего внимания на другой уровень мышления. Они позволяют нам в большей мере осознавать то, что Бертран Рассел называл «логическими типами», а также тот факт, что мы не можем рассматривать какой-либо класс и его члена как предметы одного уровня. Антрополог и теоретик коммуникации Грегори Бейтсон применял теорию Рассела как средство объяснения и разрешения ряда вопросов, связанных с поведением, обучением и коммуникацией. По Бейтсону, представление о различных логических типах существенно для понимания игры, обучения высшего уровня и паттернов патологического мышления. Бейтсон полагал, что своим возникновением так называемые ограничивающие убеждения или мысли-вирусы во многом обязаны смешению логических типов.

В качестве примера Бейтсон указывал, что «игра» предполагает разделение различных *логических типов* поведения и сообщений. Бейтсон заметил, что когда животные и люди принимают участие в игре, они нередко демонстрируют формы поведения, ассоциирующиеся также с агрессией, сексуальностью и другими «более серьезными» аспектами жизни (например, когда животные «играют в драку» или дети «играют в доктора»). Тем не менее животные и люди по большей части способны осознать, что игровое поведение является другим типом или классом поведения, а не чем-то «настоящим». Согласно Бейтсону, распознавание различных классов поведения требует также присутствия различных типов сообщений, которые он называл «метасообщениями», — сообщений *о других* сообщениях. Бейтсон считал, что они тоже принадлежат к иному «логическому типу», чем содержание конкретной коммуникации. Он верил, что эти сообщения «высшего уровня» (как правило, передаваемые невербальными способами) определяют способность людей и животных к коммуникации и эффективному взаимодействию.

В частности, животные во время игры могут передавать сообщение «это игра» за счет помахивания хвостом, прыжков или каких-то других средств, показывая, что их поведение не следует воспринимать всерьез и их укусы — игровые, не настоящие. Исследования человеческого поведения также подтверждают использование особых сообщений, обозначающих игру, — во многом подобно тому, как это принято у животных. Люди могут осуществлять «метакоммуникацию» вербальными средствами (объявляя, что «это всего лишь игра») или смеясь, подталкивая друг друга локтями или как-то иначе демонстрируя свое намерение.

Бейтсон утверждал, что многие проблемы и конфликты являются результатом путаницы или неправильной интерпретации подобных сообщений. Характерный пример — сложности, которые испытывают люди разных культур, пытаясь интерпретировать невербальные тонкости коммуникации собеседника.

В своей книге «Эпидемиология шизофрении» (*Epidemiology of Schizophrenia*, 1955) Бейтсон высказал гипотезу о том, что корнем многих, казалось бы, психотических или «ненормальных» форм поведения является неспособность правильно распознавать и интерпретировать метасообщения, а также различать классы, или логические типы, поведения. Бейтсон привел в пример молодого пациента с психиатрическим диагнозом, посетившего больничную аптеку. Медсестра за прилавком спросила его: «Я могу вам чем-нибудь помочь?» Пациент не сумел понять, была ли эта фраза угрозой, сексуальным предложением, замечанием за нахождение в неположенном месте, искренним вопросом и т. д.

Неспособность различать подобные вещи, считал Бейтсон, скорее всего, приведет к тому, что поведение человека окажется неуместным в конкретной ситуации. Ученый сравнивал это явление с телефонным коммутатором, который неспособен отличить код страны от кода города и местного телефонного номера, считает цифры кода страны частью индивидуального номера или части номера — кодом города и т. д. Разумеется, вследствие этого звонящий будет соединен не с тем номером. Даже если все цифры (содержание) окажутся правильными, проблему вызовет неправильная классификация цифр (форма).

В другой своей книге «Логические категории в обучении и коммуникации» (*The Logical Categories of Learning and Communication*, 1964) Бейтсон расширил понятие логических типов, чтобы объяснить различные типы и феномены не только коммуникации, но и обучения. Он определил два базовых типа, или уровня, обучения, которые следует учитывать во всех процессах изменения: «Обучение I» (типа «стимул-реакция») и «Обучение II», или «дейтеро-обучение» (обучение распознаванию более широкого контекста, в котором встречается стимул, для верной интерпретации его смысла). Основным примером феномена «Обучение II» является комплексное обучение, или процесс, в ходе которого лабораторные животные приобретают «умудренность опытом», т. е. все быстрее и быстрее обучаются новым заданиям, если те относятся к одному и тому же классу деятельности. Это относится к обучению скорее целым *классам* поведения, чем его отдельным, изолированным формам.

Например, животное, у которого создан рефлекс избегания, будет обучаться новым видам избегающего поведения все быстрее и быстрее. Однако виды поведения с обусловленными реакциями (например, выделение слюны на звук колокольчика) это животное будет осваивать дольше, чем другое, у которого уже созданы рефлексы подобного класса. То есть первому животному будет легче научиться распознавать объекты и избегать их, когда это связано с ударом током, но сложнее научиться выделять слюну на звук колокольчика. С другой стороны, животное, у которого выработаны условные рефлексы по методу Павлова, быстро научится выделять слюну на новые звуки, цвета и т. д., но оно будет дольше учиться избегать объектов, связанных с ударом электрическим током.

Бейтсон указывал, что данная способность усваивать паттерны или правила определенного класса механизмов обусловливания является другим «логическим типом» обучения и функционирует иначе, чем те же простейшие последовательности «стимул—реакция—подкрепление», которые используются для научения отдельным видам поведения. Бейтсон отметил, в частности, что крысам требуется иное подкрепление для «исследования» (средство «научиться учиться»), чем для «проверки» конкретного объекта (содержание исследования). В книге «Шаги к экологии разума» (*Steps to an Ecology of Mind*) он пишет:

> …Можно подкрепить действия крысы (позитивно или негативно), когда она изучает тот или иной незнакомый объект, и тогда животное научится либо подходить к нему, либо избегать его. Однако сама цель исследования заключается в том, чтобы получить информацию — каких объектов следует избегать, а каких — нет. Следовательно, обнаружив, что данный объект опасен, крыса достигает успеха в деле получения информации. Этот успех не помешает крысе и в дальнейшем исследовать другие незнакомые объекты *(с. 282)*.

Способности исследовать, распознавать предметы или проявлять творческое мышление являются более высоким уровнем обучения, чем составляющие их отдельные формы поведения. Динамика и правила изменения на этом уровне тоже другие.

Бейтсон оказал немалое влияние на раннее развитие НЛП, и поэтому теория логических типов входит в число важнейших понятий нейро-лингвистического программирования. В 1980 г. я адаптировал идеи Рассела и Бейтсона для того, чтобы сформулировать понятия «логических уровней» и «нейро-логических уровней» человеческого поведения и изменений. Заимствованная у Бейтсона модель уровней предполагает, что в рамках отдельного человека или группы существует естественная иерархия уровней, в которой осуществляются различные логические типы процессов. Каждый уровень синтезирует, организует и направляет тот или иной вид деятельности на нижележащем уровне.

Какое-либо изменение на верхнем уровне обязательно распространяется вниз, вызывая изменения на нижних уровнях. Однако, поскольку каждый последующий уровень относится к другому логическому типу процессов, изменение чего-либо на нижнем уровне не обязательно отразится на верхних уровнях. К примеру, убеждения формируются и изменяются под действием иных правил, чем поведенческие рефлексы. Поощрение или наказание за какое-либо поведение не обязательно скажется на убеждениях человека, потому что системы убеждений представляют собой иной психический и нервный тип процессов, чем поведенческие проявления.

Согласно модели нейро-логических уровней, влияние *окружения* включает в себя специфические внешние условия, в которых имеет место наше поведение. *Формы поведения,* лишенные какой-либо внутренней карты, плана или стратегии, подобны коленному рефлексу, привычкам или ритуалам. На уровне *способности* мы можем выбирать, изменить и адаптировать тот или иной вид поведения к более широкому спектру внешних ситуаций. На уровне *убеждений и ценностей* мы поощряем, запрещаем или обобщаем ту или иную стратегию, план или способ мышления. *Идентификация*, разумеется, консолидирует все системы убеждений и ценностей в самосознание. *Духовный* уровень связан с ощущением, что наша идентификация является частью чего-то большего, чем мы сами, а также с нашим ви́дением тех систем, к которым мы принадлежим. В то время как каждый новый уровень все больше и больше абстрагируется от особенностей поведения и сенсорного опыта, его воздействие на поведение и опыт оказывается все более и более широким.

— **Факторы окружения** определяют внешние возможности или ограничители, на которые человек вынужден реагировать. Отвечают на вопросы *где?* и *когда?*

— **Поведение** строится из отдельных действий или реакций в определенном окружении. Отвечает на вопрос *что?*

— **Способности** направляют и управляют поведенческими проявлениями через ментальную карту, план или стратегию. Отвечают на вопрос *как?*

— **Убеждения и ценности** обеспечивают подкрепление (мотивацию и разрешение), которое поддерживает либо отрицает способности. Отвечают на вопрос *почему?*

— **Факторы идентификации** определяют общую цель (миссию) и формируют убеждения и ценности через наше самосознание. Отвечают на вопрос *кто?*

— **Духовность** связана с тем фактом, что мы являемся частью более обширной системы, которая распространяется за пределы нашей индивидуальности на семью, сообщество и глобальные системы. Отвечает на вопрос *для кого/для чего?*

С точки зрения НЛП каждому из этих процессов соответствует отдельный уровень организации, повышение которого предполагает все более полную мобилизацию нервной системы.

Любопытно, что стимулом для создания этой модели послужили результаты обучения людей паттернам «Фокусов языка». Я замечал, что определенные типы высказываний обычно даются людям сложнее, чем другие, даже если тип утверждения, по существу, остается тем же самым. К примеру, сравните следующие утверждения:

- Этот объект из твоего окружения опасен.

  Твои действия в этом контексте были опасными.

  Твоя неспособность выносить эффективные суждения опасна.

  То, во что ты веришь и что ценишь, опасно.

  Ты опасный человек.

В каждом случае утверждается, что нечто является «опасным». Однако многие люди интуитивно чувствуют, что «пространство» или «территория», подразумеваемые в каждом высказывании, постепенно расширяются и эмоциональное воздействие высказываний усиливается.

Одно дело — если вам скажут, что какая-то поведенческая реакция была опасной, и совсем другое — услышать, что вы «опасный человек». Я заметил, что, когда я сохранял структуру суждения неизменной и лишь подставлял в нее термины, обозначающие окружение, поведение, способности, ценности и убеждения, идентификацию, люди чувствовали все большую обиду или похвалу в зависимости от позитивного или негативного содержания утверждения.

Задание

Попробуйте сделать это сами. Представьте себе, что вам говорят следующее:

Люди *вокруг тебя* глупы (отвратительны, неординарны, прекрасны).

В той ситуации ты *вел себя* глупо (отвратительно, неординарно, прекрасно).

Ты действительно *способен* быть глупым (отвратительным, неординарным, прекрасным).

То, во что ты *веришь* и что *ценишь*, глупо (отвратительно, неординарно, прекрасно).

Ты глуп (отвратителен, неординарен, прекрасен).

Еще раз отметим, что оценки, содержащиеся в каждом высказывании, остаются неизменными. Меняется только конкретный аспект человека, к которому относится высказывание.

Изменение логических уровней

Одна из наиболее распространенных и эффективных тактик «Фокусов языка» заключается в том, чтобы сменить категорию некой характеристики или переживания, переводя их с одного логического уровня на другой (например, отделяя *идентификацию* человека от его *способностей* или *поведения*). Негативные утверждения на уровне идентификации нередко являются следствием интерпретации того или иного поведения или неспособности дать те или иные поведенческие результаты. Преобразование подобного утверждения в суждение относительно поведения или способностей существенно уменьшает его психическое и эмоциональное воздействие.

Например, человек может испытывать депрессию из-за онкологического заболевания и считать себя «жертвой рака». Провести рефрейминг позволит следующая реплика: «Вы не *жертва рака*, вы — нормальный человек, который пока не развил в себе *способность использовать в полной мере связь между психикой и телом*». Это поможет человеку изменить свое отношение к болезни, увидеть новые возможности, а также самого себя как участника процесса собственного исцеления.

Этот же тип рефрейминга можно провести с таким убеждением, как «Я неудачник». В этом случае можно сказать: «Дело не в том, что вы неудачник, просто вы еще не освоили все элементы, необходимые для успеха». И снова мы переносим ограничивающее суждение на уровне идентификации в контекст, способствующий проявлению активности и решению проблемы.

Задание

Для проведения подобного рефрейминга выполните следующее:

1. Определите негативное утверждение на уровне идентификации:

   Я _____

   _____ (например, «Я — обуза для окружающих»)

2. Определите отдельную способность или поведение, которое связано либо с настоящим, либо с желаемым состоянием, подразумеваемым утверждением на уровне идентификации:

   Способность к _____

   _____ (например, «способность самостоятельно решать свои проблемы»)

3. Замените негативное утверждение этой способностью или поведением:

   Вероятно, я вовсе не _____

   _____ (негативная идентификация: например, «обуза для окружающих»), *просто я еще не обладаю*

   способностью _____

   _____ (специфическая способность или поведение: например, «самостоятельно решать свои проблемы»).

Разумеется, этот прием можно использовать и, наоборот, для создания убеждений, расширяющих наши возможности. Поведение или способность могут быть подняты до утверждения на уровне идентификации. К примеру, можно сказать: «Твоя способность творчески подходить к ситуации означает, что ты — творчески мыслящий человек». Другие примеры: побеждать ⇒ победитель, выздороветь ⇒ здоровый человек, достичь успеха ⇒ преуспевающий человек и т. д. Этот вид переопределения используется для того, чтобы углублять или укреплять в человеке осознание собственных возможностей и ресурсов.

9. ПРИМЕНЕНИЕ СИСТЕМЫ ПАТТЕРНОВ

Определения и примеры паттернов «Фокусов языка»

В этой книге мы рассмотрели целый ряд паттернов, характерных для «Фокусов языка», а также принципы и методы, лежащие в основе способности создавать и использовать эти паттерны. Задача данной главы — свести их в единую систему понятий, которую можно было бы использовать в ходе общения, консультации или спора, чтобы помочь собеседнику усомниться в ограничивающих убеждениях и поверить в позитивные. Существует четырнадцать паттернов «Фокусов языка», каждый из которых помогает переключать внимание или расширять «карты» человека в том или ином направлении.

Задумайтесь над следующим убеждением: «*Я так долго был уверен в этом, что мне будет сложно изменить это убеждение*» (рис. 40). Это убеждение достаточно широко распространено, и многим приходится бороться с ним в попытке изменить собственную жизнь. Несмотря на

Рис. 40. Структура формулировки ограничивающего убеждения об изменении

то что подобная точка зрения имеет право на существование, данное убеждение может стать ограничивающим, если понимать его буквально и интерпретировать в узком смысле. (Оно особенно опасно тем, что является убеждением относительно других убеждений и самого процесса изменения убеждений. Наличие внутренней референции увеличивает вероятность его «зацикленности» и превращения в «мысль-вирус».) Применение различных паттернов «Фокусов языка» способно представить это убеждение в новом ракурсе и расширить связанную с ним карту.

Ниже приводятся определения и примеры применения четырнадцати паттернов «Фокусов языка» к данному убеждению. Помните, что задача «Фокусов языка» заключается не в том, чтобы критиковать человека или убеждения, а в том, чтобы произвести рефрейминг убеждения и расширить «карту мира» этого человека так, чтобы позитивные намерения, скрытые за убеждением, можно было бы реализовать с помощью других средств.

1. **Намерение**: переключение внимания на задачу или намерение, скрытые за убеждением. (См. главу 2, с. 38–42.)

Например: «Я глубоко восхищен вашим желанием быть честным с самим собой и готов поддержать его» (рис. 41).
Позитивное намерение = «честность»

«Чрезвычайно важно реально смотреть на процесс изменения убеждений. Давай будем реалистами в том, что касается данного убеждения и средств, необходимых для его изменения».
Позитивное намерение = «быть реалистом»

2. **Переопределение**: замена одного из слов, используемых в формулировке убеждения, новым словом, которое обозначает нечто сходное, однако наделено другим подтекстом. (См. главу 2, с. 46–48.)

Например: «Конечно, не так-то просто бывает избавиться от того, за что ты так упорно держался» (рис. 42).

Рис. 41. Намерение

Рис. 42. Переопределение

«разделять долгое время» ⇒ «упорно держаться»

«сложно изменить» ⇒ «не так-то просто избавиться»

«Согласен, поначалу стремление расширить привычные границы может показаться странным».

«убеждение» ⇒ «привычная граница»

«сложно изменить» ⇒ «поначалу стремление расширить кажется странным»

3. **Последствия**: внимание направляется на те позитивные или негативные последствия данного убеждения или определяемого им обобщения, которые позволят изменить или укрепить это убеждение. (См. главу 5, с. 102–105.)

Например: «Если заранее настроиться на то, что задача окажется трудной, на практике ее решение может показаться гораздо более простым, чем можно было ожидать» (рис. 43).

«Полностью осознав свои проблемы, можно отложить их на время и сконцентрироваться на том, чего ты хочешь».

4. **«Разделение»**: изменение или укрепление обобщения, определяемого убеждением, с помощью дробления элементов убеждения на меньшие части. (См. главу 3, с. 56–58.)

Рис. 43. Последствия

Например: «Поскольку чем "свежее" убеждение, тем проще его изменить, попробуйте вспомнить свои ощущения в то время, когда данное убеждение только-только сформировалось. Представьте, что вы изменили его еще тогда» (рис. 44).

«долгое время» ⇒ «краткое время»

«Возможно, процесс изменения убеждения окажется более легким и приятным, если попытаться изменить убеждение маленькими порциями, а не все сразу».

«изменение убеждения» ⇒ «изменение маленькими порциями»

5. **«Объединение»**: обобщение части убеждения до более высокого уровня, позволяющего изменить или укрепить взаимосвязи, определяемые данным убеждением. (См. главу 3, с. 58–59.)

Например: «Прошлое далеко не всегда позволяет точно определить будущее. Знание может развиваться стремительно, если восстановить его связь с процессами, обеспечивающими естественное его обновление» (рис. 45).

«долгое время разделял» ⇒ «прошлое»

«убеждение» ⇒ «форма знания»

«сложно изменить» ⇒ «будущее»

«изменение» ⇒ «связь с процессами, обеспечивающими естественное его обновление»

«Все процессы изменения обладают естественным циклом, который нельзя ускорить. Вопрос лишь в том, какова длительность естественного жизненного цикла данного убеждения».

Рис. 44. «Разделение»

Рис. 45. «Объединение»

«сложно изменить» ⇒ «естественный цикл, который нельзя ускорить»

«долгое время разделял убеждение» ⇒ «длительность жизненного цикла убеждения»

6. **Аналогия**: поиск взаимосвязи, которая была бы аналогична определяемой данным убеждением и ставила бы под сомнение (или укрепляла) соответствующее обобщение. (См. главу 3, с. 59–62.)

Например: «Убеждение подобно закону. Даже очень старые законы можно с легкостью изменить, если достаточное количество людей проголосуют за что-то новое» (рис. 46).

«Убеждение подобно компьютерной программе. Не важно, сколько лет существует данная программа, важно знать нужный язык программирования».

«Динозавры, наверное, тоже удивлялись тому, как быстро меняется их мир».

7. **Изменение размера фрейма**: переоценка (или усиление) подтекста убеждения в контексте более длительного (или краткого) временнóго фрейма, с точки зрения большего числа людей (или отдельного человека), в более широком или узком ракурсе. (См. главу 2, с. 35–38.)

Например: «Скорее всего, вы не первый и не единственный обладатель данного убеждения. Вероятно, чем больше людей способны успешно изменить его сегодня, тем легче будет другим менять убеждения подобного типа в будущем» (рис. 47).

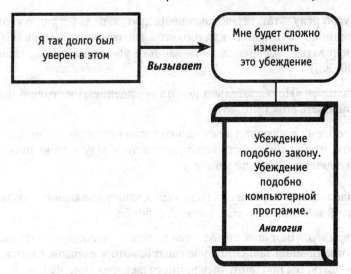

Рис. 46. Аналогия

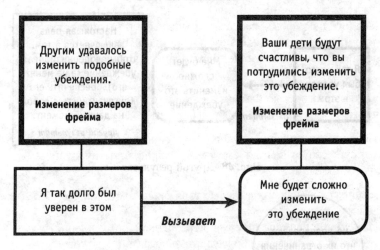

Рис. 47. Изменение размеров фрейма

«Спустя несколько лет вы едва ли вспомните о том, что когда-то разделяли данное убеждение».

«Я уверен, что ваши дети будут благодарны вам за то, что вы потрудились изменить это убеждение, а не передали его им по наследству».

8. **Другой результат**: переключение на другую цель (отличную от заявленной в убеждении), для того чтобы подвергнуть сомнению (или обосновать) своевременность данного убеждения. (См. главу 2, с. 30–33.)

   Например: «Не обязательно менять убеждение. Достаточно модернизировать его» (рис. 48).

   «Проблема заключается не столько в изменении убеждений, сколько в том, чтобы обеспечить конгруэнтность между картой мира и ее обладателем в настоящий момент».

9. **Модель мира**: переоценка (или укрепление) убеждения с позиции другой модели мира. (См. главу 2, с. 50–53.)

   Например: «Вам повезло. Многие даже и не подозревают о том, что их ограничения зависят от убеждений, которые можно радикально изменить. Вы продвинулись намного дальше» (рис. 49).

Рис. 48. Другой результат

Рис. 49. Модель мира

«Артистам свойственно использовать внутренние конфликты как источник творческого вдохновения. Интересно, на какой вид творчества могут подвигнуть вас попытки изменить данное убеждение».

10. **Стратегия реальности**: переоценка (или укрепление) убеждения, основанная на том факте, что убеждения создаются с помощью когнитивного процесса восприятия мира. (См. главу 4, с. 74–81.)

Например: «Как ты определяешь, что разделял это убеждение "так долго"?» (рис. 50).

«Какими конкретными свойствами того, что ты видишь или слышишь, думая об изменении данного убеждения, определяется "сложность" этого процесса?»

11. **Противоположный пример**: поиск исключения из правила, которое ставило бы под сомнение (или обогащало) обобщение, определяемое данным убеждением. (См. главу 6, с. 133–139.)

Например: «Большая часть психических процессов (в том числе воспоминания) имеет тенденцию со временем ослабевать, искажаться, меняться. Чем от них отличаются убеждения?» (рис. 51).

«На моих глазах в считанные секунды создавались и менялись многие убеждения. Все, что для этого нужно, — соответствующий опыт и поддержка».

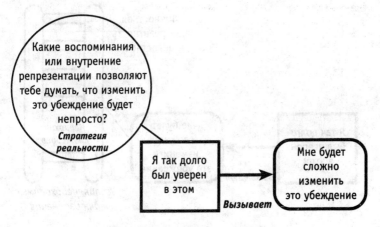

Рис. 50. Стратегия реальности

Рис. 51. Противоположный пример

12. **Иерархия критериев**: переоценка (или укрепление) убеждения согласно критерию, превосходящему по значимости любой из тех, на которые опирается данное убеждение. (См. главу 4, с. 82–89.)

Например: «Гораздо важнее "возраста" этого убеждения то, насколько данное убеждение соответствует миссии и мироощущению человека» (рис. 52).

«Личностная конгруэнтность и целостность оправдывают любые усилия по их достижению».

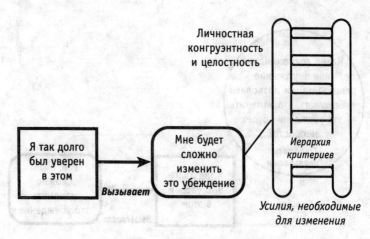

Рис. 52. Иерархия критериев

13. **Применение к себе**: оценка самой формулировки убеждения согласно взаимосвязи или критериям, определяемым этим убеждением. (См. главу 8, с. 184–188.)

Например: «*Как давно ты придерживаешься того мнения, что изменение убеждений — дело времени?*» (рис. 53).

«Насколько трудно, по-твоему, будет изменить убеждение, согласно которому застарелые обобщения плохо поддаются изменению?»

14. **Метафрейм**: оценка убеждения из фрейма непрерывного, личностно-ориентированного контекста — *создание убеждения **относительно** убеждения*. (См. главу 8, с. 188–190.)

Например: «*Вероятно, вы потому разделяете это убеждение, что прежде вы не знали, как можно менять убеждения без каких-либо затруднений*» (рис. 54).

«Вы не догадываетесь, что ваше убеждение является отличным оправданием для того, чтобы оставить все как есть? Может быть, вам или части вашей личности нравится быть таким, какой вы есть?»

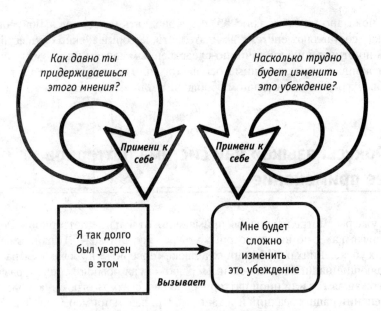

Рис. 53. Применение к себе

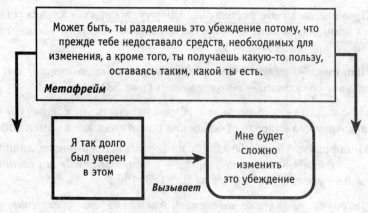

Рис. 54. Метафрейм

Паттерны «Фокусов языка» как система вербальных вмешательств

Как показано на схеме (рис. 55), четырнадцать паттернов «Фокусов языка» составляют систему вмешательств, которые можно осуществлять по отношению к причинно-следственным связям или комплексным эквивалентам, лежащим в основе того или иного убеждения, с тем чтобы «усомниться» в данном обобщении или «поверить» в него.

«Фокусы языка» как система паттернов и ее применение

Мы уже рассмотрели способы применения отдельных паттернов «Фокусов языка», с помощью которых можно «усомниться» в ограничивающих убеждениях и обобщениях, а также «поверить» в убеждения, расширяющие наши возможности. Нередко самая обыкновенная фраза, содержащая тот или иной паттерн, способна сыграть огромную роль в изменении наших реакций и установок. Приведем пример. Одной женщине сообщили, что у нее обнаружена «необычная» форма рака и, сле-

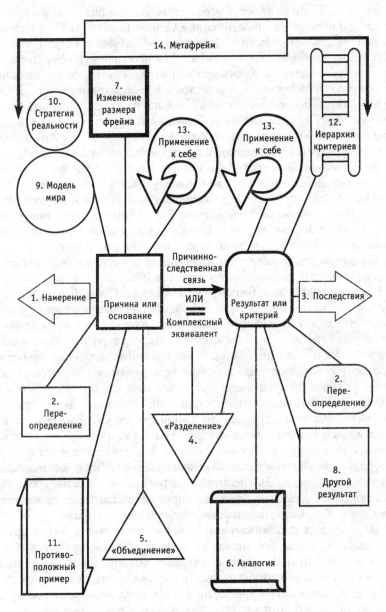

Рис. 55. Система паттернов «Фокусов языка»

довательно, врачи не знают, как ее лечить. Женщина опасалась самого худшего и пришла в полное отчаяние. Однако практик НЛП, к которому она обратилась, заметил: «В необычной ситуации могут происходить самые необычные вещи» (применив обобщение к нему самому). Это простое замечание позволило пациентке увидеть ситуацию в новом ракурсе и обнаружить, что состояние неопределенности обладает потенциальными преимуществами. Женщина стала проявлять большую активность в отношении собственного здоровья, при этом врачи предоставили ей определенную свободу выбора — ввиду «необычности» ситуации. В конце концов она полностью оправилась от болезни (тоже «необычный случай») при минимальном участии врачей.

Впрочем, нередко применение «Фокусов языка» требует одновременного использования целого ряда паттернов, направленных на различные аспекты ограничивающего убеждения. Это особенно справедливо в случаях борьбы с мыслью-вирусом. На самом деле мысли-вирусы противостоят любым изменениям, тоже используя «Фокусы языка».

Иллюстрацией может служить случай, когда я впервые осознал структуру различных паттернов. Это произошло в 1980 г., когда я принимал участие в семинаре Ричарда Бэндлера в Вашингтоне. Среди феноменов, изучением которых занимался тогда Бэндлер, было так называемое *прохождение через порог*. Это явление имеет место в тех случаях, когда человек, состоящий с другим человеком в длительных, эмоционально насыщенных и значимых для него отношениях, неожиданно прекращает любые контакты с партнером, решив никогда больше не встречаться и не разговаривать с ним. Обычно это происходит вследствие того, что партнер пересекает некую черту, которая оказывается «последней соломинкой» для их отношений. Окончательный разрыв отношений требует, чтобы все позитивные переживания, которые связывают двух людей, были уничтожены или помещены в новый фрейм. Процесс, который Бэндлер назвал «с ног на голову», подразумевает своеобразный негативный рефрейминг воспоминаний о данных отношениях. Все негативные переживания, качества, привычки, на которые мы прежде не обращали внимания, выдвигаются на передний план нашего сознания; позитивные соответственно отступают.

Этот процесс напоминает мысль-вирус, поскольку и тому и другому сложно придать обратный ход с помощью логических доводов или имеющегося опыта. В этот период человек затрачивает огромное количество усилий на то, чтобы удержать воспоминания, связанные с данными отношениями, во фрейме проблемы. Бэндлер задался вопросом: можно ли сделать этот процесс обратимым и тем самым дать людям надежду на обновление и оздоровление отношений?

Один из участников семинара — назовем его Бен — вызвался на роль «наглядного примера». Его отношения с подругой на тот момент были напряженными, и он подумывал об окончательном разрыве, считая, что во всех проблемах виновата именно она. Бэндлер (у которого в то время были семейные проблемы) заинтересовался возможностью помочь Бену преодолеть его затруднения, а возможно, и спасти отношения.

Не так-то просто оказалось убедить Бена дать его отношениям еще один шанс. Несмотря на то что он сам хотел быть наглядным примером, Бен изобретательно опровергал любые причины или возможности пересмотреть свое мнение. Бен был уверен, что обладает правильной картой ситуации, поскольку не раз «проверял» ее.

Не особенно огорчаясь, Ричард решил «поменяться воротами» и с помощью метафоры поставил Бена, а вместе с ним и остальную часть аудитории в положение пресловутой подруги, чтобы попробовать решить проблему с ее точки зрения.

Семинар проходил в гостиничном номере. Как это нередко бывает, Ричард и Бен работали на импровизированных подмостках, сооруженных из нескольких платформ. Одна из них оказалась неустойчивой, накренилась, когда на нее наступили первый раз, и Бэндлер потерял равновесие. Один из зрителей — назовем его Вик — бросился на помощь и поправил ножку платформы. Тем не менее, когда через некоторое время Бэндлер вернулся на то же место, угол платформы накренился, и Ричард снова оступился.

Поскольку и в этот раз ножку платформы поправил Вик, Бэндлер, питающий страсть к скандальным ситуациям, увидел для себя возможность спародировать проблему Бена. Дальше он действовал по «паранойяльному» сценарию, согласно которому Вик умышленно причинял ему боль. Для поддержания своей мысли-вируса Бэндлер использовал многие из описанных в этой книге принципов и приемов вербального рефрейминга.

Импровизированная драма развивалась приблизительно следующим образом:

Стенограмма

Ричард Бэндлер: Тот, кто это сделал, — убирайтесь отсюда. Нет вам больше доверия. *(Бену)* Он упустил свой шанс. Я ему больше никогда не поверю. Ты же видишь, ему плевать на

Бэндлер создает ограничивающее убеждение в форме комплексных эквивалентов и утверждений о причинно-следственных отношениях, которые складываются во фреймы ошибки и проблемы: «Вик сделал нечто

мое будущее. Это единственный вывод, который я могу сделать из того, что произошло. Ему плевать, что я могу сломать ногу, верно? Я никогда не позволю ему сделать что-либо для меня. А как иначе, если он вернул эту платформу на место и я снова оступился. Либо он просто тупица и не разбирается в том, что делает, либо делает это умышленно. В любом случае я не хочу с ним больше работать. Себе же хуже. Не одно, так другое, — придумает что-нибудь еще. И зачем ему это только надо?

(Вику) Почему вы хотели причинить мне боль? А?

В и к: Я не хотел.

Р. Б.: А почему же вы тогда это сделали?

В и к: Ну, я... Я все исправил, и теперь эта штука держится крепко, как влитая.

Р. Б.: А если нет? Если я упаду и сломаю себе ногу?

В и к: Все в порядке, она стоит крепко.

Р. Б.: То есть вы хотите, чтобы я рискнул своей жизнью и снова туда залез.

В и к: Хотите, я первым рискну своей жизнью?

такое, из-за чего я несколько раз испытал боль. Он снова сделает то же самое. Это значит, что он умышленно причиняет мне боль. Я не могу ему больше доверять».

«Подыгрывая», Вик интуитивно пытается связать обобщение с позитивным последствием.

Преувеличивая потенциальную опасность, Бэндлер фокусирует внимание на том, что к утверждению Вика можно найти противоположный пример.

Бэндлер «объединяет» последствие «пострадать» до уровня «рискнуть жизнью».

Вик пробует что-то вроде «примени к себе».

Р. Б.: А вы знаете, сколько раз я ходил по этой штуке? Последний раз, когда я проверял ее, она была в полном порядке, и вот я ступаю на нее — бабах! — и все рушится.

В и к: Тогда вы проверяли ту часть подмостков, с которой все в порядке. Просто именно эту платформу плохо установили.

Р. Б.: Ну, разумеется. Я только одного не могу понять. Совершенно не понимаю. Никогда бы не подумал, что кто-нибудь решится на такое. Послушайте, когда вы поправили ее первый раз, я думал, что вы пытаетесь мне помочь. Поначалу все выглядело так славно... Я и предположить не мог, что вы замышляете.

П е р в ы й м у ж ч и н а: Если вы перестанете использовать в работе подмостки, все будет в порядке.

Р. Б.: Видите, он пытается мне помочь. А от этого (*показывает на Вика*) я ничего не могу добиться. Все, что он может сказать, — «идите и попробуйте еще раз». Верно? Этот (*показывает на первого мужчину*), по крайней мере, сказал, чего я должен опасаться. А ведь это может быть не единственная опасность, которая мне угрожает. (*Бену*) Видишь, он (*первый мужчина*) на моей стороне?

Б е н (*Подхватывая метафору*): Я думаю, он... Впрочем, я не уверен.

Бэндлер увеличивает размер фрейма, чтобы сохранить фрейм проблемы и создать новую возможность для негативного противоположного примера.

Вик «разделяет» ситуацию, пытаясь вывести противоположный пример из фрейма под тем предлогом, что проблема относится только к определенной части подмостков.

Бэндлер снова «объединяет» ситуацию до общего смысла взаимодействия, концентрируя внимание на «намерении» Вика; таким образом изменяется «результат», вокруг которого идет спор.

Первый мужчина подстраивается к предложенным Бэндлером фрейму проблемы и уровню «группирования».

Бэндлер считает комментарий первого мужчины подтверждением фрейма проблемы и ограничивающего убеждения и увеличивает размер фрейма, чтобы включить в него потенциальные «дурные намерения» других.

Р. Б.: Ну, он, конечно, требует от меня слишком многого, но руководствуется благими намерениями. А этот Вик, наоборот, хочет, чтобы я снова залез туда, ты же сам это слышал? Он хочет, чтобы я снова залез туда и снова упал.

Бэндлер продолжает фокусировать внимание на паттерне «хороших» намерений в противовес «плохим» намерениям».

Б е н: Удивительно, что он сам до сих пор не залез на эту платформу.

Бен тоже подстраивается к фрейму проблемы, указывая на то, что поведение Вика является противоположным примером к его уверениям в собственных благих намерениях и прочности подмостков.

Р. Б.: Точно-точно. Я тоже это заметил. Ему ни разу не пришло в голову вообще убрать эту дурацкую штуку. Теперь-то ясно, что он действительно хотел навредить мне. Подумать только! Этот парень приходит на мой семинар и пытается убить меня. И продолжает в том же духе! И еще хочет убедить меня в том, что здесь нет дурного умысла.

Бэндлер использует полученное от Бена подтверждение ограничивающего убеждения как возможность объединить негативное намерение Вика с уровня «причинения вреда» до уровня «попытки убить», сдвигая обвинение на уровень идентификации.

Б е н: У него было столько шансов доказать, что он ничего не замышляет!

Бен продолжает подстраиваться к убеждению Бэндлера, «объединяя» противоположный пример так, чтобы поставить под вопрос слова Вика о том, что у него не было никаких дурных намерений.

Р. Б.: Верно: я давал ему шанс за шансом, чтобы он хоть что-то попытался сделать.

Бэндлер также продолжает «объединять».

Б е н: А он ничего не сделал. Сидит себе и все.

Рефрейминг противоположного примера превратил его в «последствие», которое подкрепляет негативное убеждение Бэндлера.

В т о р о й м у ж ч и н а: Как вы думаете, почему он счел необходимым вернуть эту штуку на место, вместо того чтобы совсем убрать ее?

Второй мужчина пытается создать «метафрейм» для ограничивающего убеждения, чтобы выявить возможное допущение.

Р. Б.: Я не знаю, зачем он это сделал. Может быть, плохо ко мне относится. Может, хочет причинить мне вред. Может, просто не подумал о том, что его действия могут причинить мне вред. Ему могло и в голову не прийти, что я на самом деле пострадаю. А я вовсе не хочу, чтобы рядом со мной был человек, способный на такой поступок.

Бэндлер сохраняет фрейм проблемы за счет расширения возможных причин поведения Вика с «негативного намерения» до «ограниченной модели мира».

П е р в а я ж е н щ и н а: Но если он не думал о том, что может случиться в будущем, то его поступок не мог быть умышленным.

Первая женщина пытается использовать реплику Бэндлера как возможный противоположный пример к его собственному убеждению относительно негативного намерения Вика.

Р. Б.: Если он не думал о моем будущем, то и в следующий раз не подумает, и дело кончится для меня плохо.

Бэндлер сдвигает фокус с намерения на последствие, чтобы сохранить фрейм проблемы.

В т о р о й м у ж ч и н а: Но у вас есть только один пример, значит, вы не можете знать этого наверняка.

Второй мужчина пытается найти противоположный пример с помощью разделения.

Р. Б.: Он сделал это дважды! И у него была куча возможностей доказать мне, что он не имел своей целью навредить мне. Он говорил, что сам залезет туда и первым «рискнет жизнью». Он сделал это? Нет. Не сделал. Я предложил ему убрать эту штуку. Он не убрал. Ему на меня плевать.

Бэндлер снова «объединяет» ситуацию, утверждая, что предоставлял Вику целую «кучу возможностей». Отсутствие реакции со стороны «виновника» Бэндлер переопределяет как свидетельство того, что Вику «на него плевать», снова устанавливая связь с негативным последствием. При этом он опускает тот

Он ломаного гроша за меня не даст. Пусть эта штуковина лежит на месте, пока я на нее не наступлю и не свалюсь оттуда.

П е р в а я ж е н щ и н а: Почему бы вам обоим не перевернуть эту платформу и не убедиться в том, что она в порядке? Попросите его, пусть поможет вам проверить ее.

Р. Б.: То есть вы хотите, чтобы я взялся за дело вместе с ним, перевернул платформу и работал на ней еще три или четыре дня? Вы просто на его стороне. Я с самого начала понял, что вы с ним заодно. Вы даже сидите в том же конце комнаты.

П е р в а я ж е н щ и н а: Тогда я сама ему помогу... А, вы мне не верите, потому что думаете, что мы с Виком союзники.

Р. Б.: Ага, хотите сказать, что я параноик? Это он (Вик) вас надоумил?

В т о р а я ж е н щ и н а: Чего вы хотите в данный момент?

Р. Б.: Я ничего не хочу. Прежде всего, я не хочу, чтобы эта штука

факт, что сам сказал Вику: готовность первым залезть на подмостки не является доказательством благих намерений.

Первая женщина пытается установить фрейм обратной связи, способствующий сотрудничеству, и переключить ситуацию на другой результат: проверку платформы на устойчивость.

Бэндлер снова расширяет фрейм (с текущего момента до следующих трех или четырех дней), чтобы «обесценить» предложенное решение проблемы, и помещает попытку первой женщины найти решение в метафрейм как свидетельство тайного заговора между ней и Виком. «Подтверждающим последствием» служит тот факт, что они оба сидят в одном конце комнаты.

Первая женщина осознает, что из-за «метафрейма» Бэндлера ни одна дальнейшая попытка бросить вызов ограничивающему убеждению не даст результатов.

Бэндлер углубляет фрейм проблемы, выделяя негативное последствие из утверждения первой женщины.

Вторая женщина предпринимает прямую попытку установить фрейм результата, сосредоточившись на ближайшем будущем.

Бэндлер снова устанавливает фрейм проблемы, сдвигая его на прошлое.

(платформа*)* здесь лежала. Слишком поздно.

В т о р а я   ж е н щ и н а : Вы не хоти-те дать ему еще хотя бы один шанс?

Вторая женщина предпринимает еще одну попытку, на этот раз — ус-тановить фрейм обратной связи.

Р. Б.: У него были все шансы. Не один шанс, а целая куча. И он их не использовал. Вы что-нибудь понимаете? Ему просто плевать. Я не знал, что мне предстояло упасть. Я не знал, что он придет с утра пораньше и свернет эту ножку. И я не знаю, что он еще придумает. Выставьте его из комнаты.

Бэндлер снова прибегает к объедине-нию, расширяя последствия своего паранойяльного убеждения.

П е р в ы й   м у ж ч и н а : Я думаю, вам (*Бэндлеру*) лучше уехать, потому что он может спрятаться где-ни-будь снаружи.

Первый мужчина подхватывает фрейм проблемы (и утверждение относительно негативных намере-ний Вика), расширяя его так, чтобы включить и будущее поведение Вика.

Р. Б.: Может быть, мне лучше спря-таться.

Т р е т и й   м у ж ч и н а (*указывая на первого мужчину*): А почему вы думаете, что можете доверять ему?

Третий мужчина сдвигает ситуа-цию к другому результату, ставя под вопрос истинность намерений первого мужчины.

Р. Б.: Ну, он предлагает то же самое, что сделал бы я.

Т р е т и й   м у ж ч и н а : Может быть, он (*Вик*) просто «подсадная утка»? Это вполне возможно.

Третий мужчина предлагает более позитивный метафрейм для поведе-ния Вика.

Р. Б.: А почему это вы его оправ-дываете? (*Смотрит на всех, с кем спорил.*) Они все против меня, все до единого.

Бэндлер переопределяет метафрейм второго мужчины как «оправдание» для поведения Вика и продолжает расширять паранойяльный фрейм проблемы.

Вторая женщина: Это массовая акция. Заговор толпы.

Вторая женщина пытается с помощью «объединения» расширить размер фрейма, чтобы преувеличить убеждение и поставить под вопрос лежащее в его основе обобщение.

Р. Б.: Ага. Видите, она тоже пытается выставить меня в роли паранойка.

Бэндлер устанавливает метафрейм вокруг ее замечания, утверждая, что намерение женщины было негативным.

Вторая женщина: Нет, я просто пытаюсь понять, почему вы так относитесь ко всем этим людям.

Вторая женщина пытается переопределить свое намерение в позитивное.

Р. Б.: Только не надо мне этого говорить. (*Вику.*) Видите, сколько проблем из-за вас одного. (*Аудитории.*) Я же говорил вам, что он стравливает людей друг с другом. (*Вику.*) Что вы за человек такой? Добились того, что двое уже готовы драться, и заставляете остальных разделяться на воинствующие стороны.

Бэндлер расширяет фрейм, снова переключая внимание на Вика, и предлагает новую формулировку негативного намерения и негативных последствий поведения Вика.

Четвертый мужчина: Он, должно быть, чертовски хитер, если решил добиться этого результата таким окольным путем.

Четвертый мужчина предлагает переключить внимание на другой потенциальный объект.

Р. Б.: О, он совсем не дурак.

Четвертый мужчина: А мы можем его перехитрить?

Четвертый мужчина пытается переключить внимание на будущее и фрейм результата.

Р. Б.: Не знаю. Он меня уже два раза поймал. Бог его знает, скольким он уже навредил.

Бэндлер изменяет временной фрейм, сдвигая его на прошлое и расширяя фрейм проблемы, чтобы включить в него не только себя, но и других.

Четвертый мужчина: Если принять все меры предосторожности, может быть, можно как-то использовать его дьявольскую гениальность?

Четвертый мужчина пытается переопределить негативное намерение Вика как «дьявольскую гениальность» и поместить его во фрейм результата: «использовать эту гениальность».

Р. Б.: Не стоит. Все, чего я хочу, — общаться с людьми и чувствовать себя в безопасности относительно происходящего. Знаете, в жизни есть столько приятных вещей, помимо этой ерунды. Что же мне делать?

Бэндлер переключается на «другой результат», связанный скорее с его (Бэндлера) собственной безопасностью, чем с «гениальностью» Вика, чтобы снова установить фрейм проблемы.

Четвертый мужчина: Ну, пока вы здесь, можете просто держаться начеку.

Четвертый мужчина пытается сузить временной фрейм до текущей ситуации, чтобы добиться результата «безопасность».

Р. Б.: Я уже начеку. Когда это все кончится?

Бэндлер расширяет фрейм, подразумевая, что и в будущем не сможет чувствовать себя в безопасности.

Вик: Я поставлю ее сюда. *(Начинает двигать маленькую платформу.)*

Вик пытается создать противоположный пример к обобщению Бэндлера, выполняя требование передвинуть подмостки.

Р. Б.: Почему он пытается выставить меня дураком? Ведет себя так, будто ничего не произошло. Значит, он может снова сделать то же самое. Сделает вид, что поставил эту штуку на место, что она держится крепко, и все в полном порядке. Что же мне делать? Я ему не доверяю. Может быть, мне навсегда перестать с ним общаться? Пожалуй, это самый лучший выход. Иначе он снова сделает то же самое. Видите, он даже сидит там.

Бэндлер помещает действия Вика в метафрейм, представляя их как попытку дискредитировать его самого и создать иллюзию безопасности. Созданный метафрейм Бэндлер использует как подтверждение негативного намерения и потенциальных негативных последствий, оправдывая этим отсутствие доверия к Вику.

Третья женщина: Но вы и не общались с ним так, чтобы можно было говорить о доверии.

Третья женщина пытается установить другой метафрейм вокруг обобщения Бэндлера, утверждая, что его умозаключение сделано на основе ограниченной информации.

Р. Б.: Но я не хочу с ним общаться.

Бэндлер разрушает метафрейм, создавая нечто вроде «замкнутого аргумента», т. е. «Я не доверяю ему потому, что не общался с ним как следует, и не хочу общаться с ним потому, что не доверяю ему».

Первый мужчина: Я вас ни в чем не обвиняю.

Р. Б.: Я хочу сказать, что... даже если вы принесете сюда новые подмостки, я не смогу чувствовать себя в полной безопасности. Может быть, он захочет подпилить ножку с другой стороны. Откуда мне знать?

Бэндлер снова меняет размер фрейма, включая в него долговременные негативные последствия и сводя на нет любое решение, найденное для настоящего времени.

Третья женщина: А как вы узнали, что он подготовил все это заранее?

Третья женщина пытается установить «стратегию реальности» Бэндлера, на которой основано его обобщение относительно намерений Вика.

Р. Б.: Ну, я не знаю, но речь сейчас идет не об этом. Он допустил, чтобы это случилось со мной, и сделал так, чтобы все повторилось. Даже если он не стремился к этому, все уже произошло. И из-за него я чувствую себя так плохо. Видите, я просто в ужасе.

Не обращая внимания на вопрос, Бэндлер немедленно переключается на другой результат; в центре внимания оказываются уже не намерения, а негативные последствия поведения Вика, которые сказались на внутреннем состоянии Бэндлера.

Третья женщина: А как ему удалось привести вас в это состояние?

Третья женщина снова пытается «разделить» обобщение о причинно-следственных отношениях и установить внутренние соответствия или стратегии, на основе которых Бэндлер сформировал свое обобщение.

Р. Б.: Не в этом дело. Дело в том, что я себя плохо чувствую и не могу изменить своего состояния. Если бы не его поступок, я не испытывал бы ничего подобного. Я пытался дать ему шанс исправить ситуацию, но он ничего не сделал.

Ч е т в е р т а я ж е н щ и н а: А вы можете вспомнить что-нибудь, что вы делали вместе, и это доставляло вам удовольствие? Я имею в виду, даже если вы сейчас плохо относитесь к нему.

Р. Б.: Да. Конечно, все это бывало. Но в будущем ничего подобного не будет. Это просто немыслимо, я слишком плохо чувствую себя. Я больше не смогу вести себя с ним, как прежде. Вы же видите, как я изменился за эти шесть месяцев.

(*Аудитории.*) Что вы намерены делать? Оставить меня в таком состоянии? Вы не можете ничем помочь мне, поэтому я вынужден буду уйти. Я не смогу больше вести семинары — ни сегодня, ни завтра, никогда. Он может снова прийти ко мне под другим именем. Я не хочу больше общаться с участниками семинаров. О, Господи! Не бросайте меня в таком состоянии.

Т р е т ь я ж е н щ и н а: Вы этого хотите?

Р. Б.: Нет, не хочу. Я хочу стать таким, каким был до этого.

Бэндлер сдвигает фокус с причинно-следственного обобщения на последствия, связанные с его внутренним состоянием.

Четвертая женщина пытается заставить Бэндлера выявить в прошлом позитивные противоположные примеры, связанные с его внутренним состоянием и взаимодействием с Виком.

Бэндлер сдвигает фрейм на собственное негативное внутреннее состояние и ожидаемые негативные последствия этого состояния, которые скажутся на его будущем (переключается с уровня поведения на уровень идентификации).

Бэндлер продолжает «объединять» и расширять размер фрейма, переопределяя ситуацию так, чтобы связать ее скорее с «помощью», чем с действиями Вика.

Третья женщина предпринимает еще одну попытку установить фрейм результата, ориентированный на более позитивное будущее.

Бэндлер возвращается к фрейму проблемы и сдвигает фрейм с будущего на прошлое.

Третья женщина: А каким вы были? Расскажите.

Третья женщина пытается использовать прошлое как ресурс для установления фрейма результата.

Р. Б.: Я был уверенным в себе и счастливым. Я любил людей и доверял им. Но я уже не тот. Видите, что он со мной сделал? (*Вику.*) Видите, что вы со мной сделали? (*Аудитории.*) Но больше я ни на что не способен. Ведь вы не хотите мне помочь.

Бэндлер переключается с прошлого на настоящее, чтобы сохранить фрейм проблемы.

Третья женщина: Вы имеете в виду, что не можете больше ничего сделать или вы не хотите ничего делать?

Третья женщина пытается переопределить «не могу» в «не хочу», подразумевая, что у Бэндлера гораздо больше возможностей выбора на уровне способности, чем он готов признать.

Р. Б.: А какая разница? Я не знаю, что мне делать.

Бэндлер прибегает к помощи «иерархии критериев», утверждая, что в тех случаях, когда человек не знает, что ему делать, наличие альтернатив уже не имеет значения.

Четвертый мужчина: Все, чего он хотел добиться, — привести вас в то состояние, в котором вы сейчас находитесь.

Четвертый мужчина пытается переопределить (или «включить в цепочку») «проблему» Бэндлера, перемещая ее с уровня идентификации («Я уже не тот, кем был») на уровень поведенческих реакций — «состояние, в котором вы находитесь».

Р. Б.: Я знаю. Он просто хочет ощущать превосходство надо мной. В этом мире столько убийц, которые охотятся на лидеров. Я думал, что могу позаботиться о себе, и защищался как мог, но нас повсюду ожидают подобные ловушки. Прежде я верил, что каждый из нас руководствуется по-

Бэндлер возвращает проблему на уровень идентификации (Вик — «убийца лидеров») и использует его как средство укрепить и расширить (или «объединить») свой фрейм проблемы.

зитивными намерениями. Я хорошо думал о каждом, но судьба преподнесла мне хороший урок. Я испытал боль — гораздо более сильную, чем предполагал, — и вот что со мной стало. Теперь я понимаю, что на свете есть люди, которые хотят причинить мне боль. Стоило ли оно того? Неужели никто не может мне помочь?»

Создание и поддержание мысли-вируса с помощью паттернов «Фокусов языка»

Диалог между Бэндлером и аудиторией еще некоторое время продолжался в том же духе, так и не дав никакого результата. Было очевидно, что основным намерением Бэндлера в ходе этого выступления было любой ценой сохранить фрейм проблемы. Его реакции практически не имели отношения к содержанию оспариваемого убеждения. Бэндлер мастерски «выводил из фрейма» любое предложенное собеседником решение проблемы.

Возможность управлять собственным фреймом позволяла Бэндлеру определять результат взаимодействия. Ему удалось заключить аудиторию в двойную связь приблизительно следующего содержания: «Если вы не пытаетесь даже помочь мне, вы не правы; если вы пытаетесь помочь мне, вы тоже не правы». Для некоторых это испытание оказалось мучительным, другим оно принесло разочарование. (На неоднократные призывы Бэндлера «Неужели никто не может мне помочь?» одна из женщин наконец ответила: «Может, принести вам куриного бульона?»)

Так или иначе, в какой-то момент взаимодействия я осознал, что в действиях Ричарда есть определенная логика, которую я мог бы воспроизвести. Я понял, что не раз бывал свидетелем подобных диалогов, отличающихся по содержанию, но аналогичных на уровне «глубинных структур». Так создавались и поддерживались мысли-вирусы — за счет негативного рефрейминга или выведения из фрейма, которым подвергались любые попытки вернуть ограничивающее убеждение во фрейм результата, обратной связи или «как если бы».

В частности, меня осенило, что Бэндлер систематически меняет фреймы и размер фреймов, чтобы сосредоточить внимание именно на том, что не было учтено в реплике собеседника. Также было очевидно, что если кто-либо пытался «поддержать» фрейм проблемы или негативную формулировку намерения, чтобы добиться «раппорта» с Бэндлером, это только усугубляло ситуацию.

Кроме того, я понял, что Бэндлер систематически (хотя и интуитивно) использовал языковые паттерны, особую чувствительность к которым мне привило исследование важнейших исторических и политических фигур, таких как Сократ, Иисус, Карл Маркс, Авраам Линкольн, Гитлер, Ганди (об этом я расскажу во втором томе данной работы). Мне открылось, что все эти паттерны можно использовать для защиты или критики тех или иных убеждений и обобщений.

Это новое знание привело меня к порогу того, что сегодня известно в НЛП как стадия «неосознанного понимания» моделирования. Следующим шагом стала попытка придать форму обнаруженным мною паттернам. Прежде чем сделать это, мне пришлось самостоятельно проверить эти паттерны, чтобы понять, могу ли я в какой-то мере повторить «номер» Бэндлера. Ключевое условие эффективного моделирования в НЛП: моделируемую способность необходимо сначала пропустить через себя, а потом уже устанавливать ее формальные признаки. В противном случае мы всего лишь опишем эту способность, отразим «поверхностную структуру» процесса, но не создадим модели глубинных интуитивных представлений, необходимых для того, чтобы выработать нужный навык.

Спустя месяц возможность проверить паттерны на практике представилась мне в рамках проводимого в Чикаго продвинутого курса НЛП. На третий день занятий я сообщил группе, что сейчас продемонстрирую им любопытную серию новых паттернов. Ниже приводится стенограмма (с комментариями) импровизированной «издевательской» драмы, смоделированной по образцу Бэндлера:

Р о б е р т (Дилтс): Кто прицепил ко мне этот микрофон? Джим? Где этот Джим? Он что-то замышляет против меня. В туалете? Наверное, он сидит там и строит заговор. Прицепил ко мне эту штуку... Вы же видите, я все время за-

(Устанавливается ограничивающее убеждение: «Джим сделал нечто такое, из-за чего я могу пострадать и даже испытать унижение. Случившись один раз, это может повториться. Он намерен причинить мне вред. Я в опасности».)

пинаюсь о шнур. Он хочет, чтобы я споткнулся и упал, и потерял ваше доверие как учитель, и чтобы вы посмеялись надо мной. Он явно имеет что-то против меня. Ведь это очевидно. Может мне кто-нибудь помочь? Через несколько минут он вернется.

У ч а с т н и к 1: Почему вы позволили ему прицепить к вам эту штуку, если он что-то замышляет?

Противоположный пример: логическая непоследовательность высказанного Робертом убеждения и поведения.

Р.: Он же знает, что вы все сидите вокруг и смотрите. Если бы я попытался остановить его и не позволил прицепить к себе микрофон, вы бы все подумали, что я параноик, и ему удалось бы дискредитировать меня в ваших глазах.

Метафрейм: «Было бы странно, если бы я попытался остановить его». Последствие: «Вы бы подумали, что я параноик».

У. 1: То есть если бы он не прицепил к вам микрофон, он не выставил бы вас в глупом виде?

«Объединяет» и переопределяет «запнуться о провод и потерять доверие» в «быть выставленным в глупом виде». Пытается дать толчок к переоценке убеждения, устанавливая последствия переопределенной формулировки убеждения: «Поскольку вы выглядите нелепо из-за нацепленного провода, то, стоит только снять провод, и вы не будете чувствовать себя посмешищем.

Р.: Почему вы задаете так много вопросов? (Остальной аудитории.) А знаете что? На этом

Метафрейм: «Вы задаете столько вопросов и пытаетесь усомниться в моем убеждении

парне голубая рубашка и голубые джинсы, и на Джиме голубая рубашка и голубые джинсы. Так вы с ним заодно?! Он задает столько вопросов, что я начинаю нервничать... Ребята, вы просто обязаны мне помочь — заговор растет.

потому, что вы — сообщник Джима».

У. 2: Я с вами согласен. Вероятно, он пытается смутить вас на глазах всех этих людей.

Подстраивается к фрейму проблемы.

Р.: Точно! Раз у вас хватило ума осознать опасность ситуации, помогите мне выпутаться из нее. Хорошо? Мне нужна помощь, срочно. Сделайте же что-нибудь!

Последствия: «Так как вы со мной согласились, немедленно сделайте что-нибудь».

У. 2: А что, по-вашему, пытается сделать Джим?

Попытка найти позитивное намерение.

Р.: Я вам уже говорил, что он пытается сделать! Пытается напасть на меня!

Снова фокусирует внимание на негативном намерении.

У. 2: Какую цель он, по-вашему, преследует?

Продолжает «объединять» в поисках позитивного намерения.

Р.: Я же говорю, он хочет причинить мне вред. Хочет выставить меня дураком.

«Объединение» негативного намерения до последствия на уровне идентичности: «выставить меня дураком».

У. 2: А какая ему от этого выгода?

Поиск позитивного намерения посредством сдвига на другой результат.

Р.: Не знаю. Он просто с ума сошел. Может быть, в его «карте мира» считается нормальным причинять вред другим людям, чтобы возвыситься самому.	*Использует фрейм другой модели мира, выстраивая цепочку к негативному намерению.*
У. 2: Что ж, может быть, стоит позвонить в больницу.	*Сосредоточивает внимание на последствиях утверждения «с ума сошел» в попытке установить фрейм результата.*
Р.: Ну так не сидите спокойно, раздавая советы. Идите и позвоните в больницу, чтобы они забрали его отсюда.	*Ловко «применяет убеждение к самому себе», переадресовывая собеседнику последствие. Таким образом, фрейм результата возвращается к говорящему, а Роберт сохраняет фрейм проблемы.*
У. 2: Давайте вместе позвоним туда.	*Пытается расширить фрейм, чтобы включить в него Роберта.*
Р.: Ну уж нет. Если я позвоню в больницу, они решат, что я сумасшедший. Вы же понимаете меня, я знаю, что вы не откажетесь помочь мне и позвоните им.	*Метафрейм: «Я больше доверяю третьей стороне. Они подумают, что я не в своем уме, если я расскажу о том, что происходит».*
У. 2: С чего бы им думать, что вы сошли с ума?	*Использует «их» модель мира и «разделение», чтобы найти возможные варианты или противоположные примеры.*
Р.: Дайте мне передохнуть. Вы же знаете, почему они так подумают!	*Подтверждает метафрейм в форме предположения: «Вы сами знаете, почему».*
У. 2: Не думаю, что вы сошли с ума.	*Пытается использовать актуальный противоположный пример.*

Р.: Речь не об этом. Мне необходима помощь!

Сдвиг на другой результат: «Я нуждаюсь в срочной помощи».

У. 3: Может, вам просто перестать скакать по комнате с микрофоном?

Использует заключенное в убеждении обобщение о причинно-следственных отношениях, чтобы привлечь внимание к значимости поведения Роберта.

Р. (*с подозрением*): Почему вы меня об этом просите?

Метафрейм: «Подтекст ваших слов — требование изменить поведение — означает, что вы тоже против меня».

У. 4 (*смеется*): У нее бывают всякие странности. Я присмотрю за ней.

Р.: Ага... Джим носит очки, и у нее тоже очки. Что же мне делать? Неужели никто не хочет мне помочь?!

Расширяет размер фрейма.

У. 5: А может ли Джим сделать что-то такое, чтобы вы больше не думали, что он охотится за вами?

Ищет основу для противоположного примера к ограничивающему убеждению.

Р.: Я не хочу менять своего отношения к нему. Я просто хочу от него избавиться. Я уже знаю, что он настроен против меня. Посмотрите! Вот доказательство! (*Показывает шнур от микрофона.*) Видите? Вы же не будете отрицать, что это — самое настоящее доказательство! Вот оно, здесь. Помогите же мне.

Подтверждение предположения о том, что Джим настроен против Роберта, и «разделение» с целью привлечь внимание к доказательству в виде микрофонного шнура.

У. 6: Что ж, давайте первым делом снимем с вас микрофон, а затем поговорим с Джимом. Ведь вам требуется немедленная помощь?

Пытается установить фрейм результата по отношению к микрофонному шнуру и намерениям Джима.

Р.: Но если я сниму микрофон, он придумает что-нибудь еще! Получится, что мы боремся с симптомом. Он каждый день надевал на меня эту штуку. С чего вы взяли, что нам удастся остановить его, если мы снимем микрофон?

Расширяет размер временного фрейма, чтобы сконцентрироваться на фрейме проблемы и последствиях негативного намерения Джима.

У. 5: Что нужно, чтобы вы убедились в том, что Джим ничего не замышляет?

Пытается «разделить» ситуацию, чтобы определить стратегию реальности для данного убеждения и создать возможные противоположные примеры.

Р.: Почему вы пытаетесь убедить меня в том, что он ничего не замышляет? Я могу доказать обратное! Я не хочу, чтобы меня в чем-то убеждали. Это не приведет ни к чему хорошему.

Метафрейм: «Попытка изменить мое убеждение приведет к негативным последствиям».

У. 7: Чего вы хотите от нас?

Пытается напрямую установить фрейм результата.

Р.: Мне просто нужна защита... Безопасность от него. А я не могу добиться этого своими силами. Мне нужна помощь.

Формулирует результат с негативным оттенком, чтобы сохранить фрейм проблемы.

У. 8 (*с негодованием*): Но вы же сами сказали, что все время таскали на себе этот провод!

Использует последствие убеждения в попытке установить фрейм обратной связи (косвенно

Сделайте первый шаг к собственной безопасности.

применяя убеждение к нему самому) и вывести Роберта из позиции «жертвы».

Р.: Когда на меня начинают кричать, это здорово действует мне на нервы.

Метафрейм, призванный привлечь внимание к тому, как невербальная часть предыдущей реплики отражается на внутреннем состоянии Роберта.

У. 7: Как вы определите, что находитесь в безопасности?

Попытка установить фрейм результата и обратной связи с помощью «разделения» и установления критериального соответствия для «безопасности».

Р.: Я не могу чувствовать себя в безопасности, когда он находится поблизости. Выставьте его вон, прямо сейчас.

«Объединение» с целью заново утвердить фрейм проблемы и его последствия.

У.9: Зачем держать на себе этот провод, если вы уже знаете, что он опасен?

Прибегает к «разделению», переключает внимание с Джима на провод, пытается определить намерение Роберта, чтобы установить фрейм результата. «Отсутствие безопасности» переопределяется как «опасность».

Р.: Микрофон становится опасным, только когда я хожу. И этим Джим пытается достать меня.

Метафрейм и изменение размера фрейма с целью переключить внимание с микрофонного шнура на негативные намерения Джима.

У. 9: То есть вы определяете, что Джим пытается вам навредить, по этому шнуру?

«Разделение» с целью проверки стратегии реальности, которая относится к взаимосвязи шнура и обобщенных намерений Джима.

Р.: По шнуру ничего не определишь. Я уже знаю, что Джим за мной охотится. Вы пытаетесь меня сбить с толку? (*Аудитории.*) Мне кажется, она сошла с ума. (*Участнице 9.*) Я сбит с толку, а вы не в своем уме... Ну что же вы, будущие практики НЛП? Почему вы не хотите мне помочь?

Полностью возвращает внимание к негативным намерениям Джима, как делал это в случае с «опасностью». Устанавливает комплексный эквивалент между собственным внутренним состоянием «Я сбит с толку» и утверждением относительно другого человека «А вы не в своем уме». Кроме того, перекладывает ответственность за собственное проблемное состояние на аудиторию.

У. 6 (*смеясь*): Я тоже начинаю бояться Джима.

Р.: И недаром. (*Аудитории.*) Единственная из всех вас, у кого есть хоть какие-то мозги. Она готова избавиться от Джима ради меня.

Определяет проблемное следствие принятия своего фрейма проблемы.

У. 10: Если то, что он подключил ваш микрофон, означает, что он что-то замышляет, то...

Переопределяет проблему как подключение микрофона.

Р.: Нет. Вы упускаете важную деталь. Дело не в том, что он «подключил микрофон». Он знает, что в ходе семинара я непременно споткнусь о провод.

Подвергает сомнению новую формулировку.

У. 10: И единственный способ остановить его — это избавиться от него?

Проверяет возможность противоположного примера.

Р.: Именно так!

У. 10: Так, может быть, вам лучше обмотаться этим шнуром со всех сторон, чтобы не сойти с ума и не убить его.

Переопределяет «избавиться» как «убить» и пытается установить позитивное последствие, связанное с проводом.

Р.: Не хочу я его убивать! Я просто хочу защититься от него. Вы что, пытаетесь сделать из меня убийцу? Все видели?! Джиму все-таки удалось дискредитировать меня! Он заставил вас думать, что я замышляю что-то против НЕГО!

Метафрейм: «Ваше переопределение "избавиться от него" в "убить его" лишь подкрепляет мое ограничивающее убеждение и фрейм проблемы».

Как показывает стенограмма семинара, мне удалось до известной степени повторить то, что делал Бэндлер в Вашингтоне. Вернувшись с этого семинара, я сформулировал четырнадцать паттернов, составляющих систему «Фокусы языка» и основанных на том, что я сумел усвоить из выступления Бэндлера.

«Фокусы языка» и закон необходимого разнообразия

Первый опыт работы с «Фокусами языка» показал со всей очевидностью, что способность сохранять либо изменять фрейм того или иного убеждения, по сути своей, есть не что иное, как проявление *закона необходимого разнообразия* применительно к системам убеждений. Согласно этому закону, если вы хотите раз за разом добиваться определенной цели, вам следует увеличить количество способов достижения этой цели прямо пропорционально степени потенциальной вариабельности системы (включая возможное сопротивление). То есть необходимо вносить некоторое разнообразие в методы достижения цели (даже если эти методы прежде давали хорошие результаты), поскольку сами системы склонны к изменениям и разнообразию.

Нередко считается, что «если делать всегда то, что всегда делал, то и выйдет всегда то, что всегда выходило». Последнее, однако, совершенно не обязательно. Одни и те же действия далеко не всегда приводят к одному и тому же результату, если изменилась система, в которую включены эти действия. Очевидно, что если автомобильная пробка или дорожные работы перекрыли привычный путь на работу, вам не удастся добраться до места вовремя, делая «то, что всегда делали». Вместо этого придется поискать альтернативный маршрут. Таксисты в больших городах всегда знают множество путей, по которым можно добраться до аэропорта или нужной улицы, если на привычной для них трассе возникло неожиданное препятствие.

Вероятно, значимость «необходимого разнообразия» нигде не очевидна так, как в физиологии нашего организма. Опасность современных «биологических убийц» заключается не в силе воздействия, а в присущем им «необходимом разнообразии» и в том, что нашим организмам не достает этого разнообразия в борьбе с болезнями. Рак опасен именно степенью своего разнообразия и адаптивной способностью: раковые клетки быстро изменяются и способны адаптироваться к самому различному окружению. Угроза жизни появляется в тот момент, когда иммунная система оказывается неспособной обеспечить разнообразие регуляторных средств, необходимых для выявления и эффективного поглощения разрастающихся раковых клеток. Врачи-онкологи зашли в тупик в поисках средств от рака, поскольку раковые клетки обладают бо́льшим разнообразием, чем мощные химические и радиационные средства, используемые для их разрушения. Сначала этим средствам действительно удается уничтожить множество раковых клеток (а вместе с ними, к сожалению, и массу здоровых клеток). Однако со временем возникают новые варианты раковых клеток, устойчивых к тому или иному виду лечения, и симптомы рака проявляются снова. Тогда в ход идут еще более сильные и смертоносные химические препараты, и так до тех пор, пока терапия уже не начинает угрожать жизни пациента, сигнализируя о бессилии медицины.

Вирус СПИДа порождает сходные проблемы. Как и раковым клеткам, ему свойственны чрезвычайная гибкость и адаптивность, затрудняющие лечение с помощью медикаментозной терапии. Сам вирус снижает гибкость иммунной системы. Следует отметить, что он разрушает не всю иммунную систему человека и воздействует лишь на ее отдельные участки. Люди, больные СПИДом, ежедневно «парируют» множество инфекций и болезней. Однако вирус оказывает воздействие на адаптивную способность иммунной системы. Последние исследования показали, что в организме здорового человека примерно половина клеток иммунной системы запрограммированы на борьбу с определенной болезнью. Вторая половина не обладает никакой конкретной программой и представляет собой запас на случай новой угрозы. В организме больного СПИДом это соотношение меняется: приблизительно 80% иммунных клеток запрограммированы. Остается лишь 20% неспецифичных клеток, готовых «обучаться» и адаптироваться к новым ситуациям. СПИД поражает именно те клетки, которые придают иммунной системе необходимое разнообразие.

Смысл закона необходимого разнообразия в данном случае заключается в том, что наиболее эффективным при лечении этих болезней было бы повысить регуляторное разнообразие иммунной системы. Здоровая иммунная система по сути своей является эффективной обучающейся структурой. Иммунная система людей, наделенных естественным иммунитетом к СПИДу, по всей видимости, уже обладает разнообразием, необходимым для борьбы с вирусом. Таким образом, проблема заключается не столько в «прочности» иммунной системы, сколько в степени гибкости ее реакций.

Если перенести эту аналогию на мысли-вирусы, мы осознаем, что *человек, обладающий наибольшей гибкостью, направляет ход взаимодействия*. Таким образом, паттерны «Фокусов языка» представляют собой способ увеличения необходимого разнообразия для тех из нас, кто хотел бы изменить или исправить ограничивающие убеждения и мысли-вирусы, а также укрепить и развить позитивные убеждения. Эти паттерны являются средством повышения гибкости нашей психологической иммунной системы. Они помогают нам лучше понимать структуру системы убеждений, которая поддерживает мысль-вирус, а также быть более изобретательными в своих реакциях и создании новых фреймов, позволяющих «поглотить» и преобразовать негативные убеждения.

Рефрейминг и «выведение из фрейма» мысли-вируса с помощью паттернов «Фокусов языка»

Знакомство с системой убеждений, защищающей потенциальную мысль-вирус, позволяет находить эффективные способы рефрейминга, с помощью которых ограничивающее убеждение можно вернуть во фрейм результата или обратной связи. Различные паттерны «Фокусов языка» обеспечивают нам такой подход к ограничивающей системе убеждений, который в большей степени основан на стратегиях, чем на отдельных реакциях.

Давайте подумаем над тем, как с помощью выделенных паттернов можно повысить эффективность работы с паранойяльной мыслью-вирусом, послужившей примером в данной главе. Суть ограничивающего убеждения, лежащего в основе этого вируса, заключалась примерно в следующем:

«Х делал что-то такое, из-за чего я неоднократно испытал боль. Это непременно повторится, потому что случалось прежде. Х умышленно причиняет мне боль. Я в опасности».

Один из лучших способов одновременного изучения и применения паттернов «Фокусов языка» — исследование связанных с ними ключевых вопросов. В каком-то смысле каждый паттерн можно рассматривать как ответ на ключевой вопрос, обеспечивающий различные ракурсы и позиции восприятия. Ниже приводятся примеры того, как изучение ответов на эти вопросы помогает идентификации и формированию фреймов «Фокусов языка». Цель данных фреймов заключается в том, чтобы оказать говорящему поддержку на уровне его идентификации и позитивного намерения и в то же время переформулировать убеждение, поместив его во фрейм результата или обратной связи.

> **Ограничивающее убеждение**: *«Х делал что-то такое, из-за чего я неоднократно испытал боль. Это непременно повторится, потому что случалось прежде. Х умышленно причиняет мне боль. Я в опасности».*

1. **Намерение**: «Какова позитивная цель или намерение этого убеждения?»

Если вы беспокоитесь о собственной безопасности, существует множество способов развить уверенность в себе и чувство контроля над ситуацией.
(Намерение = «начать развивать уверенность в себе и чувство контроля над ситуацией»)

Чрезвычайно важно принять все меры, чтобы убедиться в том, что люди поступают этично и правильно.

(Намерение = «принять меры, чтобы убедиться в том, что люди поступают этично и правильно»)

Ограничивающее убеждение: *«Х делал что-то такое, из-за чего я неоднократно испытал боль. Это непременно повторится, потому что случалось прежде. Х умышленно причиняет мне боль. Я в опасности».*

2. **Переопределение**: «Каким словом можно заменить одно из использованных в формулировке данного убеждения, чтобы сохранить смысл высказывания, но наделить его новым позитивным подтекстом?»

Я думаю, следует сделать все, что в ваших силах, чтобы не стать жертвой.

(«Х умышленно вредит мне, я в опасности» = «Я — жертва».)

Это испытание следует встретить мужественно, мудро и заручившись поддержкой других.

(«быть в опасности» = «испытание»)

3. **Последствия**: «К какому позитивному результату может привести это убеждение или определяемая им взаимосвязь?»

В будущем ему будет гораздо сложнее причинить вам боль, поскольку теперь вы умеете распознавать опасные ситуации и просить о помощи. Это — первый шаг к тому, чтобы из жертвы превратиться в героя.

Теперь, когда вы знаете то, что знаете, не так-то просто будет снова одержать над вами верх.

4. **«Разделение»**: «Какие *меньшие* элементы или составляющие заключены в данном убеждении, взаимосвязи внутри которых были бы богаче или более позитивными, чем та, которая определяется убеждением?»

Для того чтобы эффективно действовать в данной ситуации, важно определить, возрастает ли с каждым разом, когда вам причиняют боль, степень опасности или она не изменилась по сравнению с первым случаем?

Когда вы говорите о том, что Х умышленно причиняет вам боль, полагаете ли вы, что у него есть некий мысленный образ того, как он наносит вам вред? Если да, то какая часть этого образа наиболее опасна? В какой момент Х начинает действовать согласно ему? Откуда, по-вашему, взялся этот образ?

5. **«Объединение»**: «Какие *более крупные* элементы или классы подразумеваются в данном убеждении, взаимосвязи которых были бы богаче или позитивнее, чем сформулированные в убеждении?» Сильные эмоции всегда лежат в основе нашей мотивации к изменению. Как сказал Карл Юнг, «Ничто не приходит в сознание безболезненно». («вред» ⇒ «сильные эмоции», «боль»)
Дискомфорт, который мы испытываем в ситуациях риска, делает из нас более сильных и компетентных людей.
(«вред» ⇒ «дискомфорт», «опасность» ⇒ «ситуация риска»)

6. **Аналогия**: «Какая взаимосвязь аналогична той, которая определяется убеждением (т. е. является метафорой), однако обладает другим подтекстом?»

> **Ограничивающее убеждение**: *«Х делал что-то такое, из-за чего я неоднократно испытал боль. Это непременно повторится, потому что случалось прежде. Х умышленно причиняет мне боль. Я в опасности».*

Совершенствуя межличностные отношения, мы испытываем нечто подобное тому, как в детстве поднимались после падения с велосипеда, одержимые твердым намерением повторять попытки до тех пор, пока не научимся сохранять равновесие. Бесполезно сердиться на велосипед за то, что ты с него упал.

Сражаясь с намерениями других людей, мы в чем-то похожи на тореадора. В целях собственной безопасности необходимо знать, что привлекает внимание быка, как управлять этим вниманием, а также как уступать дорогу быку, который готов броситься в атаку.

7. **Изменение размера фрейма**: «Какой временной фрейм (более длительный или более краткий), какое изменение количества людей, вовлеченных в ситуацию, какая широта перспективы могут сменить подтекст убеждения на более позитивный?»

Одной из наиболее волнующих проблем, с которыми нам приходится бороться собственными средствами, является поведение в тот момент, когда мы страдаем от рук других людей. До тех пор пока мы не научимся решать эти проблемы с мудростью и состраданием, насилие, войны и геноцид будут продолжаться — как на глобальном, так и на индивидуальном уровне.

Каждому из нас стоит научиться взаимодействию с теневой стороной окружающих людей. Я уверен, что когда вы вспомните этот эпизод спустя много лет, он покажется вам лишь крошечной ямкой на жизненном пути.

8. **Другой результат**: «Какой другой результат (или проблема) может обладать большей значимостью, чем заключенный в данном убеждении?»

Следует стремиться не столько к тому, чтобы вам не причинил боли тот или иной человек, сколько к развитию у себя навыков, которые обеспечивали бы вам безопасность вне зависимости от того, что думают или делают другие люди.

По-моему, вопрос заключается не в намерениях данного человека, а в том, как заставить его изменить свои намерения.

9. **Модель мира**: «Какая модель мира представит это убеждение в совершенно ином ракурсе?»

Социобиологи сказали бы, что источником опасности для вас является эволюционное развитие гормонов X, а вовсе не то, что вы считаете (или он считает) его сознательными намерениями.

Подумайте о всех тех людях, кому приходится постоянно сталкиваться с реальностью социального притеснения, такого как расизм или религиозное преследование. Вероятно, они были бы рады оказаться в ситуации, когда им пришлось бы бороться с негативными намерениями и действиями одного-единственного, вполне конкретного человека.

10. **Стратегия реальности**: «Какие когнитивные процессы участвуют в создании данного убеждения? Как именно должен человек воспринимать мир, чтобы это убеждение оказалось верным?»

Когда вы вспоминаете, как вам причиняли боль, вы переживаете эти случаи по отдельности или они сливаются в один? Вы вспоминаете их с точки зрения участника ситуации или просматриваете отстраненно, как документальный фильм, снятый о вашей жизни?

Что усиливает ощущение опасности — воспоминания о событиях прошлого или воображаемые будущие события, которые могут случиться, а могут и не произойти?

11. **Противоположный пример**: «Какой пример или переживание является исключением к правилу, определяемому данным убеждением?»

Ограничивающее убеждение: *«Х делал что-то такое, из-за чего я неоднократно испытал боль. Это непременно повторится, потому что случалось прежде. Х умышленно причиняет мне боль. Я в опасности».*

Если бы мы действительно могли не беспокоиться о чем-то только потому, что прежде этого не случалось! Вероятно, наибольшую опасность представляют именно те события, которые еще не произошли, и нам следует готовить себя к любым неожиданностям.

Для того чтобы обеспечить себе настоящую безопасность, важно осознать, что люди, которые руководствуются позитивными намерениями и никогда прежде не причиняли нам вреда, представляют для нас ничуть не меньшую опасность, чем остальные. Вспомните о тех, кто неумышленно убивает других в автомобильных авариях. Как говорится, благими намерениями вымощена дорога в ад.

12. **Иерархия критериев**: «Какой критерий обладает потенциально большей значимостью, чем те, с которыми связано данное убеждение?»

Я всегда считал, что гораздо важнее оценить ресурсы, необходимые для успешного выполнения задачи по выбранному мной плану, чем беспокоиться о временных неприятностях, вызванных намерениями других людей.

Вам не кажется, что намного важнее избежать участи раба собственных страхов, чем пытаться уйти от неизбежных в любом деле неприятностей?

13. **Примени к себе**: «Как можно оценить формулировку убеждения по определяемой им взаимосвязи или критериям?»

Поскольку негативные намерения могут быть чрезвычайно болезненными и опасными, важно четко осознавать, как именно мы понимаем собственные намерения и действуем согласно им. Вы уверены в позитивных намерениях собственного суждения? Когда наши убеждения относительно чьих-либо негативных намерений служат оправданием, чтобы обращаться с этим человеком так же, как он обращается с нами, мы уподобляемся этому человеку.

Опасно думать, что угрозу для нас представляют лишь те, кто уже причинял нам боль. Внутренние убеждения, заставляющие нас снова и снова переживать болезненные эпизоды прошлого, способны причинить не меньшую боль, чем негативно настроенный человек «вне нас».

14. **Метафрейм**: «Какое убеждение относительно данного убеждения может изменить или расширить его восприятие?»

Исследования показали, что чувство страха по отношению к намерениям других людей вполне естественно, если мы не развили в себе достаточно высокую самооценку и уверенность в собственных возможностях.

Чем дольше вы будете рассматривать поведение и намерения Х во фрейме проблемы, тем дольше вы обречены страдать от последствий. Когда вы сумеете переключиться на фрейм результата, вам откроется множество возможностей для решения проблемы.

Практикум по «Фокусам языка»

Попробуйте потренироваться на себе в использовании этих вопросов. Ниже приводится бланк с примерами вопросов, которые могут быть использованы для идентификации и создания фреймов «Фокусов языка». Для начала запишите ограничивающее убеждение, с которым вам хотелось бы поработать. Убедитесь, что это законченное высказывание в форме либо комплексного эквивалента, либо причинно-следственного утверждения. Типичной здесь будет структура, указанная в табл. 5:

Т а б л и ц а 5

Структура ограничивающего высказывания

Референт (быть)	Суждение (потому что)	Причина
Я	Плохой	Комплексный эквивалент
Ты	Бестолковый	Причинно-следственная связь
Они	Недостойны	
Это	Невозможно	

Помните, что цель ваших ответов — подтвердить идентификацию, позитивное намерение и поддержать человека, разделяющего это убеждение, и в то же время переформулировать убеждение так, чтобы оно оказалось внутри фрейма результата или обратной связи.

Задание

Бланк для применения паттернов «Фокусов языка»

Ограничивающее убеждение: _____

_____ означает/является

причиной _____

_____

1. **Намерение:** «Какова позитивная цель или намерение этого убеждения?»

_____

_____

2. **Переопределение:** «Каким словом можно заменить одно из использованных в формулировке данного убеждения, чтобы сохранить смысл высказывания, но наделить его новым позитивным подтекстом?»

_____

_____

_____

3. **Последствия:** «К какому позитивному результату может привести это убеждение или определяемая им взаимосвязь?»

_____

_____

4. **«Разделение»**: «Какие *меньшие* элементы или составляющие заключены в данном убеждении, взаимосвязи внутри которых были бы богаче или более позитивными, чем та, которая определяется убеждением?»

_____

_____

5. **«Объединение»**: «Какие *более крупные* элементы или составляющие заключены в данном убеждении, взаимосвязи внутри которых были бы богаче или более позитивными, чем та, которая определяется убеждением?»

_____

_____

6. **Аналогия**: «Какая взаимосвязь аналогична той, которая определяется убеждением (метафора для убеждения), но обладает другим подтекстом?»

_____

_____

7. **Изменение размера фрейма**: «Какой временной фрейм (более длительный или более краткий), какое изменение количества людей, вовлеченных в ситуацию, какая широта перспективы могут сменить подтекст убеждения на более позитивный?»

_____

_____

8. **Другой результат**: «Какой другой результат (или проблема) может обладать большей значимостью, чем заключенный в данном убеждении?»

_____

_____

9. **Модель мира**: «Какая модель мира представит это убеждение в совершенно ином ракурсе?»

_____

_____

10. **Стратегия реальности**: «Какие когнитивные процессы участвуют в создании данного убеждения? Как именно должен человек воспринимать мир, чтобы это убеждение оказалось верным?»

_____

_____

11. **Противоположный пример:** «Какой пример или переживание является исключением из правила, определяемого данным убеждением?»

_____

_____

12. **Иерархия критериев:** «Какой критерий обладает потенциально большей значимостью, чем те, с которыми связано данное убеждение?»

_____

_____

13. **Примени к себе:** «Как можно оценить формулировку убеждения по определяемой им взаимосвязи или критериям?»

_____

_____

14. **Метафрейм:** «Какое убеждение относительно данного убеждения может изменить или расширить его восприятие?»

_____

_____

Пример

Возьмем такое распространенное ограничивающее убеждение, как: «Рак заканчивается смертью» (рис. 56). Ниже приводятся примеры, в которых показано, как с помощью данных вопросов можно найти новые перспективы в этой ситуации. Помните, что конечный результат действия того или иного утверждения «Фокусов языка» в значительной мере определяется тоном вашего голоса, а также степенью раппорта, установленного между говорящим и слушателем.

> **Убеждение**: «Рак заканчивается смертью».

1. **Намерение**: «Я знаю, что ваше намерение — избежать ложных надежд, но не стоит отказываться от всех надежд вообще».

2. **Переопределение**: «В конечном итоге к смерти приводит не рак, а истощение иммунной системы. Давайте поищем способ укрепить иммунную систему. Наше восприятие рака может вызвать страх и потерю надежды, а с этим жить еще труднее».

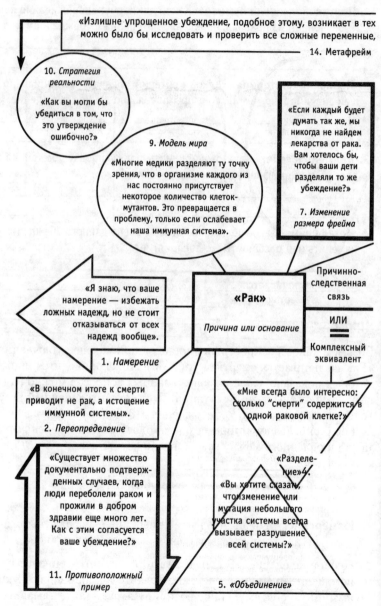

«Излишне упрощенное убеждение, подобное этому, возникает в тех можно было бы исследовать и проверить все сложные переменные,

14. Метафрейм

10. *Стратегия реальности*

«Как вы могли бы убедиться в том, что это утверждение ошибочно?»

9. *Модель мира*

«Многие медики разделяют ту точку зрения, что в организме каждого из нас постоянно присутствует некоторое количество клеток-мутантов. Это превращается в проблему, только если ослабевает наша иммунная система».

«Если каждый будет думать так же, мы никогда не найдем лекарства от рака. Вам хотелось бы, чтобы ваши дети разделяли то же убеждение?»

7. *Изменение размера фрейма*

Причинно-следственная связь

ИЛИ

Комплексный эквивалент

«Я знаю, что ваше намерение — избежать ложных надежд, но не стоит отказываться от всех надежд вообще».

1. *Намерение*

«Рак»

Причина или основание

«В конечном итоге к смерти приводит не рак, а истощение иммунной системы».

2. *Переопределение*

«Мне всегда было интересно: сколько "смерти" содержится в одной раковой клетке?»

«Существует множество документально подтверж-денных случаев, когда люди переболели раком и прожили в добром здравии еще много лет. Как с этим согласуется ваше убеждение?»

11. *Противоположный пример*

«Разделе-ние»4.

«Вы хотите сказать, что изменение или мутация небольшого участка системы всегда вызывает разрушение всей системы?»

5. «*Объединение*»

Рис. 56. Паттерны

случаях, когда нам не хватает модели, с помощью которой которые оказывают влияние на процессы жизни и смерти».

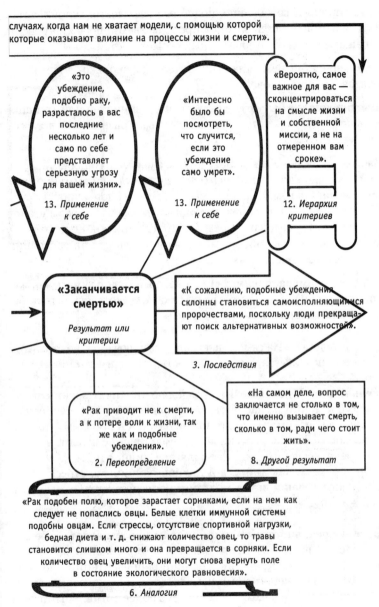

«Это убеждение, подобно раку, разрасталось в вас последние несколько лет и само по себе представляет серьезную угрозу для вашей жизни».

13. *Применение к себе*

«Интересно было бы посмотреть, что случится, если это убеждение само умрет».

13. *Применение к себе*

«Вероятно, самое важное для вас — сконцентрироваться на смысле жизни и собственной миссии, а не на отмеренном вам сроке».

12. *Иерархия критериев*

«Заканчивается смертью»

Результат или критерии

«К сожалению, подобные убеждения склонны становиться самоисполняющимися пророчествами, поскольку люди прекращают поиск альтернативных возможностей».

3. *Последствия*

«Рак приводит не к смерти, а к потере воли к жизни, так же как и подобные убеждения».

2. *Переопределение*

«На самом деле, вопрос заключается не столько в том, что именно вызывает смерть, сколько в том, ради чего стоит жить».

8. *Другой результат*

«Рак подобен полю, которое зарастает сорняками, если на нем как следует не попаслись овцы. Белые клетки иммунной системы подобны овцам. Если стрессы, отсутствие спортивной нагрузки, бедная диета и т. д. снижают количество овец, то травы становится слишком много и она превращается в сорняки. Если количество овец увеличить, они могут снова вернуть поле в состояние экологического равновесия».

6. *Аналогия*

«Фокусов языка»

3. **Последствия**: «К сожалению, подобные убеждения склонны становиться самоисполняющимися пророчествами, поскольку люди прекращают поиск альтернативных возможностей».

4. **«Разделение»**: «Мне всегда было интересно: сколько "смерти" содержится в одной раковой клетке?»

5. **«Объединение»**: «Вы хотите сказать, что изменение или мутация небольшого участка системы всегда вызывает разрушение всей системы?»

6. **Аналогия**: «Рак подобен полю, которое зарастает сорняками, если на нем как следует не попаслись овцы. Белые клетки иммунной системы подобны овцам. Если стрессы, отсутствие спортивной нагрузки, бедная диета и т. д. снижают количество овец, то травы становится слишком много и она превращается в сорняки. Если количество овец увеличить, они могут снова вернуть поле в состояние экологического равновесия».

7. **Изменение размера фрейма**: «Если каждый будет думать так же, мы никогда не найдем лекарства от рака. Вам хотелось бы, чтобы ваши дети разделяли то же убеждение?»

8. **Другой результат**: «На самом деле вопрос заключается не столько в том, что именно вызывает смерть, сколько в том, ради чего стоит жить».

9. **Модель мира**: «Многие медики разделяют ту точку зрения, что в организме каждого из нас постоянно присутствует некоторое количество клеток-мутантов. Это превращается в проблему, только если ослабевает наша иммунная система. Врачи считают, что наличие злокачественных клеток является лишь одним из многих факторов (таких, как диета, внутренняя установка, стресс, соответствующее лечение и т. д.), которые определяют длительность нашей жизни».

10. **Стратегия реальности**: «Как именно вы представляете себе это убеждение? В вашем воображении рак — смышленый захватчик вашего организма? Какие внутренние репрезентации соответствуют реакциям вашего организма? Являются ли в вашем представлении организм и иммунная система более смышлеными, чем рак?»

11. **Противоположный пример**: «Существует множество документально подтвержденных случаев, когда люди переболели раком и прожили в добром здравии еще много лет. Как с этим согласуется ваше убеждение?»

12. **Иерархия критериев**: «Вероятно, самое важное для вас — сконцентрироваться на смысле жизни и собственной миссии, а не на отмеренном вам сроке».

13. **Примени к себе**: «Это убеждение, подобно раку, разрасталось в вас последние несколько лет и само по себе представляет серьезную угрозу для вашей жизни. Интересно было бы посмотреть, что случится, если это убеждение исчезнет».

14. **Метафрейм**: «Излишне упрощенное убеждение, подобное этому, возникает в тех случаях, когда нам не хватает модели, с помощью которой можно было бы исследовать и проверить все сложные переменные, оказывающие влияние на процессы жизни и смерти».

ЗАКЛЮЧЕНИЕ

Первый том «Фокусов языка» посвящен «магии языка» и могуществу слов, позволяющим формировать наше восприятие и установки по отношению к собственному поведению и окружающему миру. Основываясь на принципе *«карта не есть территория»*, мы исследовали воздействие языка на наш опыт, а также на обобщения и убеждения (как ограничивающие, так и расширяющие наши возможности), которые производны от нашего опыта. Мы рассмотрели способы, с помощью которых различные типы слов и вербальные паттерны создают и изменяют фреймы для нашего восприятия, расширяя или ограничивая количество возможностей, которые кажутся нам доступными.

Кроме того, мы провели глубокий анализ лингвистической структуры убеждений и установили, что *ограничивающие убеждения* помещают наш опыт во фреймы *проблемы, ошибки и невозможности*. Если строить модели мира на основе подобных убеждений, может возникнуть чувство безнадежности, беспомощности или никчемности по отношению к жизни в целом и отдельным поступкам в частности. Ввиду этого цель применения паттернов «Фокусов языка» заключается в том, чтобы помочь людям переключать внимание:

1) с фрейма *проблемы* на фрейм *результата*;
2) с фрейма *ошибки* на фрейм *обратной связи*;
3) с фрейма *невозможности* на фрейм *«как если бы»*.

Паттерны «Фокусов языка» включают в себя четырнадцать различных моделей вербального рефрейминга. Задача этих моделей состоит в том, чтобы создать новые связи, объединяющие, с одной стороны, наши обобщения и ментальные модели мира, а с другой — наш опыт и другие аспекты, составляющие метаструктуру убеждений: внутренние состояния, ожидания и ценности (рис. 57). В этой книге представлены специфические определения и примеры каждого паттерна и использования этих паттернов как единой системы. Данные паттерны можно использо-

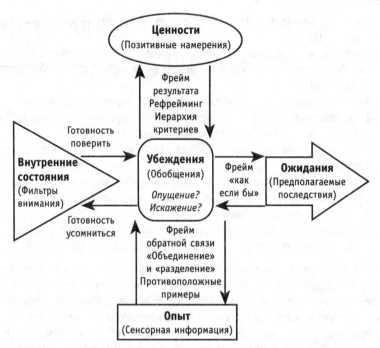

Рис. 57. Паттерны «Фокусов языка» помогают нам обновлять убеждения за счет соединения их с опытом, ценностями, ожиданиями и внутренними состояниями

вать для того, чтобы добиться определенных результатов. В частности, это рефрейминг критических замечаний, воздействие на иерархии критериев с целью формирования мотивации, укрепление позитивных убеждений с помощью действий «как если бы», а также создание «готовности усомниться» в ограничивающем убеждении за счет новых, расширяющих восприятие перспектив.

Базовая стратегия использования паттернов «Фокусов языка» включает в себя, во-первых, установление позитивного намерения, лежащего в основе ограничивающего убеждения и поддерживающих его ценностей, и, во-вторых, поиск других, более приемлемых и полезных способов удовлетворить эти позитивные намерения. Различные паттерны «Фокусов языка» подсказывают нам, как:

— «расставлять знаки препинания» и правильно группировать свой опыт;

— распознавать и понимать другие точки зрения и альтернативные модели мира;
— выявлять внутренние стратегии, с помощью которых мы оцениваем «реальность», а также формируем и обновляем собственные убеждения;
— исследовать способы построения ментальных карт, позволяющих формировать ожидания, устанавливать причинно-следственные связи и определять значение нашего опыта;
— осознавать влияние внутреннего состояния на наши убеждения и установки;
— подстраиваться к естественному процессу изменения убеждений;
— лучше понимать воздействие языка и убеждений на формирование различных уровней нашего опыта;
— в большей мере осознавать потенциальные вербальные мысли-вирусы, а также невысказанные допущения и предположения.

В этой книге представлены лишь первые попытки потенциального применения паттернов «Фокусов языка». Эти паттерны создают действенную систему языковых моделей, применение которой способно привести к глубоким и всеобъемлющим изменениям. В ходе всей истории человечества данные паттерны являлись основным средством стимулирования и направления процессов социальных изменений, а также служили развитию коллективных моделей мира. Следующий том «Фокусов языка», в частности, будет посвящен тому, как исторические персонажи (Сократ, Иисус, Линкольн, Ганди, Эйнштейн и др.) применяли подобные паттерны для создания религиозных, научных, политических и философских систем, на которых основан современный мир. Нам предстоит рассмотреть, с помощью каких средств эти деятели боролись с мыслями-вирусами, скрытыми за расизмом, насилием, экономическим и политическим угнетением и т. д.

Второй том «Фокусов языка» определит базовые стратегии, позволяющие использовать эти паттерны группами и последовательно. Также в нем будет исследована структура убеждений или стратегий «убеждающего», с помощью которых мы формируем и оцениваем системы убеждений (подобно *паттернам «правдоподобного умозаключения»* Джорджа Поля). Кроме того, вы увидите, как принципы, особенности и паттерны, описанные в данной книге, помогают: 1) выявлять и прорабатывать логические ошибки, ограничивающие убеждения и мысли-вирусы; 2) управлять ожиданиями и «кривой Бандуры»; 3) бороться с «двойными связями» и т. д.

Модель ROLE

Термин «модель ROLE» был изобретен Робертом Дилтсом в 1987 г. для того, чтобы описать четыре основных элемента НЛП, входящих в моделирование когнитивных стратегий. Задача процесса ROLE заключается в том, чтобы идентифицировать существенные элементы мышления и поведения, с помощью которых можно добиться определенной реакции или результата. Это включает определение критических этапов психической стратегии и той роли, которую каждый этап играет в общей неврологической программе. В определении этой роли участвуют четыре следующих фактора, первые буквы которых составляют аббревиатуру ROLE: репрезентативные системы (*representational systems*), ориентация (*orientation*), связи (*links*), эффект (*effect*).

Репрезентативные системы связаны с тем, какие из пяти чувств доминируют на том или ином мыслительном этапе стратегии, и подразделяются на визуальную (зрение), аудиальную (слух), кинестетическую (тактильная чувствительность), обонятельную (обоняние) и вкусовую (вкусовая чувствительность) (рис. 1).

Каждая репрезентативная система рассчитана на восприятие определенных базовых качеств переживаний. Сюда входят такие характеристики, как *цвет, яркость, тон, громкость, температура, давление* и т. д. Эти качества в НЛП получили название «субмодальности», поскольку являются составными компонентами каждой из репрезентативных систем.

Рис. 1. Наши репрезентативные системы, связанные с пятью чувствами

Ориентация связана с тем, направлена ли конкретная сенсорная репрезентация на внешний мир или вовнутрь, на вспоминаемые или конструируемые переживания (рис. 2). Например, если вы видите что-либо, находится ли этот объект во внешнем мире, в вашей памяти или в вашем воображении?

Рис. 2. Виды ориентации

Связи относятся к тому, как тот или иной шаг или сенсорная репрезентация связаны с другими репрезентациями. К примеру, связано ли то, что мы видим во внешнем окружении, с внутренними ощущениями, вспоминаемыми образами, словами? Связано ли данное ощущение с конструируемыми образами, воспоминаниями о звуках или другими ощущениями?

Репрезентации могут быть связаны одним из двух способов: последовательно или одновременно. Последовательные связи (рис. 3) служат *якорями,* или «триггерами», так что одна репрезентация следует за другой в линейной цепочке событий.

Рис. 3. Последовательные связи

Одновременные связи проявляются в так называемой *синестезии* (рис. 4), при которой происходит пересечение сенсорных репрезентаций. Определенные качества ощущений могут быть связаны с определенными качествами образов, например визуализация формы звука или слуховое ощущение цвета.

Зрительный образ

Тактильное ощущение

Рис. 4. Синестезические связи

Разумеется, оба эти вида связей являются существенными для мышления, обучения, творчества и общей организации наших переживаний (рис. 5).

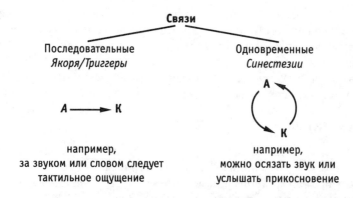

Рис. 5. Два вида связей

Эффект относится к результатам, последствиям или задаче каждого этапа мыслительного процесса (рис. 6). Например, функцией этих этапов может быть создание сенсорной репрезентации, проверка или оценка той или иной репрезентации, изменение какой-либо части переживания или поведения в связи с сенсорной репрезентацией.

Рис. 6. Функции этапов мыслительного процесса

Физиологические ключи:
превращение ROLE в BAGEL

Элементы модели ROLE имеют отношение прежде всего к когнитивным процессам. Однако для осуществления этих ментальных программ необходимы определенные физические усилия и физиологические процессы. Эти соматические реакции играют важную роль при передаче или развитии определенных психических процессов, а также для их внешнего наблюдения и подтверждения. В число первичных поведенческих элементов, участвующих в моделировании ROLE, входят:

— поза (*body posture*);
— ключи доступа (*accessing cues*);
— жесты (*gestures*);
— движения глаз (*eye movements*);
— языковые паттерны (*language patterns*).

1. Поза (В)

Обычно люди, находясь в состоянии глубокой задумчивости, принимают закономерные, привычные позы. Эти позы могут немало рассказать о репрезентативной системе, которую использует данный человек. Вот несколько типичных примеров:

А. **Визуальная репрезентативная система**: *наклон назад, голова поднята вверх, плечи подняты или ссутулены, дыхание поверхностное.*

Б. **Аудиальная репрезентативная система**: *тело наклонено вперед, голова поднята вверх, плечи отведены назад, руки сложены.*

В. **Кинестетическая репрезентативная система**: *голова и плечи опущены, дыхание глубокое.*

2. Ключи доступа (А)

В процессе размышления люди с помощью целого ряда способов, или ключей, вызывают определенные типы репрезентаций. В число этих ключей входят частота дыхания, невербальные «ворчание и стоны», выражение лица, щелканье пальцами, почесывание головы и т. д. Некоторые из них носят индивидуальный характер и нуждаются в «калибровке» применительно к конкретному человеку. Однако многие из ключей ассоциируются с определенными сенсорными процессами:

    А. **Визуальная репрезентативная система**: *частое неглубокое дыхание, прищуривание глаз, высокий тон голоса, ускоренный темп речи.*

    Б. **Аудиальная репрезентативная система**: *грудное дыхание, нахмуренные брови, меняющиеся тон голоса и темп речи.*

    В. **Кинестетическая репрезентативная система**: *глубокое брюшное дыхание, низкий голос с придыханием, медленный темп речи.*

3. Жесты (G)

Нередко люди с помощью жестов или прикосновений указывают на тот орган чувств, который участвует в процессе мышления. Вот типичные примеры таких жестов:

    А. **Визуальная репрезентативная система**: *дотрагиваются до глаз или указывают на них.*

    Б. ***Аудиальная репрезентативная система***: Указывают на уши, жестикулируют в этой области; дотрагиваются до губ или челюсти.

    В. ***Кинестетическая репрезентативная система***: дотрагиваются до грудной клетки и области желудка; жестикулируют ниже уровня шеи.

4. Движения глаз (Е)

Автоматические, неосознанные движения глаз нередко сопровождают определенные мыслительные процессы, указывая на доступ к одной из репрезентативных систем. В НЛП эти ключи классифицированы следующим образом (рис. 7).

5. Языковые паттерны (L)

Основным методом нейро-лингвистического анализа является поиск определенных лингвистических паттернов, таких как «предикаты»,

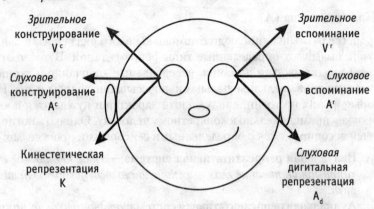

Рис. 7. Используемая в НЛП схема движения глаз

которые указывают на ту или иную неврологическую репрезентативную систему или субмодальность, а также на то, как эта система или качество используется в общей мыслительной программе. Предикаты представляют собой слова — глаголы, наречия и прилагательные, — которые указывают на действия или качества, а не на предметы. Выбор этой категории языка обычно осуществляется на бессознательном уровне; таким образом, она отражает неосознаваемые структуры, лежащие в ее основе. Ниже приводится ряд распространенных предикатов, соответствующих определенным репрезентативным системам:

Визуальная	Аудиальная	Кинестетическая
видеть	слышать	хватать
смотреть	слушать	трогать
наблюдать	звучать	чувствовать
ясный	звучный	твердый
яркий	громкий	тяжелый
изображать	выражать	обращаться
туманный	шумный	грубый
высвечивать	звонить	связывать
показывать	рассказывать	двигать

70 000